**초판 17쇄 발행** 2012년 10월 23일
**개정5판 25쇄 발행** 2023년 8월 1일

**지은이** 이시원
**펴낸곳** ㈜에스제이더블유인터내셔널
**펴낸이** 양홍걸 이시원

**홈페이지** www.siwonschool.com
**주소** 서울시 영등포구 국회대로74길 12 시원스쿨
**교재 구입 문의** 02)2014-8151
**고객센터** 02)6409-0878

**ISBN** 979-11-6150-042-3 14740
**Number** 1-010101-02021200-02

이 책은 저작권법에 따라 보호받는 저작물이므로 무단복제와 무단전재를 금합니다. 이 책 내용의 전부 또는 일부를 이용하려면 반드시 저작권자와 ㈜에스제이더블유인터내셔널의 서면 동의를 받아야 합니다.

시원스쿨

# 말하기
# 영문법

## START

왕초보탈출 프로젝트 1탄

S 시원스쿨닷컴

**preface 머리말**

## | 영어는 원래 쉽다! |

그런데 우리는 그 동안 영어를 너무 어렵게 배웠다. 말은 가장 기초적인 의사소통의 수단임에도 글로 먼저 배우다 보니 정작 말로써는 늘 걸음마 수준을 벗어나지 못하는 것이다. 게다가 정작 말을 하기 위해 필요한 것은 많지 않은데, 마치 모든 것을 완벽하게 알아야만 말을 할 수 있는 것처럼 이것저것 정보를 담은 책들로 인해 영어는 배우기 어려운 언어가 되어버렸다. 영어는 원래 쉬운데 어려운 것으로 '포장'된 것이다.

## | 영어는 단어를 연결할 줄만 알면 된다! |

원리는 간단하다. 영어는 단어를 알고 그 단어를 연결할 줄만 알면 된다. 그리고 이것이 입에서 빠르게 나오게 하기 위해서는 끊임없이 반복하여 훈련하면 된다. 그러나 기존의 교재들과 학습법은 획일적이고 상향 평준화되어 있으며, 핵심은 간단한데 부수적인 정보들을 지나치게 많이 다루고 있다.
본 책은 '단어를 연결하여 문장을 만든다'는 강의 전반을 아우르는 핵심 원리가 교재 전체를 통하여 관철될 수 있도록 만들었다.

## | 단어 연결의 원리는 1초 영작을 가능하게 한다! |

영어로 말하기 위해서는 단어를 알고, 단어를 어떻게 연결하는 지만 알면 된다. 복잡한 규칙이나 어휘를 암기하는 것을 지양하고, 단어 연결을 위해 반복적으로 연습해보자. 간단해 보이지만 그 동안 누구도 시도하지 못했던 시원스쿨만의 말하기 훈련법을 통해 본 책을 마치고 나면 입이 자연스럽게 열리는 경험을 하게 될 것이다. 이러한 단어 연결이 익숙해지면 한글 구문이나 혹은 문장을 제시했을 때 1초 만에 영작을 할 수 있게 된다.
1초의 시간이 정말 가능할까? 영어로 말을 할 때 우리가 흔히 행하는 잘못된 방법 중 하나가 한글식 어순으로 생각하고 이를 영어로 바꾸려고 노력하는 것이다. 그러나 '누가 어쩐다'로 시작하는 영어의 어순 즉, 단어 연결을 계속 반복하다 보면 한글식 어순을 생각할 틈 없이 바로 말이 나오게 될 것이다. 그 시간이 바로 '1초'이다.

## | 이 책의 활용 방법 |

본 책은 시원스쿨 "왕초보 탈출 1탄" NEW 강의의 교재로 강의와 함께 보면서 활용할 수 있다.

❶ 강의의 내용을 충실하게 담았다.
- 시원스쿨 왕초보 탈출 1탄 강의의 핵심 원리를 정리했다.
- NEW의 연장 강의인 확장 강의에서 다루어진 새로운 내용 또한 이론 설명에 추가했다.
- 쉽다고 놓치고 넘어갈 수 있는 내용이나 알아두어야 하는 내용을 TIP으로 정리했다.
- '강의 속 핵심문장 10' 코너를 통해 강의와 도서의 연계성을 높였다.

이는 〈왕초보 탈출 1탄 확장 OO강에 해당하는 내용입니다.〉 라고 표시되어 있습니다.

❷ 강의 내용을 바탕으로 한 풍부하고 실제적인 예문들을 수록했다.
- 1단계에서 우리말과 영어를 함께 공부한 후, 2단계 영작하기와 3단계 해석하기까지 총 3단계로 구성하여 확실하게 문장을 연습할 수 있게 했다.
- 주어는 검정색, 나머지는 초록색으로 표시하여, 문장의 골격을 좀 더 명확하게 파악할 수 있도록 했다.

❸ 많은 수강생들의 궁금증을 해결했다.
- 왕초보 탈출 1탄 강의를 수강하는 회원들이 많이 궁금해 했던 질문을 선정하여 '**왕초보 단골질문 25**' 코너로 수록했다.
- 수강생들의 실제 질문과 그에 대한 답변을 정리했고, 해당 내용의 예문도 함께 실었다. 또한 각 예문에 대한 설명도 '**시원's comment!**'로 정리하여 더 나아간 학습이 가능하도록 했다.

# contents 목차

**UNIT 01**   |   나는 **마셔**. · 009
I drink. / 단어를 나열하여 영어 문장 만들기

**UNIT 02**   |   나는 커피를 **마실 거야**. · 021
I will drink coffee. / 미래형 기본문장 처음부터 마스터

**UNIT 03**   |   나는 **가서** 커피 마셔. · 033
I go and drink coffee. / and를 사용해서 문장을 길게 만들기

**UNIT 04**   |   나는 커피 **마셨어**. · 045
I drank coffee. / 과거형 기본문장 완벽 마스터

**UNIT 05**   |   너는 **언제** 커피 마시니? · 057
When do you drink coffee? / 묻는 말에 '언제, 어디서..'와 같은 육하원칙을 붙이면 질문이 다양해진다!!

**UNIT 06**   |   나는 **아침에** 커피 마셔. · 069
I drink coffee in the morning. / 다양한 질문에 대답하기!? 이젠 문제 없어!

**UNIT 07**   |   나는 커피 **마실 수 있어**. · 079
I can drink coffee. / can으로 '~할 수 있다'를 표현해보기

**UNIT 08**   |   나는 커피 **마시길 원해**. · 091
I want to drink coffee. / to를 사용하여 영어 200% 잘하기

**UNIT 09**   |   내가 커피를 마시면~ · 103
If I drink coffee~ / if 문장에서 to를 쓰는 연습하기

**UNIT 09+**   |   나는 **계속 공부해**. · 113
I keep studying. / '계속 ~하다'라는 뜻의 keep ~ing 문장 만들기

**UNIT 10**   |   나는 **예뻐**. · 125
I am pretty. / 영어의 기본동사인 be를 배워보자!

**UNIT 11**   |   나는 **이시원이야**. · 137
I am 이시원. / be동사가 익숙해지도록 연습해보기

**UNIT 12**   |   나는 **여기에 있어**. · 149
I am here. / be동사와 will을 함께 써서 미래 나타내기

| UNIT 13 | 나는 **예뻐지길** 원해. · **161** |
|---|---|
| | I want **to be pretty.** / '나는 너가 ~하기를 원해'도 to를 이용해서 말할 수 있다! |

| UNIT 14 | 나는 **마시는 중이다.** · **173** |
|---|---|
| | I **am drinking.** / 진행(~하는 중이다)과 미래형을 모두 나타낼 수 있는 현재진행형 |

| UNIT 15 | 나는 **마시는 중이었어.** · **185** |
|---|---|
| | I **was drinking.** / 다양한 조동사(will, can, should, might) 문장 연습하기 |

| UNIT 16 | 이 차**의** 색깔 · **197** |
|---|---|
| | the color **of** this car / 우리말의 순서와 반대인 'of' 사용하기 |

| UNIT 17 | 그 영화 **어땠어?** · **209** |
|---|---|
| | **How was** the movie? / 'How was~ ~어땠어?'로 상대방과의 대화를 시작해보자 |

| UNIT 18 | 나는 커피 **마시러** 스타벅스에 가. · **219** |
|---|---|
| | I go to Starbucks **to drink** coffee. / to는 영어문장을 풍성하게 한다! |

| UNIT 19 | 나는 커피를 **많이** 마셔. · **231** |
|---|---|
| | I drink **a lot of** coffee. / '적게/열심히/많이'와 같은 부사로 문장의미 구체화 하기 |

| UNIT 20 | **공부하는 건** 쉬워. · **249** |
|---|---|
| | **Studying** is easy. / '~하다'를 '~하는 것'으로 바꾸는 방법! "동사에 –ing 붙이기" |

| UNIT 21 | 나는 **마실 거야.** · **261** |
|---|---|
| | I **am going to drink.** / can의 또 다른 표현 be able to, will의 또 다른 표현 be going to |

| UNIT 22 | 나는 커피 **마셔야 해.** · **273** |
|---|---|
| | I **must drink** coffee. / '~해야만 한다'를 뜻하는 다양한 표현 have to / should / must |

| UNIT 23 | 나는 커피 **마시게 돼.** · **285** |
|---|---|
| | I **get to drink** coffee. / 실생활에서 유용한 표현, tend to / get to / try to 배우기 |

| UNIT 24 | 나는 커피 마셔**서** 괜찮아. · **297** |
|---|---|
| | I drank coffee, **so** I am OK. / so를 이용해서 문장 길게 만드는 연습하기 |

| UNIT 25 | 네가 커피 마신다 **할지라도** · **309** |
|---|---|
| | **even if** you drink coffee / '~해도, 할지라도'를 뜻하는 표현은? "even if" |

말하기 영문법 START **왕초보 단골질문 25**  contents

|  |  |
|---|---|
| No. 01 | 관사 a/an/the의 쓰임 · 020 |
| No. 02 | can과 can't의 발음 · 032 |
| No. 03 | go home에서 go뒤에 to가 없는 이유 · 044 |
| No. 04 | Do you ~? VS Are you ~? · 056 |
| No. 05 | and가 사용된 문장의 부정문 · 068 |
| No. 06 | go to [고투] → [고루] · 078 |
| No. 07 | 부정문에서 no / don't / not의 사용 · 090 |
| No. 08 | 장소/시간의 전치사 in, at · 102 |
| No. 09 | to의 쓰임 · 112 |
| No. 10 | to부정사와 동명사 주어&차이 · 124 |
| No. 11 | do와 will 의문문 · 136 |
| No. 12 | be동사의 의미 · 148 |
| No. 13 | can = be able to · 160 |
| No. 14 | want to 사이의 목적어 · 172 |
| No. 15 | 3인칭이란? · 184 |
| No. 16 | 미래 시제를 나타내는 방법 · 196 |
| No. 17 | want, won't, weren't 발음 · 208 |
| No. 18 | How is ~?와 How about ~? · 218 |
| No. 19 | 진행형으로 쓸 수 없는 동사 · 230 |
| No. 20 | Can you ~?, Could you ~? · 248 |
| No. 21 | be supposed to · 260 |
| No. 22 | 빈도부사의 위치 · 272 |
| No. 23 | should, have to, must, gotta의 차이 / should, have to, must 부정 · 284 |
| No. 24 | could의 긍정/부정/의문문 · 296 |
| No. 25 | even if, even though · 308 |

# UNIT 01

## 나는 마셔.
### I drink.

» 단어를 나열하여 영어 문장 만들기

01  긍정문 "나는 마셔"
02  의문문 "너는 마시니?"
03  부정문 "나는 안 마셔"
04  영어의 어순은 "누가 어쩐다"

### 말은 단어들의 조합이다.

단어들을 어떻게 연결하여 조합하느냐에 따라 어떤 말이 되느냐가 결정됩니다. 그럼 우리말과 너무도 다른 영어를 어떻게 말할까요? 간단합니다. 영어 단어를 그 순서에 맞게 연결하면 됩니다. 그 다음은 얼마나 어순에 익숙해지느냐에 달려 있습니다. 이 두 가지를 염두하고 따라오면 누구라도 입에서 말이 나오는 걸 경험하게 될 것입니다.

# UNIT 01 나는 마셔.
## I drink.

### 1 긍정문 "나는 마셔."

영어는 단어를 연결하여 표현하는 것이다. 단어를 연결할 때는 먼저 행동의 주체를 이야기하고, 그 다음 행동을 이야기한다.

① 주체: 나는 I, 너는 You, 걔는 He/She, 시원이는 Siwon
② 행동: 마신다 drink, 일한다 work, 만난다 meet, 좋아한다 like

주체 + 행동 = 영어문장

| 나는 마신다. | I + drink |
| 나는 일한다. | I + work |
| 너는 만난다. | You + meet |
| 걔는 좋아한다. | He + likes |

**TiP**

같은 단어라도 앞에 나오는 주체에 따라 행동에 's'가 붙는 경우가 있다. 주체가 I (1인칭), You (2인칭), We (2인칭)일 경우 '-s'가 붙지 않아 옆의 예문처럼 drink가 되고, He와 같은 3인칭 단수가 올 때는 행동 뒤에 '-s'가 와서 옆의 예문처럼 likes가 된다.

### 2 의문문 "너는 마시니?"

"너는 마시니?"와 같은 의문문을 만들기 위해서는 주체 앞에 Do(두)나 Does(더즈)를 붙인다. 이때 동사 뒤에 붙던 –s는 전부 떨어지고 기본 표현을 사용하게 된다.

Do/Does + 주체 + 행동 = 영어문장

| 너는 마시니? | Do you drink? |
| 너는 일하니? | Do you work? |
| 그녀는 만나니? | Does she meet? |
| 걔는 좋아하니? | Does he like? |

I drink

### ③ 부정문 "나는 안 마셔."

"나는 안 마셔"와 같은 부정문을 만들기 위해서는 행동 앞에 do not 또는 does not 을 붙인다. 마찬가지로 동사 뒤에 붙던 -s는 전부 떨어지고 기본 표현을 사용하게 된다.

| 마신다 | → | 안 마신다 |
|---|---|---|
| drink | → | do not drink 또는 does not drink |

**주체 + do not/does not 행동 = 영어문장**

| 나는 안 마신다. | I + don't drink |
|---|---|
| 나는 일 하지 않는다. | I + don't work |
| 너는 안 만난다. | You + don't meet |
| 걔는 좋아하지 않는다. | He + doesn't like |

**TIP**

이때 do not을 줄여 don't (돈) does not을 줄여 doesn't (더즌)이라 한다.

does는 do의 3인칭 단수 형태이다. 주어가 he일 때, 행동 뒤에 '-s'를 써서 likes 가 되었듯이 주어가 3인칭 단수일 때, do 또한 does가 됨을 기억하자.

<왕초보 탈출 1탄 확장 1강에 해당하는 내용입니다.>

### ④ 영어의 어순은 "누가 어쩐다"

'콜라를 마신다'라는 행동을 영어로 만들 때 우리는 cola drink라고 말하기 쉽다. 그러나 cola drink는 '콜라가 마신다'이다. I drink가 '나는 마신다'이므로 cola drink는 '콜라가 마신다'로 해석되는 것이다. drink cola라고 해야 '콜라를 마신다' 가 된다.

| 가지고 있다 | → | have |
|---|---|---|
| 돈을 가지고 있다 | → | have money |
| 돈이 가지고 있다 | → | money have |
| 좋아한다 | → | like |
| 사과를 좋아한다 | → | like 사과 |
| 사과가 좋아한다 | → | 사과 like |

**TIP**

우리말과 달리 영어는 어순에 따라 '누가, 어쩐다, 무엇을'의 성분이 정해지기 때문에 순서에 유의해서 말을 내뱉어야 한다.

# 강의 속 핵심문장 10

시원스쿨 왕초보 탈출 1탄 1강 <NEW강의>에 해당하는 내용입니다.

## ✓ 단어를 나열하여 영어 문장 만들기

누가(주체) + 어쩐다(행동) = 문장

나는 + 좋아한다
= I + like
= 나는 좋아한다

## ✓ 강의 속 예문 살펴보기

| 나는 원한다 | I want |
| 나는 간다 | I go |
| 나는 안 먹는다. | I don't eat. |
| 나는 안 마신다. | I don't drink. |
| 너는 쉬니? | Do you rest? |
| 나는 그녀를 사랑합니다. | I love her. |
| 나한테 전화해. | Call me. |
| 우릴 믿어 주세요. | Trust us. |
| 걔는 시도하지 않아. | He doesn't try. |
| 그녀는 사랑하지 않는대. | She doesn't love. |

# 한눈에 보는 UNIT 01 단어

- ☐ **drink** 마시다
- ☐ **eat** 먹다
- ☐ **read** 읽다
- ☐ **have** 가지고 있다
- ☐ **try** 시도하다
- ☐ **like** 좋아하다
- ☐ **meet** 만나다
- ☐ **make** 만들다

- ☐ **go** 가다
- ☐ **umbrella** 우산
- ☐ **need** 필요하다
- ☐ **money** 돈
- ☐ **see** 보다
- ☐ **write** 쓰다
- ☐ **work** 일하다
- ☐ **sing** 노래하다

- ☐ **give** 주다
- ☐ **buy** 사다
- ☐ **rest** 쉬다
- ☐ **study** 공부하다
- ☐ **sell** 팔다
- ☐ **trust** 믿다

> ❝ '나는 사과를 좋아한다'라고 하면 누가 어쩐다를 나타내는 I like 뒤에 '사과'를 그냥 연결해 주면 되는 거예요. ❞

시원쌤이 말한다!

# Practice 01 현재형 긍정문

 **현재형 긍정문 연습하기 (우리말+영어)**
아래의 우리말 문장들을 영어로 어떻게 말할 수 있는지 살펴보세요.

| | |
|---|---|
| 나는 돈이 필요해. | I need money. |
| 나는 노래해. | I sing. |
| 나는 영어를 공부해. | I study English. |
| 나는 책을 써. | I write a book. |
| 너는 읽어. | You read. |
| 너는 친구들을 만들어. | You make friends. |
| 너는 쿠키들을 팔아. | You sell cookies. |
| 우리는 영화를 봐. | We see a movie. |
| 우리는 꽃들을 줘. | We give flowers. |
| 우리는 우산들을 사. | We buy umbrellas. |
| 그는 돈이 필요해. | He needs money. |
| 그는 노래해. | He sings. |
| 그는 영어를 공부해. | He studies English. |
| 그는 책을 써. | He writes a book. |
| 그녀는 읽어. | She reads. |
| 그녀는 친구들을 만들어. | She makes friends. |
| 그녀는 쿠키들을 팔아. | She sells cookies. |
| 시원이는 영화를 봐. | 시원 sees a movie. |
| 시원이는 꽃들을 줘. | 시원 gives flowers. |
| 시원이는 우산들을 사. | 시원 buys umbrellas. |

## ✌ 현재형 긍정문 영작하기

나는 돈이 필요해.  그는 돈이 필요해.

나는 노래해.  그는 노래해.

나는 영어를 공부해.  그는 영어를 공부해.

나는 책을 써.  그는 책을 써.

너는 읽어.  그녀는 읽어.

너는 친구들을 만들어.  그녀는 친구들을 만들어.

너는 쿠키들을 팔아.  그녀는 쿠키들을 팔아.

우리는 영화를 봐.  시원이는 영화를 봐.

우리는 꽃들을 줘.  시원이는 꽃들을 줘.

우리는 우산들을 사.  시원이는 우산들을 사.

## ✌ 현재형 긍정문 해석하기

I need money.  He needs money.

I sing.  He sings.

I study English.  He studies English.

I write a book.  He writes a book.

You read.  She reads.

You make friends.  She makes friends.

You sell cookies.  She sells cookies.

We see a movie.  시원 sees a movie.

We give flowers.  시원 gives flowers.

We buy umbrellas.  시원 buys umbrellas.

# Practice  현재형 의문문

 **현재형 의문문 연습하기 (우리말+영어)**
아래의 우리말 문장들을 영어로 어떻게 말할 수 있는지 살펴보세요.

| 우리말 | 영어 |
|---|---|
| 나는 돈이 필요하니? | Do I need money? |
| 나는 노래하니? | Do I sing? |
| 나는 영어를 공부하니? | Do I study English? |
| 나는 책을 쓰니? | Do I write a book? |
| 너는 읽니? | Do you read? |
| 너는 친구들을 만드니? | Do you make friends? |
| 너는 쿠키들을 파니? | Do you sell cookies? |
| 우리는 영화를 보니? | Do we see a movie? |
| 우리는 꽃들을 주니? | Do we give flowers? |
| 우리는 우산들을 사니? | Do we buy umbrellas? |
| 그는 돈이 필요하니? | Does he need money? |
| 그는 노래하니? | Does he sing? |
| 그는 영어를 공부하니? | Does he study English? |
| 그는 책을 쓰니? | Does he write a book? |
| 그녀는 읽니? | Does she read? |
| 그녀는 친구들을 만드니? | Does she make friends? |
| 그녀는 쿠키들을 파니? | Does she sell cookies? |
| 시원이는 영화를 보니? | Does 시원 see a movie? |
| 시원이는 꽃들을 주니? | Does 시원 give flowers? |
| 시원이는 우산들을 사니? | Does 시원 buy umbrellas? |

## ✌ 현재형 의문문 영작하기

나는 돈이 필요하니?            그는 돈이 필요하니?

나는 노래하니?                그는 노래하니?

나는 영어를 공부하니?          그는 영어를 공부하니?

나는 책을 쓰니?                그는 책을 쓰니?

너는 읽니?                    그녀는 읽니?

너는 친구들을 만드니?          그녀는 친구들을 만드니?

너는 쿠키들을 파니?            그녀는 쿠키들을 파니?

우리는 영화를 보니?            시원이는 영화를 보니?

우리는 꽃들을 주니?            시원이는 꽃들을 주니?

우리는 우산들을 사니?          시원이는 우산들을 사니?

## ✌ 현재형 의문문 해석하기

Do I need money?              Does he need money?

Do I sing?                    Does he sing?

Do I study English?           Does he study English?

Do I write a book?            Does he write a book?

Do you read?                  Does she read?

Do you make friends?          Does she make friends?

Do you sell cookies?          Does she sell cookies?

Do we see a movie?            Does 시원 see a movie?

Do we give flowers?           Does 시원 give flowers?

Do we buy umbrellas?          Does 시원 buy umbrellas?

# Practice 03 현재형 부정문

## 현재형 부정문 연습하기 (우리말+영어)
아래의 우리말 문장들을 영어로 어떻게 말할 수 있는지 살펴보세요.

| | |
|---|---|
| 나는 돈이 안 필요해. | I don't need money. |
| 나는 노래 안 해. | I don't sing. |
| 나는 영어를 공부 안 해. | I don't study English. |
| 나는 책을 안 써. | I don't write a book. |
| 너는 안 읽어. | You don't read. |
| 너는 친구들을 안 만들어. | You don't make friends. |
| 너는 쿠키들을 안 팔아. | You don't sell cookies. |
| 우리는 영화를 안 봐. | We don't see a movie. |
| 우리는 꽃들을 안 줘. | We don't give flowers. |
| 우리는 우산들을 안 사. | We don't buy umbrellas. |
| 그는 돈이 안 필요해. | He doesn't need money. |
| 그는 노래 안 해. | He doesn't sing. |
| 그는 영어를 공부 안 해. | He doesn't study English. |
| 그는 책을 안 써. | He doesn't write a book. |
| 그녀는 안 읽어. | She doesn't read. |
| 그녀는 친구들을 안 만들어. | She doesn't make friends. |
| 그녀는 쿠키들을 안 팔아. | She doesn't sell cookies. |
| 시원이는 영화를 안 봐. | 시원 doesn't see a movie. |
| 시원이는 꽃들을 안 줘. | 시원 doesn't give flowers. |
| 시원이는 우산들을 안 사. | 시원 doesn't buy umbrellas. |

## ✌ 현재형 부정문 영작하기

| | |
|---|---|
| 나는 돈이 안 필요해. | 그는 돈이 안 필요해. |
| 나는 노래 안 해. | 그는 노래 안 해. |
| 나는 영어를 공부 안 해. | 그는 영어를 공부 안 해. |
| 나는 책을 안 써. | 그는 책을 안 써. |
| 너는 안 읽어. | 그녀는 안 읽어. |
| 너는 친구들을 안 만들어. | 그녀는 친구들을 안 만들어. |
| 너는 쿠키들을 안 팔아. | 그녀는 쿠키들을 안 팔아. |
| 우리는 영화를 안 봐. | 시원이는 영화를 안 봐. |
| 우리는 꽃들을 안 줘. | 시원이는 꽃들을 안 줘. |
| 우리는 우산들을 안 사. | 시원이는 우산들을 안 사. |

## ✌ 현재형 부정문 해석하기

| | |
|---|---|
| I don't need money. | He doesn't need money. |
| I don't sing. | He doesn't sing. |
| I don't study English. | He doesn't study English. |
| I don't write a book. | He doesn't write a book. |
| You don't read. | She doesn't read. |
| You don't make friends. | She doesn't make friends. |
| You don't sell cookies. | She doesn't sell cookies. |
| We don't see a movie. | 시원 doesn't see a movie. |
| We don't give flowers. | 시원 doesn't give flowers. |
| We don't buy umbrellas. | 시원 doesn't buy umbrellas. |

# 왕초보 단골질문 25

왕초보 탈출 1탄 공부질문하기 게시판에서 많은 회원님들이 궁금해하시는 질문들을 선정하였습니다.

## 01 관사 a/an/the의 쓰임

공부하면서 the라는 단어가 자주 나오는데, the의 정확한 쓰임이 어떻게 되나요?? 어떨 때는 생략되고 어떨 때는 생략하지 않고, 또 the 대신 a, an이 쓰이기도 하고… 궁금합니다!

➡ **a/an + 단수명사 = 하나의 명사**

우리가 실생활에서 말하는 대부분의 사물은 모두 셀 수 있습니다. (자동차 한 대, 강아지 한 마리 등) 즉, 셀 수 있는 명사가 하나임을 나타낼 때에는 a를 사용합니다. 이처럼 a는 기본적으로 '하나의, 한 개의'라는 숫자적인 의미가 있지만 우리말에서는 그 의미가 드러나지 않는 경우가 많습니다. an은 단어의 발음이 모음(a, e, i, o, u)이면 a 대신 씁니다.

➡ **the + 단수명사, 복수명사, 셀 수 없는 명사 = 그 명사**

the는 말하는 사람(나)과 듣는 사람(너)이 서로 알고 있는 것을 언급할 때 사용됩니다. 즉, 앞에서 언급된 것을 다시 말할 때나 특정한 무엇을 나타낼 때 사용하고, 우리말로는 '그'라고 해석합니다. 또한 형용사의 최상급 앞(the best car 가장 좋은 차), 세상에 유일무이한 것(the sun 태양, the earth 지구), 악기 이름 앞(the piano, the guitar) 등을 나타낼 때는 항상 the를 사용해야 합니다.

## 💬 실생활 속 예문 살펴보기

**I need a pen.**
나는 펜이 하나 필요해.

**I need the pen.**
나는 그 펜이 필요해.

**I eat an apple every morning.**
나는 매일 아침 사과 하나를 먹어.

**I ate the apple this morning.**
나는 오늘 아침에 그 사과를 먹었다.

### 시원's comment!

첫 번째 문장의 a pen은 펜이 하나 필요하다는 의미이고, 두 번째 문장은 아무런 펜이 아닌 특정한 펜을 필요로 하는 것입니다. 세 번째 문장은 an apple이라고 써서 매일 아침 사과를 먹는다는 습관을 나타냈고, 네 번째 문장은 오늘 아침에 특정한 그 사과를 먹었다는 말로 the를 사용한 것입니다.

# UNIT 02

## 나는 커피를 마실 거야.
### I will drink coffee.

» **미래형 기본문장 처음부터 마스터**

01   will 기본 문장 "나는 커피를 마실 거야."
02   will 의문 문장 "너 커피 마실 거니?"
03   will 부정 문장 "나는 커피를 안 마실 거야."

'~할 거야', '~안 할 거야', '~할 거니?' 등등의 표현을 내 것으로 만들어 외국인과 자유롭게 의사소통 해보자.

문장에 핵심이 되는 동사 앞에 붙여서 그 동사의 의미를 보다 다양하게 만들도록 도와주는 또 다른 동사가 있습니다. 그러한 동사들을 '조동사'라고 하는데 그 중에 'will'은 동사 앞에 붙어 미래의 의미를 갖도록 도와줍니다.

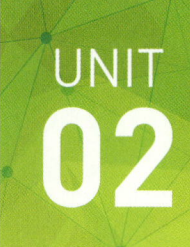

# UNIT 02 나는 커피를 마실 거야.
## I will drink coffee.

### ① will 기본 문장 "나는 커피를 마실 거야."

'커피를 마신다'는 행동을 '커피를 마실 거야'라는 미래의 행동으로 만들려면 행동 앞에 will을 붙이면 된다. drink coffee를 will drink coffee로 만들면 된다는 뜻.

| | |
|---|---|
| I will drink coffee. | 나는 커피를 마실 거야. |
| I will go there. | 나는 거기에 갈 거야. |
| She will take a bus. | 그녀는 버스 탈 거야. |
| He will study. | 걔는 공부할 거야. |

 **TiP**

will이 붙으면 앞에 3인칭 주어 She, He가 오더라도 뒤의 동사에는 '-s'가 붙지 않는다.

### ② will 의문 문장 "너 커피 마실 거니?"

묻는 말일 때는 Do you drink coffee? [너 커피 마시니?]에서 do 대신 will을 집어 넣어 Will you drink coffee? [너 커피 마실 거니?]하면 된다.

| | |
|---|---|
| Will you drink coffee? | 너 커피 마실 거니? |
| Will you go there? | 너 거기에 갈 거야? |
| Will she take a bus? | 그녀는 버스 탈 거니? |
| Will he study? | 걔가 공부할까? |

> I will drink coffee.

## ③ will 부정 문장 "나는 커피를 안 마실 거야."

'커피를 마실 거야'의 반대인 '커피를 마시지 않을 거야'는 will 뒤에 not을 붙여 will not drink coffee라고 하면 된다. will not을 줄이면 won't(웡트)가 된다.

| | |
|---|---|
| I will not drink coffee. | 나는 커피 안 마실 거야. |
| I will not go there. | 나는 거기 가지 않을 거야. |
| She won't take a bus. | 그녀는 버스 안 탈 거야. |
| He won't study. | 걔는 공부 안 할거야. |

# 강의 속 핵심문장 10

시원스쿨 왕초보탈출 1탄 2강 <NEW강의>에 해당하는 내용입니다.

### ✓ 미래형 기본문장 처음부터 마스터

누가(주체) + will + 어쩐다(행동) = 미래 문장

나는 + ~할 거다 + 가다
= I + will + go
= 나는 갈 거다.

### ✓ 강의 속 예문 살펴보기

| | |
|---|---|
| ➡ 나는 만날 거야. | I will meet. |
| ➡ 나는 켤 거야. | I will turn on. |
| ➡ 나는 끌 거야. | I will turn off. |
| ➡ 너는 갈 거야? | Will you go? |
| ➡ 너는 올 거야? | Will you come? |
| ➡ 너는 탈 거야? | Will you take? |
| ➡ 너는 살 거야? | Will you buy? |
| ➡ 나는 안 끝낼 거야. | I will not finish. |
| ➡ 나는 안 만들 거야. | I will not make. |
| ➡ 나는 안 볼 거야. | I will not see. |

# 한눈에 보는 UNIT 02 단어

- ☐ **turn on** 켜다
- ☐ **write** 쓰다
- ☐ **diary** 일기
- ☐ **open** 열다
- ☐ **turn off** 끄다
- ☐ **clean** 청소하다
- ☐ **math** 수학
- ☐ **paper** 종이
- ☐ **come** 오다
- ☐ **watch** 보다
- ☐ **ball** 공
- ☐ **bottle** 병
- ☐ **take** 타다
- ☐ **kick** 차다
- ☐ **sandwich** 샌드위치
- ☐ **finish** 끝내다
- ☐ **eat** 먹다
- ☐ **cut** 자르다

" '~거니?'는 will입니다. do 대신에 will을 쓰면 미래를 의미해요~ "

# Practice 01 미래형 긍정문

 ## 미래형 긍정문 연습하기 (우리말+영어)

아래의 우리말 문장들을 영어로 어떻게 말할 수 있는지 살펴보세요.

| 우리말 | 영어 |
|---|---|
| 나는 일기를 쓸 거야. | I will write a diary. |
| 나는 방을 청소할 거야. | I will clean a room. |
| 나는 TV를 볼 거야. | I will watch TV. |
| 나는 선생님을 만날 거야. | I will meet a teacher. |
| 너는 수학을 공부할 거야. | You will study math. |
| 너는 공을 찰 거야. | You will kick a ball. |
| 너는 샌드위치를 먹을 거야. | You will eat a sandwich. |
| 우리는 책을 찾을 거야. | We will find a book. |
| 우리는 종이를 자를 거야. | We will cut paper. |
| 우리는 병을 열 거야. | We will open a bottle. |
| 그는 일기를 쓸 거야. | He will write a diary. |
| 그는 방을 청소할 거야. | He will clean a room. |
| 그는 TV를 볼 거야. | He will watch TV. |
| 그는 선생님을 만날 거야. | He will meet a teacher. |
| 그녀는 수학을 공부할 거야. | She will study math. |
| 그녀는 공을 찰 거야. | She will kick a ball. |
| 그녀는 샌드위치를 먹을 거야. | She will eat a sandwich. |
| 시원이는 책을 찾을 거야. | 시원 will find a book. |
| 시원이는 종이를 자를 거야. | 시원 will cut paper. |
| 시원이는 병을 열 거야. | 시원 will open a bottle. |

## ✌ 미래형 긍정문 영작하기

나는 일기를 쓸 거야.                    그는 일기를 쓸 거야.

나는 방을 청소할 거야.                  그는 방을 청소할 거야.

나는 TV를 볼 거야.                      그는 TV를 볼 거야.

나는 선생님을 만날 거야.                그는 선생님을 만날 거야.

너는 수학을 공부할 거야.                그녀는 수학을 공부할 거야.

너는 공을 찰 거야.                      그녀는 공을 찰 거야.

너는 샌드위치를 먹을 거야.              그녀는 샌드위치를 먹을 거야.

우리는 책을 찾을 거야.                  시원이는 책을 찾을 거야.

우리는 종이를 자를 거야.                시원이는 종이를 자를 거야.

우리는 병을 열 거야.                    시원이는 병을 열 거야.

## ✌ 미래형 긍정문 해석하기

I will write a diary.                   He will write a diary.

I will clean a room.                    He will clean a room.

I will watch TV.                        He will watch TV.

I will meet a teacher.                  He will meet a teacher.

You will study math.                    She will study math.

You will kick a ball.                   She will kick a ball.

You will eat a sandwich.                She will eat a sandwich.

We will find a book.                    시원 will find a book.

We will cut paper.                      시원 will cut paper.

We will open a bottle.                  시원 will open a bottle.

# Practice 02　미래형 의문문

 ### 미래형 의문문 연습하기 (우리말+영어)
아래의 우리말 문장들을 영어로 어떻게 말할 수 있는지 살펴보세요.

| | |
|---|---|
| 나는 일기를 쓸 거니? | Will I write a diary? |
| 나는 방을 청소할 거니? | Will I clean a room? |
| 나는 TV를 볼 거니? | Will I watch TV? |
| 나는 선생님을 만날 거니? | Will I meet a teacher? |
| 너는 수학을 공부할 거니? | Will you study math? |
| 너는 공을 찰 거니? | Will you kick a ball? |
| 너는 샌드위치를 먹을 거니? | Will you eat a sandwich? |
| 우리는 책을 찾을 거니? | Will we find a book? |
| 우리는 종이를 자를 거니? | Will we cut paper? |
| 우리는 병을 열 거니? | Will we open a bottle? |
| 그는 일기를 쓸 거니? | Will he write a diary? |
| 그는 방을 청소할 거니? | Will he clean a room? |
| 그는 TV를 볼 거니? | Will he watch TV? |
| 그는 선생님을 만날 거니? | Will he meet a teacher? |
| 그녀는 수학을 공부할 거니? | Will she study math? |
| 그녀는 공을 찰 거니? | Will she kick a ball? |
| 그녀는 샌드위치를 먹을 거니? | Will she eat a sandwich? |
| 시원이는 책을 찾을 거니? | Will 시원 find a book? |
| 시원이는 종이를 자를 거니? | Will 시원 cut paper? |
| 시원이는 병을 열 거니? | Will 시원 open a bottle? |

## ✌ 미래형 의문문 영작하기

나는 일기를 쓸 거니?

나는 방을 청소할 거니?

나는 TV를 볼 거니?

나는 선생님을 만날 거니?

너는 수학을 공부할 거니?

너는 공을 찰 거니?

너는 샌드위치를 먹을 거니?

우리는 책을 찾을 거니?

우리는 종이를 자를 거니?

우리는 병을 열 거니?

그는 일기를 쓸 거니?

그는 방을 청소할 거니?

그는 TV를 볼 거니?

그는 선생님을 만날 거니?

그녀는 수학을 공부할 거니?

그녀는 공을 찰 거니?

그녀는 샌드위치를 먹을 거니?

시원이는 책을 찾을 거니?

시원이는 종이를 자를 거니?

시원이는 병을 열 거니?

## ✌ 미래형 의문문 해석하기

Will I write a diary?

Will I clean a room?

Will I watch TV?

Will I meet a teacher?

Will you study math?

Will you kick a ball?

Will you eat a sandwich?

Will we find a book?

Will we cut paper?

Will we open a bottle?

Will he write a diary?

Will he clean a room?

Will he watch TV?

Will he meet a teacher?

Will she study math?

Will she kick a ball?

Will she eat a sandwich?

Will 시원 find a book?

Will 시원 cut paper?

Will 시원 open a bottle?

# Practice 03 미래형 부정문

 **미래형 부정문 연습하기 (우리말+영어)**
아래의 우리말 문장들을 영어로 어떻게 말할 수 있는지 살펴보세요.

| 우리말 | 영어 |
|---|---|
| 나는 일기를 안 쓸 거야. | I will not write a diary. |
| 나는 방을 청소하지 않을 거야. | I will not clean a room. |
| 나는 TV를 안 볼 거야. | I will not watch TV. |
| 나는 선생님은 안 만날 거야. | I will not meet a teacher. |
| 너는 수학을 공부하지 않을 거야. | You will not study math. |
| 너는 공을 안 찰 거야. | You will not kick a ball. |
| 너는 샌드위치를 안 먹을 거야. | You will not eat a sandwich. |
| 우리는 책을 안 찾을 거야. | We will not find a book. |
| 우리는 종이를 안 자를 거야. | We will not cut paper. |
| 우리는 병을 안 열 거야. | We will not open a bottle. |
| 그는 일기를 안 쓸 거야. | He will not write a diary. |
| 그는 방을 청소하지 않을 거야. | He will not clean a room. |
| 그는 TV를 안 볼 거야. | He will not watch TV. |
| 그는 선생님을 안 만날 거야. | He will not meet a teacher. |
| 그녀는 수학을 공부하지 않을 거야. | She will not study math. |
| 그녀는 공을 안 찰 거야. | She will not kick a ball. |
| 그녀는 샌드위치를 안 먹을 거야. | She will not eat a sandwich. |
| 시원이는 책을 안 찾을 거야. | 시원 will not find a book. |
| 시원이는 종이를 안 자를 거야. | 시원 will not cut paper. |
| 시원이는 병을 안 열 거야. | 시원 will not open a bottle. |

## ✌ 미래형 부정문 영작하기

나는 일기를 안 쓸 거야.　　　　　　그는 일기를 안 쓸 거야.

나는 방을 청소하지 않을 거야.　　　그는 방을 청소하지 않을 거야.

나는 TV를 안 볼 거야.　　　　　　그는 TV를 안 볼 거야.

나는 선생님은 안 만날 거야.　　　　그는 선생님을 안 만날 거야.

너는 수학을 공부하지 않을 거야.　　그녀는 수학을 공부하지 않을 거야.

너는 공을 안 찰 거야.　　　　　　그녀는 공을 안 찰 거야.

너는 샌드위치를 안 먹을 거야.　　　그녀는 샌드위치를 안 먹을 거야.

우리는 책을 안 찾을 거야.　　　　　시원이는 책을 안 찾을 거야.

우리는 종이를 안 자를 거야.　　　　시원이는 종이를 안 자를 거야.

우리는 병을 안 열 거야.　　　　　　시원이는 병을 안 열 거야.

## ✌ 미래형 부정문 해석하기

I will not write a diary.　　　　　　He will not write a diary.

I will not clean a room.　　　　　　He will not clean a room.

I will not watch TV.　　　　　　　He will not watch TV.

I will not meet a teacher.　　　　　He will not meet a teacher.

You will not study math.　　　　　　She will not study math.

You will not kick a ball.　　　　　　She will not kick a ball.

You will not eat a sandwich.　　　　She will not eat a sandwich.

We will not find a book.　　　　　　시원 will not find a book.

We will not cut paper.　　　　　　　시원 will not cut paper.

We will not open a bottle.　　　　　시원 will not open a bottle.

# 왕초보 단골질문 25

왕초보 탈출 1탄 공부질문하기 게시판에서 많은 회원님들이 궁금해하시는 질문들을 선정하였습니다.

## can과 can't의 발음

can 발음 : 캔 / can't 발음 : 캔트 위와 같이 알고 있는데요. 그러면 1번 "You can take a bus."와 2번 "You can't take a bus."라는 문장을 들어보니까 둘 다 [캔]으로 들려서요. 그렇다면 탈수 있다는 건지, 탈수 없다는건지... 어떻게 발음을 구분하나요?

➡ can = [큰], can't = [캔트, 케엔트]

can과 can't는 발음할 때 큰 차이가 있지 않기 때문에 많은 분들이 헷갈려 하시는 단어입니다. 보통 can은 [큰]으로 발음되어, 'ㅐ' 발음을 세게 하지 않을 때가 많습니다. 그래서 can을 강조할 때가 아니면 [큰]이라고 발음합니다. can't의 경우는 발음할 때에 can에 비해 길게 발음합니다. 또한 t발음인 'ㅌ'가 약하게 발음되기 때문에 can보다 강세를 주어 발음합니다.

##  실생활 속 예문 살펴보기

I can speak Chinese well.
난 중국어를 잘 할 수 있다.

I can finish the work by Tuesday.
난 그 일을 화요일까지 끝낼 수 있다.

I can't play the guitar.
난 기타를 연주 못한다.

I can't run faster than you.
난 너보다 빨리 달리지 못한다.

> **시원's comment!**
> 첫 번째 문장과 두 번째 문장 모두 can을 사용하여 '~할 수 있다'는 뜻을 나타내고 있습니다. 이때 can은 'ㅐ' 발음을 약하게 읽으며 [큰]에 가깝게 발음합니다. 세 번째 문장과 네 번째 문장의 can't는 '~할 수 없다'는 뜻입니다. 이때 can't 의 발음은 can에 비해 길게 읽으며 [캔]에 가깝게 발음합니다.

# UNIT 03

## 나는 가서 커피 마셔.
### I go and drink coffee.

» **and를 사용해서 문장을 길게 만들기**

01  and로 긍정문 연결 "나는 가서 커피 마신다."
02  and로 의문문 연결 "너는 가서 커피 마시니?"
03  and로 부정문 연결 "나는 가서 커피 안 마신다."
   　　　　　　　　　(나는 가지도 않고 커피도 안 마신다.)

### 문장을 연결해주는 and를 사용하여
### 길게 말하는 연습을 해보자!

Unit 01, 02를 통해서 영어 문장을 구성하는 원리를 배우고 입으로 표현할 수 있게 되었습니다. 하지만 하나의 문장을 말했다 하더라도 뭔가 짧게 끊어지는 느낌이 나는 건 어쩔 수 없는데요. 이때 문장을 좀 더 길게 말하는 방법으로 and를 사용하면 됩니다.

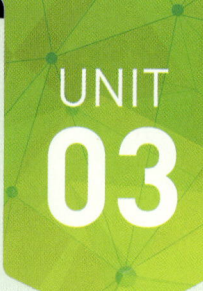

# UNIT 03 나는 가서 커피 마셔.
## I go and drink coffee.

### 1. and로 긍정문 연결 "나는 가서 커피를 마신다."

and는 우리말로 '그리고'와 '~서'로 표현 된다. 그래서 go '가다'와 and '~서'를 합쳐 go and 하면 '가서'가 된다. 이때 drink coffee를 뒤에 붙여 go and drink coffee 하면 '가서 커피를 마신다'란 뜻이 된다. [먼저 하는 행동] and [나중에 하는 행동]의 순서로 말을 이어간다.

I go and drink coffee.     나는 가서 커피를 마셔.
He goes there and takes the subway.     걔는 거기 가서 지하철 타.
They meet 시원 and see a movie.     걔네는 시원이 만나서 영화를 봐.

**TIP**
and 뒤에 오는 문장의 주어가 앞에 오는 문장의 주어와 같을 경우 생략해서 쓸 수 있다.

### 2. and로 의문문 연결 "너는 가서 커피 마시니?"

앞에서와 마찬가지로 주체 앞에 Do나 Does를 붙여 주고 나머지는 그대로 사용한다.

Do you go and drink coffee?
너는 가서 커피 마시니?

Does he go there and take the subway?
걔는 거기 가서 지하철 타니?

Do they meet 시원 and see a movie?
걔네는 시원이 만나서 영화를 보니?

I go and drink coffee.

### 3. and로 부정문 연결 "나는 가서 커피 안 마신다."
(나는 가지도 않고 커피도 안 마신다.)

'반대의 뜻'인 '가지도 않고 커피도 안 마신다'는 go and drink coffee 앞에 don't 또는 doesn't를 넣어 주면 된다. '먼저 하는 행동' 앞에서 한 번만 부정을 하면 된다는 말이다.

I don't go and drink coffee.
난 가서 커피를 안 마셔.

He doesn't go there and take the subway.
걔는 거기 가서 지하철을 타지 않아.

They don't meet 시원 and see a movie.
걔네는 시원이 만나서 영화보지 않아.

 TIP

부정 표현 뒤에 and가 연결될 경우 두 가지 동작을 모두 부정하게 된다. 즉, don't go and drink coffee는 '가지도 않고 커피도 안 마신다'는 뜻이다.

# 강의 속 핵심문장 10

시원스쿨 왕초보탈출 1탄 2강 <NEW강의>에 해당하는 내용입니다.

## ✓ and를 사용해서 문장을 길게 만들기

누가(주체) + 어쩐다(행동) + and + 어쩐다(행동)

나는 + 가다 + and + 마시다
= I + go + and + drink
= 나는 가서 마신다.

## ✓ 강의 속 예문 살펴보기

➡ 나는 강남역에 가서 2호선을 탄다.  I go to 강남역 and take 2호선.

➡ 나는 교대에 가서 3호선을 탄다.  I go to 교대 and take 3호선.

➡ 나는 스타벅스에 가서 커피를 마신다.  I go to 스타벅스 and drink coffee.

➡ 나는 시원스쿨에 가서 영어를 공부한다.  I go to 시원스쿨 and study English.

➡ 나는 교대에 가서 2호선을 탄다.  I go to 교대 and take 2호선.

➡ 나는 친구를 만나서 콘서트에 간다.  I meet my friend and go to a concert.

➡ 나는 강남역에 가서 2호선을 탈 거다.  I will go to 강남역 and take 2호선.

➡ 나는 강남역에 가서 친구를 만날 거다.  I will go to 강남역 and meet my friend.

➡ 나는 집에 가서 잘 거다.  I will go home and sleep.

➡ 나는 집에 가서 영어 공부할 거다.  I will go home and study English.

# 한눈에 보는 UNIT 03 단어

- ☐ office 사무실
- ☐ buy 사다
- ☐ dinner 저녁
- ☐ homework 숙제
- ☐ finish 끝내다
- ☐ visit 방문하다
- ☐ concert 콘서트
- ☐ work hard 열심히 일하다
- ☐ outside 밖
- ☐ sister 여동생, 언니
- ☐ meet 만나다
- ☐ lunch 점심

" 우리는 '~해서 ~해'라는 말을 자주 사용하죠. 그럴 때에는 and를 사용해서 두 문장을 연결해주면 돼요. "

## Practice 01 and 긍정문

 **and 긍정문 연습하기 (우리말+영어)**

아래의 우리말 문장들을 영어로 어떻게 말할 수 있는지 살펴보세요.

| 우리말 | 영어 |
|---|---|
| 나는 점심을 먹고 커피를 마셔. | I have lunch and drink coffee. |
| 나는 저녁을 먹고 TV를 봐. | I have dinner and watch TV. |
| 나는 출근해서 일을 열심히 해. | I go to work and work hard. |
| 나는 친구들을 만나서 영화를 봐. | I meet friends and see a movie. |
| 너는 메가박스에 가서 네 친구를 만나. | You go to 메가박스 and meet your friend. |
| 너는 프랑스에 가서 루브르를 방문할 거야. | You will go to France and visit the Louvre. |
| 너는 학교에 가서 열심히 공부할 거야. | You will go to school and study hard. |
| 우리는 케이크를 사서 내 여동생에게 줄 거야. | We will buy a cake and give it to my sister. |
| 우리는 영어를 공부해서 캐나다에 갈 거야. | We will study English and go to Canada. |
| 우리는 그 숙제를 끝내고 밖에 나갈 거야. | We will finish the homework and go outside. |
| 그는 점심을 먹고 커피를 마셔. | He has lunch and drinks coffee. |
| 그는 저녁을 먹고 TV를 봐. | He has dinner and watches TV. |
| 그는 출근해서 일을 열심히 해. | He goes to work and works hard. |
| 그는 친구들을 만나서 영화를 봐. | He meets friends and sees a movie. |
| 그녀는 메가박스에 가서 그녀의 친구를 만나. | She goes to 메가박스 and meets her friend. |
| 그녀는 프랑스에 가서 루브르를 방문할 거야. | She will go to France and visit the Louvre. |
| 그녀는 학교에 가서 열심히 공부할 거야. | She will go to school and study hard. |
| 시원이는 케이크를 사서 내 여동생에게 줄 거야. | 시원 will buy a cake and give it to my sister. |
| 시원이는 영어를 공부해서 캐나다에 갈 거야. | 시원 will study English and go to Canada. |
| 시원이는 그 숙제를 끝내고 밖에 나갈 거야. | 시원 will finish the homework and go outside. |

## ✌ and 긍정문 영작하기

나는 점심을 먹고 커피를 마셔.

나는 저녁을 먹고 TV를 봐.

나는 출근해서 일을 열심히 해.

나는 친구들을 만나서 영화를 봐.

너는 메가박스에 가서 네 친구를 만나.

너는 프랑스에 가서 루브르를 방문할 거야.

너는 학교에 가서 열심히 공부할 거야.

우리는 케이크를 사서 내 여동생에게 줄 거야.

우리는 영어를 공부해서 캐나다에 갈 거야.

우리는 그 숙제를 끝내고 밖에 나갈 거야.

그는 점심을 먹고 커피를 마셔.

그는 저녁을 먹고 TV를 봐.

그는 출근해서 일을 열심히 해.

그는 친구들을 만나서 영화를 봐.

그녀는 메가박스에 가서 그녀의 친구를 만나.

그녀는 프랑스에 가서 루브르를 방문할 거야.

그녀는 학교에 가서 열심히 공부할 거야.

시원이는 케이크를 사서 내 여동생에게 줄 거야.

시원이는 영어를 공부해서 캐나다에 갈 거야.

시원이는 그 숙제를 끝내고 밖에 나갈 거야.

## ✌ and 긍정문 해석하기

I have lunch and drink coffee.

I have dinner and watch TV.

I go to work and work hard.

I meet friends and see a movie.

You go to 메가박스 and meet your friend.

You will go to France and visit the Louvre.

You will go to school and study hard.

We will buy a cake and give it to my sister.

We will study English and go to Canada.

We will finish the homework and go outside.

He has lunch and drinks coffee.

He has dinner and watches TV.

He goes to work and works hard.

He meets friends and sees a movie.

She goes to 메가박스 and meets her friend.

She will go to France and visit the Louvre.

She will go to school and study hard.

시원 will buy a cake and give it to my sister.

시원 will study English and go to Canada.

시원 will finish the homework and go outside.

## Practice 02  and 의문문

 **and 의문문 연습하기 (우리말+영어)**
아래의 우리말 문장들을 영어로 어떻게 말할 수 있는지 살펴보세요.

| 나는 점심을 먹고 커피를 마시니? | Do I have lunch and drink coffee? |
| 나는 저녁을 먹고 TV를 보니? | Do I have dinner and watch TV? |
| 나는 출근해서 일을 열심히 하니? | Do I go to work and work hard? |
| 나는 친구들을 만나서 영화를 보니? | Do I meet friends and see a movie? |
| 너는 메가박스에 가서 네 친구를 만나니? | Do you go to 메가박스 and meet your friend? |
| 너는 프랑스에 가서 루브르를 방문하니? | Do you go to France and visit the Louvre? |
| 너는 학교에 가서 열심히 공부할거니? | Will you go to school and study hard? |
| 우리는 케이크를 사서 내 여동생에게 줄 거니? | Will we buy a cake and give it to my sister? |
| 우리는 영어를 공부해서 캐나다에 갈 거니? | Will we study English and go to Canada? |
| 우리는 그 숙제를 끝내고 밖에 나갈 거니? | Will we finish the homework and go outside? |
| 그는 점심을 먹고 커피를 마시니? | Does he have lunch and drink coffee? |
| 그는 저녁을 먹고 TV를 보니? | Does he have dinner and watch TV? |
| 그는 출근해서 일을 열심히 하니? | Does he go to work and work hard? |
| 그는 친구들을 만나서 영화를 보니? | Does he meet friends and see a movie? |
| 그녀는 메가박스에 가서 그녀의 친구를 만나니? | Does she go to 메가박스 and meet her friend? |
| 그녀는 프랑스에 가서 루브르를 방문하니? | Does she go to France and visit the Louvre? |
| 그녀는 학교에 가서 열심히 공부할 거니? | Will she go to school and study hard? |
| 시원이는 케이크를 사서 내 여동생에게 줄 거니? | Will 시원 buy a cake and give it to my sister? |
| 시원이는 영어를 공부해서 캐나다에 갈 거니? | Will 시원 study English and go to Canada? |
| 시원이는 그 숙제를 끝내고 밖에 나갈 거니? | Will 시원 finish the homework and go outside? |

## ✌ and 의문문 영작하기

나는 점심을 먹고 커피를 마시니?  그는 점심을 먹고 커피를 마시니?

나는 저녁을 먹고 TV를 보니?  그는 저녁을 먹고 TV를 보니?

나는 출근해서 일을 열심히 하니?  그는 출근해서 일을 열심히 하니?

나는 친구들을 만나서 영화를 보니?  그는 친구들을 만나서 영화를 보니?

너는 메가박스에 가서 네 친구를 만나니?  그녀는 메가박스에 가서 그녀의 친구를 만나니?

너는 프랑스에 가서 루브르를 방문하니?  그녀는 프랑스에 가서 루브르를 방문하니?

너는 학교에 가서 열심히 공부할거니?  그녀는 학교에 가서 열심히 공부할 거니?

우리는 케이크를 사서 내 여동생에게 줄 거니?  시원이는 케이크를 사서 내 여동생에게 줄 거니?

우리는 영어를 공부해서 캐나다에 갈 거니?  시원이는 영어를 공부해서 캐나다에 갈 거니?

우리는 그 숙제를 끝내고 밖에 나갈 거니?  시원이는 그 숙제를 끝내고 밖에 나갈 거니?

##  and 의문문 해석하기

Do I have lunch and drink coffee?  Does he have lunch and drink coffee?

Do I have dinner and watch TV?  Does he have dinner and watch TV?

Do I go to work and work hard?  Does he go to work and work hard?

Do I meet friends and see a movie?  Does he meet friends and see a movie?

Do you go to 메가박스 and meet your friend?  Does she go to 메가박스 and meet her friend?

Do you go to France and visit the Louvre?  Does she go to France and visit the Louvre?

Will you go to school and study hard?  Will she go to school and study hard?

Will we buy a cake and give it to my sister?  Will 시원 buy a cake and give it to my sister?

Will we study English and go to Canada?  Will 시원 study English and go to Canada?

Will we finish the homework and go outside?  Will 시원 finish the homework and go outside?

# Practice 03 and 부정문

 **and 부정문 연습하기 (우리말+영어)**
아래의 우리말 문장들을 영어로 어떻게 말할 수 있는지 살펴보세요.

| 우리말 | 영어 |
|---|---|
| 나는 점심을 안 먹고 커피도 안 마셔. | I don't have lunch and drink coffee. |
| 나는 저녁을 안 먹고 TV도 안 봐. | I don't have dinner and watch TV. |
| 나는 출근을 안하고 일도 열심히 안 해. | I don't go to work and work hard. |
| 나는 친구들을 안 만나고 영화도 안 봐. | I don't meet friends and see a movie. |
| 너는 메가박스에 안 가고 네 친구도 안 만나. | You don't go to 메가박스 and meet your friend. |
| 너는 프랑스에 안 가고 루브르에도 방문하지 않아. | You don't go to France and visit the Louvre. |
| 너는 학교에 안 가고 열심히 공부하지도 않을 거야. | You will not go to school and study hard. |
| 우리는 케이크를 안 사고 내 여동생에게도 안 줄 거야. | We will not buy a cake and give it to my sister. |
| 우리는 영어를 공부 안 하고 캐나다에도 안 갈 거야. | We will not study English and go to Canada. |
| 우리는 그 숙제를 안 끝내고 밖에도 안 나갈 거야. | We will not finish the homework and go outside. |
| 그는 점심을 안 먹고 커피도 안 마셔. | He doesn't have lunch and drink coffee. |
| 그는 저녁을 안 먹고 TV도 안 봐. | He doesn't have dinner and watch TV. |
| 그는 출근을 안하고 일도 열심히 안 해. | He doesn't go to work and work hard. |
| 그는 친구들을 안 만나고 영화도 안 봐. | He doesn't meet friends and see a movie. |
| 그녀는 메가박스에 안 가고 그녀의 친구도 안 만나. | She doesn't go to 메가박스 and meet her friend. |
| 그녀는 프랑스에 안 가고 루브르에도 방문하지 않아. | She doesn't go to France and visit the Louvre. |
| 그녀는 학교에 안 가고 열심히 공부하지도 않을 거야. | She will not go to school and study hard. |
| 시원이는 케이크를 안 사고 내 여동생에게도 안 줄 거야. | 시원 will not buy a cake and give it to my sister. |
| 시원이는 영어를 공부 안 하고 캐나다에도 안 갈 거야. | 시원 will not study English and go to Canada. |
| 시원이는 그 숙제를 안 끝내고 밖에도 안 나갈 거야. | 시원 will not finish the homework and go outside. |

## ✌ and 부정문 영작하기

나는 점심을 안 먹고 커피도 안 마셔.

나는 저녁을 안 먹고 TV도 안 봐.

나는 출근을 안하고 일도 열심히 안 해.

나는 친구들을 안 만나고 영화도 안 봐.

너는 메가박스에 안 가고 네 친구도 안 만나.

너는 프랑스에 안 가고 루브르에도 방문하지 않아.

너는 학교에 안 가고 열심히 공부하지도 않을 거야.

우리는 케이크를 안 사고 내 여동생에게도 안 줄 거야.

우리는 영어를 공부 안 하고 캐나다에도 안 갈 거야.

우리는 그 숙제를 안 끝내고 밖에도 안 나갈 거야.

그는 점심을 안 먹고 커피도 안 마셔.

그는 저녁을 안 먹고 TV도 안 봐.

그는 출근을 안하고 일도 열심히 안 해.

그는 친구들을 안 만나고 영화도 안 봐.

그녀는 메가박스에 안 가고 그녀의 친구도 안 만나.

그녀는 프랑스에 안 가고 루브르에도 방문하지 않아.

그녀는 학교에 안 가고 열심히 공부하지도 않을 거야.

시원이는 케이크를 안 사고 내 여동생에게도 안 줄 거야.

시원이는 영어를 공부 안 하고 캐나다에도 안 갈 거야.

시원이는 그 숙제를 안 끝내고 밖에도 안 나갈 거야.

##  and 부정문 해석하기

I don't have lunch and drink coffee.

I don't have dinner and watch TV.

I don't go to work and work hard.

I don't meet friends and see a movie.

You don't go to 메가박스 and meet your friend.

You don't go to France and visit the Louvre.

You will not go to school and study hard.

We will not buy a cake and give it to my sister.

We will not study English and go to Canada.

We will not finish the homework and go outside.

He doesn't have lunch and drink coffee.

He doesn't have dinner and watch TV.

He doesn't go to work and work hard.

He doesn't meet friends and see a movie.

She doesn't go to 메가박스 and meet her friend.

She doesn't go to France and visit the Louvre.

She will not go to school and study hard.

시원 will not buy a cake and give it to my sister.

시원 will not study English and go to Canada.

시원 will not finish the homework and go outside.

# 왕초보 단골질문 25

왕초보 탈출 1탄 공부질문하기 게시판에서 많은 회원님들이 궁금해하시는 질문들을 선정하였습니다.

## go home에서 go 뒤에 to가 없는 이유

'나는 지금 집에 가도 돼?'을 'Can I go to home now?' 이라고 해야 하는 것 아닌가요? 정답에는 Can I go home now? 라고 되어 있어서요…

### ➡ go

'가다'라는 뜻의 단어는 go 입니다. 그러나 실생활에서는 보통 뒤에 장소명사와 함께 사용하여 '~에 가다'라는 표현을 사용합니다. 이때 방향을 나타내는 전치사 to (~에)를 써서 go to와 같은 표현이 되는 것입니다. home은 명사의 의미 외에도 '집에'라는 부사의 뜻이 있습니다. 그래서 go to 와 같이 방향을 나타내는 전치사 to(~에)를 써줄 필요가 없는 것입니다.

### ➡ here and there

home과 같이 전치사 to를 사용하지 않는 단어들이 또 있습니다. 바로 home만큼 자주 사용되는 here (여기에)과 there (거기에)입니다. go there (거기로 가다), come here (여기로 오다)와 같이 동사 go 외에 come도 마찬가지로 to 없이 사용됩니다.

## 실생활 속 예문 살펴보기

**I go there.**
나는 거기에 간다.

**They came here yesterday.**
그들은 어제 여기에 왔다.

**We go home now.**
우리는 지금 집에 간다.

**She comes home at 6.**
그녀는 6시에 집에 온다.

### 시원's comment!

첫 번째 문장은 there가 '~에'라는 의미를 이미 포함하고 있기 때문에 to를 사용하지 않았습니다. 나머지 문장들도 마찬가지입니다. 두 번째 문장은 came을 써서 어제 그들이 여기에 왔다는 과거 사실을 나타냈고, 네 번째 문장은 현재형 comes로 그녀가 집에 6시에 온다는 것을 말해줍니다. 세 번째 문장도 home에 이미 '집에'라는 부사의 뜻이 있기 때문에 go to home이 아닌 go home으로 쓰인 것입니다.

# UNIT 04

# 나는 커피 마셨어.
I drank coffee.

» **과거형 기본문장 완벽 마스터**
01 과거형 긍정문 "나는 커피를 마셨어."
02 과거형 의문문 "너는 커피 마셨니?"
03 과거형 부정문 "나는 커피 안 마셨어."

### 과거의 일에 대해 말해보자!

외국인과 만나서 대화를 할 때 현재와 미래 표현도 많이 하지만, 그에 못지않게 '어제 뭐 했어?' 또는 '지난 주말에 뭐 했니?'와 같은 표현을 인사와 더불어 매우 자주 사용합니다.
이번 Unit 04강에서는 '나 어제 뭐 했어.', '너 어제 무엇을 했니?', '나 어제 뭐 안 했어.' 등등의 표현들을 통해 서로에 대해 좀 더 알아가는 기회를 넓혀보세요.

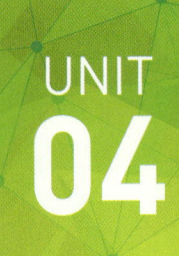

# UNIT 04 나는 커피 마셨어.
## I drank coffee.

 **과거형 긍정문 "나는 커피를 마셨어."**

'커피를 마신다'는 행동을 '커피를 마셨다'라는 행동으로 만들려면 drink 앞에 무언가를 붙이는 게 아니라 drank로 바꾸면 된다. drink coffee를 drank coffee로 만들면 된다는 뜻이다.
주로 행동 뒤에 -d, -ed를 붙여서 '하다'를 '했다'로 만드는데, drink처럼 단어가 아예 바뀌는 경우도 있다. 이를 불규칙 동사라 한다.

① 규칙 동사
행동 뒤에 -d, -ed를 붙여서 과거형을 만든다.

| work | → | worked 일했다 |
| use this | → | used this 이것을 사용했다 |

② 불규칙 동사
단어가 아예 새롭게 바뀌어 과거형을 만든다.

| drink coffee | → | drank coffee 커피를 마셨다 |
| meet my friend | → | met my friend 내 친구를 만났다 |

**TIP**
불규칙 동사는 말 그대로 특별한 규칙이 없기 때문에 이러한 동사는 따로 외워 두는 것이 좋다.

I drank coffee.

### 2  과거형 의문문 "너는 커피 마셨니?"

Do you drink coffee? '너 커피 마시니?'에서 Do 대신 Did를 넣어 주면 Did you drink coffee? '너 커피 마셨니?'가 된다. Did는 '하니'를 '했니'로 바꿔 준다. Do, Does 구분 없이 Did를 써주면 과거를 묻는 표현이 된다.

Did you see?         너 봤니?
Did you read?        너 읽었니?
Did he see?          걔는 봤니?

Did you went? (X)      →   Did you go? (O)
Did you drank coffee? (X)  →   Did you drink coffee? (O)

 TiP

Did가 온 다음 과거형이 절대 쓰이지 않는다는 것도 기억하자.

### 3  과거형 부정문 "나는 커피 안 마셨어."

'했다'를 '하지 않았다'로 만들기 위해서는 행동 앞에 don't나 doesn't가 아닌 didn't를 붙여 준다. 그리고 행동은 원래의 형태로 써준다. did가 이미 과거형임을 나타냈기 때문이다.

나는 커피 안 마신다.         →   나는 커피 안 마셨다.
I don't drink coffee.        →   I didn't drink coffee.

걔는 친구들을 안 만난다.     →   걔는 친구들을 안 만났다.
He doesn't meet friends.     →   He didn't meet friends.

# 강의 속 핵심문장 10

시원스쿨 왕초보 탈출 1탄 4강 <NEW강의>에 해당하는 내용입니다.

 ### 과거형 기본문장 완벽 마스터

누가(주체) + 어쩐다(과거 행동)

나는 + 갔다
= I + went
= 나는 갔다

 ### 강의 속 예문 살펴보기

| | |
|---|---|
| ➡ 나는 내 가방 샀어. | I got my bag. |
| ➡ 나는 커피를 만들었어. | I made coffee. |
| ➡ 나는 버스를 탔어. | I took a bus. |
| ➡ 나는 이시원을 만났어. | I met 이시원. |
| ➡ 나는 코엑스에 가서 티켓을 샀어. | I went to 코엑스 and got a ticket. |
| ➡ 나는 스타벅스에 가서 커피를 마셨어. | I went to 스타벅스 and drank coffee. |
| ➡ 걔는 내 앨범을 안 샀어. | He didn't get my album. |
| ➡ 걔는 이거 안 먹었어. | He didn't eat this. |
| ➡ 이거 마음에 들었어? | Did you like this? |
| ➡ 너 물 마셨어? | Did you drink water? |

# 한눈에 보는 UNIT 04 단어

- ☐ **hear** 듣다
- ☐ **water** 물
- ☐ **wake up** 일어나다
- ☐ **drive** 운전하다
- ☐ **feel** 느끼다

- ☐ **learn** 배우다
- ☐ **show** 보여주다
- ☐ **album** 앨범
- ☐ **meet** 만나다
- ☐ **tell** 말하다

- ☐ **noon** 정오
- ☐ **homework** 숙제
- ☐ **test** 시험
- ☐ **cold** 추운
- ☐ **read** 읽다

" 대부분의 과거는 동사 뒤에 –d 나 –ed 가 붙습니다.
다만 불규칙 동사의 경우는 암기를 해주셔야 해요~ "

# Practice 01 과거형 긍정문

 ## 과거형 긍정문 연습하기 (우리말+영어)

아래의 우리말 문장들을 영어로 어떻게 말할 수 있는지 살펴보세요.

| | |
|---|---|
| 나는 커피를 마셨어. | I drank coffee. |
| 나는 네 말 들었어. | I heard you. |
| 나는 추웠어. | I felt cold. |
| 나는 정오에 일어났어. | I woke up at noon. |
| 너는 나에게 보여줬어. | You showed me. |
| 너는 학교에 갔고 그녀에게 말했어. | You went to school and told her. |
| 너는 명동에 갔고 쇼핑을 했어. | You went to 명동 and shopped. |
| 우리는 숙제를 했고 시험을 봤어. | We did homework and took a test. |
| 우리는 운전을 했고 영화를 봤어. | We drove and saw a movie. |
| 우리는 영어를 배웠고 책을 읽었어. | We learned English and read a book. |
| 그는 커피를 마셨어. | He drank coffee. |
| 그는 네 말 들었어. | He heard you. |
| 그는 추웠어. | He felt cold. |
| 그는 정오에 일어났어. | He woke up at noon. |
| 그녀는 나에게 보여줬어. | She showed me. |
| 그녀는 학교에 갔고 그녀에게 말했어. | She went to school and told her. |
| 그녀는 명동에 갔고 쇼핑을 했어. | She went to 명동 and shopped. |
| 시원이는 숙제를 했고 시험을 봤어. | 시원 did homework and took a test. |
| 시원이는 운전을 했고 영화를 봤어. | 시원 drove and saw a movie. |
| 시원이는 영어를 배웠고 책을 읽었어. | 시원 learned English and read a book. |

## ✌ 과거형 긍정문 영작하기

나는 커피를 마셨어.

나는 네 말 들었어.

나는 추웠어.

나는 정오에 일어났어.

너는 나에게 보여줬어.

너는 학교에 갔고 그녀에게 말했어.

너는 명동에 갔고 쇼핑을 했어.

우리는 숙제를 했고 시험을 봤어.

우리는 운전을 했고 영화를 봤어.

우리는 영어를 배웠고 책을 읽었어.

그는 커피를 마셨어.

그는 네 말 들었어.

그는 추웠어.

그는 정오에 일어났어.

그녀는 나에게 보여줬어.

그녀는 학교에 갔고 그녀에게 말했어.

그녀는 명동에 갔고 쇼핑을 했어.

시원이는 숙제를 했고 시험을 봤어.

시원이는 운전을 했고 영화를 봤어.

시원이는 영어를 배웠고 책을 읽었어.

## ✌ 과거형 긍정문 해석하기

I drank coffee.

I heard you.

I felt cold.

I woke up at noon.

You showed me.

You went to school and told her.

You went to 명동 and shopped.

We did homework and took a test.

We drove and saw a movie.

We learned English and read a book.

He drank coffee.

He heard you.

He felt cold.

He woke up at noon.

She showed me.

She went to school and told her.

She went to 명동 and shopped.

시원 did homework and took a test.

시원 drove and saw a movie.

시원 learned English and read a book.

# Practice 02 과거형 의문문

 ## 과거형 의문문 연습하기 (우리말+영어)
아래의 우리말 문장들을 영어로 어떻게 말할 수 있는지 살펴보세요.

| 우리말 | 영어 |
|---|---|
| 나는 커피를 마셨니? | Did I drink coffee? |
| 나는 네 말 들었니? | Did I hear you? |
| 나는 추웠니? | Did I feel cold? |
| 나는 정오에 일어났니? | Did I wake up at noon? |
| 너는 나에게 보여줬니? | Did you show me? |
| 너는 학교에 갔고 그녀에게 말했니? | Did you go to school and tell her? |
| 너는 명동에 갔고 쇼핑을 했니? | Did you go to 명동 and shop? |
| 우리는 숙제를 했고 시험을 봤니? | Did we do homework and take a test? |
| 우리는 운전을 했고 영화를 봤니? | Did we drive and see a movie? |
| 우리는 영어를 배웠고 책을 읽었니? | Did we learn English and read a book? |
| 그는 커피를 마셨니? | Did he drink coffee? |
| 그는 네 말 들었니? | Did he hear you? |
| 그는 추웠니? | Did he feel cold? |
| 그는 정오에 일어났니? | Did he wake up at noon? |
| 그녀는 나에게 보여줬니? | Did she show me? |
| 그녀는 학교에 갔고 그녀에게 말했니? | Did she go to school and tell her? |
| 그녀는 명동에 갔고 쇼핑을 했니? | Did she go to 명동 and shop? |
| 시원이는 숙제를 했고 시험을 봤니? | Did 시원 do homework and take a test? |
| 시원이는 운전을 했고 영화를 봤니? | Did 시원 drive and see a movie? |
| 시원이는 영어를 배웠고 책을 읽었니? | Did 시원 learn English and read a book? |

## ✌ 과거형 의문문 **영작하기**

나는 커피를 마셨니?

나는 네 말 들었니?

나는 추웠니?

나는 정오에 일어났니?

너는 나에게 보여줬니?

너는 학교에 갔고 그녀에게 말했니?

너는 명동에 갔고 쇼핑을 했니?

우리는 숙제를 했고 시험을 봤니?

우리는 운전을 했고 영화를 봤니?

우리는 영어를 배웠고 책을 읽었니?

그는 커피를 마셨니?

그는 네 말 들었니?

그는 추웠니?

그는 정오에 일어났니?

그녀는 나에게 보여줬니?

그녀는 학교에 갔고 그녀에게 말했니?

그녀는 명동에 갔고 쇼핑을 했니?

시원이는 숙제를 했고 시험을 봤니?

시원이는 운전을 했고 영화를 봤니?

시원이는 영어를 배웠고 책을 읽었니?

## ✌ 과거형 의문문 **해석하기**

Did I drink coffee?

Did I hear you?

Did I feel cold?

Did I wake up at noon?

Did you show me?

Did you go to school and tell her?

Did you go to 명동 and shop?

Did we do homework and take a test?

Did we drive and see a movie?

Did we learn English and read a book?

Did he drink coffee?

Did he hear you?

Did he feel cold?

Did he wake up at noon?

Did she show me?

Did she go to school and tell her?

Did she go to 명동 and shop?

Did 시원 do homework and take a test?

Did 시원 drive and see a movie?

Did 시원 learn English and read a book?

# Practice 03 과거형 부정문

## 과거형 부정문 연습하기 (우리말+영어)
아래의 우리말 문장들을 영어로 어떻게 말할 수 있는지 살펴보세요.

| | |
|---|---|
| 나는 커피를 안 마셨어. | I didn't drink coffee. |
| 나는 네 말 안 들었어. | I didn't hear you. |
| 나는 안 추웠어. | I didn't feel cold. |
| 나는 정오에 안 일어났어. | I didn't wake up at noon. |
| 너는 나에게 안 보여줬어. | You didn't show me. |
| 너는 학교에 안 갔고 그녀에게 말하지 않았어. | You didn't go to school and tell her. |
| 너는 명동에 안 갔고 쇼핑도 안 했어. | You didn't go to 명동 and shop. |
| 우리는 숙제를 안 했고 시험도 안 봤어. | We didn't do homework and take a test. |
| 우리는 운전을 안 했고 영화도 안 봤어. | We didn't drive and see a movie. |
| 우리는 영어를 안 배웠고 책도 안 읽었어. | We didn't learn English and read a book. |
| 그는 커피를 안 마셨어. | He didn't drink coffee. |
| 그는 네 말 안 들었어. | He didn't hear you. |
| 그는 안 추웠어. | He didn't feel cold. |
| 그는 정오에 안 일어났어. | He didn't wake up at noon. |
| 그녀는 나에게 안 보여줬어. | She didn't show me. |
| 그녀는 학교에 안 갔고 그녀에게 말하지 않았어. | She didn't go to school and tell her. |
| 그녀는 명동에 안 갔고 쇼핑도 안 했어. | She didn't go to 명동 and shop. |
| 시원이는 숙제를 안 했고 시험도 안 봤어. | 시원 didn't do homework and take a test. |
| 시원이는 운전을 안 했고 영화도 안 봤어. | 시원 didn't drive and see a movie. |
| 시원이는 영어를 안 배웠고 책도 안 읽었어. | 시원 didn't learn English and read a book. |

## ✌️ 과거형 부정문 영작하기

나는 커피를 안 마셨어.               그는 커피를 안 마셨어.

나는 네 말 안 들었어.                그는 네 말 안 들었어.

나는 안 추웠어.                      그는 안 추웠어.

나는 정오에 안 일어났어.             그는 정오에 안 일어났어.

너는 나에게 안 보여줬어.             그녀는 나에게 안 보여줬어.

너는 학교에 안 갔고 그녀에게 말하지 않았어.   그녀는 학교에 안 갔고 그녀에게 말하지 않았어.

너는 명동에 안 갔고 쇼핑도 안 했어.   그녀는 명동에 안 갔고 쇼핑도 안 했어.

우리는 숙제를 안 했고 시험도 안 봤어.  시원이는 숙제를 안 했고 시험도 안 봤어.

우리는 운전을 안 했고 영화도 안 봤어.  시원이는 운전을 안 했고 영화도 안 봤어.

우리는 영어를 안 배웠고 책도 안 읽었어.  시원이는 영어를 안 배웠고 책도 안 읽었어.

## ✌️ 과거형 부정문 해석하기

I didn't drink coffee.              He didn't drink coffee.

I didn't hear you.                  He didn't hear you.

I didn't feel cold.                 He didn't feel cold.

I didn't wake up at noon.           He didn't wake up at noon.

You didn't show me.                 She didn't show me.

You didn't go to school and tell her.   She didn't go to school and tell her.

You didn't go to 명동 and shop.     She didn't go to 명동 and shop.

We didn't do homework and take a test.   시원 didn't do homework and take a test.

We didn't drive and see a movie.    시원 didn't drive and see a movie.

We didn't learn English and read a book.   시원 didn't learn English and read a book.

# 왕초보 단골질문 25

왕초보 탈출 1탄 공부질문하기 게시판에서 많은 회원님들이 궁금해하시는 질문들을 선정하였습니다.

 **Do you~? VS Are you~?**

 궁금해요

Are you happy?가 '너는 행복하니?' 잖아요. 계속 연습하다 보니, 입에 익더라구요~ 그런데 Do you happy?는 왜 안될까라는 의문을 갖게 되었어요. Are you happy와 Do you happy 모두 가능한가요?

➡ **Do you ~? VS Are you ~?**

의문문을 만들 때에는 사용되는 동사에 따라 do가 문장 앞에 나올지, be동사인 are/is가 문장 앞에 나와서 질문할 지가 결정됩니다. be동사가 사용된 문장이라면 주어와 위치를 바꿔서 Are you~?와 같은 형태로 묻고, 일반동사(be동사, 조동사를 제외한 모든 동사)가 쓰인 문장은 do를 사용해서 질문합니다. 또한 Do you~?는 일반적이며 반복/습관적인 일에 대해 질문할 때 사용하고, Are you~?는 움직임 이외의 표현(상태, 신분, 위치 등)을 물어볼 때 씁니다.

➡ **Are you happy?**

happy는 '행복한'이라는 뜻의 형용사이므로 be동사와 함께 써서 '행복하다 (be happy)'라는 동사의 의미를 갖습니다. 그렇기 때문에 Do you happy?는 틀린 문장입니다.

 **실생활 속 예문 살펴보기**

**Does he like ice cream?**
걘 아이스크림 좋아하니?

**Is he strong?**
걘 세니?

**Do you study Chinese?**
너는 중국어를 공부하니?

**Are you learning dancing?**
너는 춤을 배우고 있니?

**시원's comment!**

첫 문장은 like가 일반동사이기 때문에 does를 이용하여 질문하였고, 두 번째 문장은 strong (강한)이라는 형용사가 쓰였으므로 be동사 is를 써서 Is he~?가 됩니다. 세 번째 문장은 study가 일반동사이므로 do를, 네 번째 문장은 현재 춤을 배우고 있는지를 묻는 현재진행형시제(be+동사-ing)이기 때문에 Are you~? 형태의 문장이 된 것입니다.

# UNIT 05

## 너는 언제 커피 마시니?
### When do you drink coffee?

» 묻는 말에 '언제, 어디서…'와 같은 육하원칙을 붙이면 질문이 다양해진다!!

01 의문사의 종류
02 의문사 + 의문문 "너는 언제 커피 마시니?"

**육하원칙 의문사를 통해 구체적으로 질문하는 연습을 해보자.**

우리는 Unit 04까지의 내용을 통해 일상생활에서 쓰이는 많은 일반동사(행동)들을 배웠고, 그에 따른 긍정문/부정문/의문문을 연습했습니다. 이번 Unit에서는 지금까지 배운 내용을 토대로 상대방에게 질문하는 방법을 배워보세요. 의문사 의문문은 보다 세부적인 정보를 주고받을 수 있도록 해줍니다.

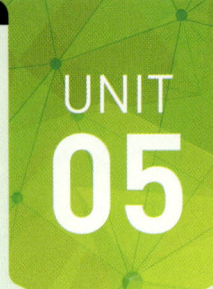

# UNIT 05
# 너는 언제 커피 마시니?
## When do you drink coffee?

**1 의문사의 종류**

| 언제 | When (웬) |
|---|---|
| 어디서 | Where (웨얼) |
| 왜 | Why (와이) |
| 어떻게 | How (하우) |
| 무엇을 | What (왓) |
| 누구와 | Who~ with (후~ 위드) |

TiP

실생활에서 우리는 '누가/언제/어디서/왜/무엇을/어떻게'를 사용한 질문을 많이 한다. 이에 해당하는 의문사의 종류들을 알아두자.

When do you drink coffee?

## ② 의문사 + 의문문 "너는 언제 커피 마시니?"

묻는 말에 의문사 즉 육하원칙(언제, 어디서, 누가, 무엇을, 어떻게, 왜)을 붙여 보자. 그러면 우리가 표현할 수 있는 질문들이 광대하게 늘어난다. 예를 들어 Do you drink coffee?라는 질문 앞에 붙이면 아래와 같은 질문이 된다.

| | |
|---|---|
| 언제 | **When** do you drink coffee?<br>언제 커피 마시니? |
| 어디서 | **Where** do you drink coffee?<br>어디서 커피 마시니? |
| 왜 | **Why** do you drink coffee?<br>왜 커피 마시니? |
| 어떻게 | **How** do you drink coffee?<br>어떻게 커피 마시니? |
| 무엇을 | **What** do you drink?<br>무엇을 마시니? |
| 누구와 | **Who** do you drink coffee **with**?<br>누구와 커피 마시니? |

 **TIP**

'누구와'를 영어로 말할 때 with는 말을 다하고 난 후 문장의 맨 뒤에 붙인다.

# 강의 속 핵심문장 10

시원스쿨 왕초보 탈출 1탄 5강 <NEW강의>에 해당하는 내용입니다.

✓ **묻는 말에 '언제, 어디서..' 와 같은 육하원칙을 붙이면 질문이 다양해진다!!**

의문사 + do + 누가(주체) + 어쩐다(행동) = 의문문

무엇을 + do + 너는 + 공부하다
= What + do + you + study?
= 너는 무엇을 공부하니?

✓ **강의 속 예문 살펴보기**

| | |
|---|---|
| ➡ 너는 언제 공부해? | When do you study? |
| ➡ 너는 어디서 공부해? | Where do you study? |
| ➡ 너는 어떻게 공부해? | How do you study? |
| ➡ 너는 왜 공부해? | Why do you study? |
| ➡ 너는 언제 집에 갔어? | When did you go home? |
| ➡ 너는 어떻게 집에 갔어? | How did you go home? |
| ➡ 너는 왜 집에 갔어? | Why did you go home? |
| ➡ 너는 언제 커피 살 거야? | When will you get coffee? |
| ➡ 너는 어디서 커피 살 거야? | Where will you get coffee? |
| ➡ 너는 어떻게 커피 살 거야? | How will you get coffee? |

# 한눈에 보는 UNIT 05 단어

- ☐ **study** 공부하다
- ☐ **lunch** 점심
- ☐ **reserve** 예약하다
- ☐ **start** 시작하다
- ☐ **taxi** 택시
- ☐ **home** 집, 집에
- ☐ **arrive** 도착하다
- ☐ **ticket** 티켓
- ☐ **exercise** 운동하다
- ☐ **picture** 그림
- ☐ **cook** 요리하다
- ☐ **milk** 우유

" 지금까지 배워왔던 의문문을 조금 더 길고, 다양하게 만드는 방법을 배워보도록 하겠습니다. "

# Practice 01 육하원칙 (when · where) 의문문

 **when · where 의문문 연습하기 (우리말+영어)**
아래의 우리말 문장들을 영어로 어떻게 말할 수 있는지 살펴보세요.

| | |
|---|---|
| 너는 언제 운동을 시작하니? | When do you start exercising? |
| 너는 어디서 점심을 먹니? | Where do you have lunch? |
| 너는 언제 집에 도착했니? | When did you arrive home? |
| 너는 어디서 요리를 배웠니? | Where did you learn cooking? |
| 너는 언제 택시를 탈 거니? | When will you take a taxi? |
| 우리는 어디서 그를 만나니? | Where do we meet him? |
| 우리는 언제 그림을 그리니? | When do we draw a picture? |
| 우리는 어디서 티켓들을 예약했니? | Where did we reserve tickets? |
| 우리는 언제 우유를 마실 거니? | When will we drink milk? |
| 우리는 어디서 걔한테 말할 거니? | Where will we tell him? |
| 그는 언제 운동을 시작하니? | When does he start exercising? |
| 그는 어디서 점심을 먹니? | Where does he have lunch? |
| 그는 언제 집에 도착했니? | When did he arrive home? |
| 그는 어디서 요리를 배웠니? | Where did he learn cooking? |
| 그녀는 언제 택시를 탈 거니? | When will she take a taxi? |
| 그녀는 어디서 그를 만날 거래? | Where will she meet him? |
| 그녀는 언제 그림을 그리니? | When does she draw a picture? |
| 시원이는 어디서 티켓들을 예약했니? | Where did 시원 reserve tickets? |
| 시원이는 언제 우유를 마실 거니? | When will 시원 drink milk? |
| 시원이는 어디서 걔한테 말할 거래? | Where will 시원 tell him? |

 **when · where 의문문 영작하기**

너는 언제 운동을 시작하니?  그는 언제 운동을 시작하니?

너는 어디서 점심을 먹니?  그는 어디서 점심을 먹니?

너는 언제 집에 도착했니?  그는 언제 집에 도착했니?

너는 어디서 요리를 배웠니?  그는 어디서 요리를 배웠니?

너는 언제 택시를 탈 거니?  그녀는 언제 택시를 탈 거니?

우리는 어디서 그를 만나니?  그녀는 어디서 그를 만날 거래?

우리는 언제 그림을 그리니?  그녀는 언제 그림을 그리니?

우리는 어디서 티켓들을 예약했니?  시원이는 어디서 티켓들을 예약했니?

우리는 언제 우유를 마실 거니?  시원이는 언제 우유를 마실 거니?

우리는 어디서 걔한테 말할 거니?  시원이는 어디서 걔한테 말할 거래?

 **when · where 의문문 해석하기**

When do you start exercising?  When does he start exercising?

Where do you have lunch?  Where does he have lunch?

When did you arrive home?  When did he arrive home?

Where did you learn cooking?  Where did he learn cooking?

When will you take a taxi?  When will she take a taxi?

Where do we meet him?  Where will she meet him?

When do we draw a picture?  When does she draw a picture?

Where did we reserve tickets?  Where did 시원 reserve tickets?

When will we drink milk?  When will 시원 drink milk?

Where will we tell him?  Where will 시원 tell him?

## Practice 02 육하원칙 (how · why) 의문문

 **how · why 의문문 연습하기 (우리말+영어)**
아래의 우리말 문장들을 영어로 어떻게 말할 수 있는지 살펴보세요.

| | |
|---|---|
| 너는 어떻게 운동을 시작하니? | How do you start exercising? |
| 너는 왜 점심을 먹니? | Why do you have lunch? |
| 너는 어떻게 집에 도착했니? | How did you arrive home? |
| 너는 왜 요리를 배웠니? | Why did you learn cooking? |
| 너는 어떻게 택시를 탈 거니? | How will you take a taxi? |
| 우리는 왜 그를 만나니? | Why do we meet him? |
| 우리는 어떻게 그림을 그리니? | How do we draw a picture? |
| 우리는 왜 티켓들을 예약했니? | Why did we reserve tickets? |
| 우리는 어떻게 우유를 마실 거니? | How will we drink milk? |
| 우리는 왜 걔한테 말할 거니? | Why will we tell him? |
| 그는 어떻게 운동을 시작하니? | How does he start exercising? |
| 그는 왜 점심을 먹니? | Why does he have lunch? |
| 그는 어떻게 집에 도착했니? | How did he arrive home? |
| 그는 왜 요리를 배웠니? | Why did he learn cooking? |
| 그녀는 어떻게 택시를 탈 거니? | How will she take a taxi? |
| 그녀는 왜 그를 만날 거래? | Why will she meet him? |
| 그녀는 어떻게 그림을 그리니? | How does she draw a picture? |
| 시원이는 왜 티켓들을 예약했니? | Why did 시원 reserve tickets? |
| 시원이는 어떻게 우유를 마실 거니? | How will 시원 drink milk? |
| 시원이는 왜 걔한테 말할 거래? | Why will 시원 tell him? |

##  how · why 의문문 영작하기

너는 어떻게 운동을 시작하니?  그는 어떻게 운동을 시작하니?

너는 왜 점심을 먹니?  그는 왜 점심을 먹니?

너는 어떻게 집에 도착했니?  그는 어떻게 집에 도착했니?

너는 왜 요리를 배웠니?  그는 왜 요리를 배웠니?

너는 어떻게 택시를 탈 거니?  그녀는 어떻게 택시를 탈 거니?

우리는 왜 그를 만나니?  그녀는 왜 그를 만날 거래?

우리는 어떻게 그림을 그리니?  그녀는 어떻게 그림을 그리니?

우리는 왜 티켓들을 예약했니?  시원이는 왜 티켓들을 예약했니?

우리는 어떻게 우유를 마실 거니?  시원이는 어떻게 우유를 마실 거니?

우리는 왜 걔한테 말할 거니?  시원이는 왜 걔한테 말할 거래?

## how · why 의문문 해석하기

How do you start exercising?  How does he start exercising?

Why do you have lunch?  Why does he have lunch?

How did you arrive home?  How did he arrive home?

Why did you learn cooking?  Why did he learn cooking?

How will you take a taxi?  How will she take a taxi?

Why do we meet him?  Why will she meet him?

How do we draw a picture?  How does she draw a picture?

Why did we reserve tickets?  Why did 시원 reserve tickets?

How will we drink milk?  How will 시원 drink milk?

Why will we tell him?  Why will 시원 tell him?

# Practice 03  육하원칙 (what · who) 의문문

 **what · who 의문문 연습하기 (우리말+영어)**

아래의 우리말 문장들을 영어로 어떻게 말할 수 있는지 살펴보세요.

| | |
|---|---|
| 너는 무엇을 읽니? | What do you read? |
| 너는 누구랑 가니? | Who do you go with? |
| 너는 무엇을 만들었니? | What did you make? |
| 너는 누구랑 수업을 들었니? | Who did you take a class with? |
| 너는 무엇을 원하니? | What do you want? |
| 우리는 누구랑 여행 가니? | Who do we travel with? |
| 우리는 무엇을 마시니? | What do we drink? |
| 우리는 누구랑 일했니? | Who did we work with? |
| 우리는 무엇을 가져 올 거니? | What will we bring? |
| 우리는 누구랑 프로젝트를 준비할 거니? | Who will we prepare for a project with? |
| 그는 무엇을 읽니? | What does he read? |
| 그는 누구랑 가니? | Who does he go with? |
| 그는 무엇을 만들었니? | What did he make? |
| 그는 누구랑 수업을 들었니? | Who did he take a class with? |
| 그녀는 무엇을 원하니? | What does she want? |
| 그녀는 누구랑 여행 가니? | Who does she travel with? |
| 그녀는 무엇을 마시니? | What does she drink? |
| 시원이는 누구랑 일했니? | Who did 시원 work with? |
| 시원이는 무엇을 가져 올 거니? | What will 시원 bring? |
| 시원이는 누구랑 프로젝트를 준비할 거니? | Who will 시원 prepare for a project with? |

## ✌ what · who 의문문 영작하기

| | |
|---|---|
| 너는 무엇을 읽니? | 그는 무엇을 읽니? |
| 너는 누구랑 가니? | 그는 누구랑 가니? |
| 너는 무엇을 만들었니? | 그는 무엇을 만들었니? |
| 너는 누구랑 수업을 들었니? | 그는 누구랑 수업을 들었니? |
| 너는 무엇을 원하니? | 그녀는 무엇을 원하니? |
| 우리는 누구랑 여행 가니? | 그녀는 누구랑 여행 가니? |
| 우리는 무엇을 마시니? | 그녀는 무엇을 마시니? |
| 우리는 누구랑 일했니? | 시원이는 누구랑 일했니? |
| 우리는 무엇을 가져 올 거니? | 시원이는 무엇을 가져 올 거니? |
| 우리는 누구랑 프로젝트를 준비할 거니? | 시원이는 누구랑 프로젝트를 준비할 거니? |

## ✌ what · who 의문문 해석하기

| | |
|---|---|
| What do you read? | What does he read? |
| Who do you go with? | Who does he go with? |
| What did you make? | What did he make? |
| Who did you take a class with? | Who did he take a class with? |
| What do you want? | What does she want? |
| Who do we travel with? | Who does she travel with? |
| What do we drink? | What does she drink? |
| Who did we work with? | Who did 시원 work with? |
| What will we bring? | What will 시원 bring? |
| Who will we prepare for a project with? | Who will 시원 prepare for a project with? |

# 왕초보 단골질문 25

왕초보 탈출 1탄 공부질문하기 게시판에서 많은 회원님들이 궁금해하시는 질문들을 선정하였습니다.

## and가 사용된 문장의 부정문

and를 사용한 문장의 부정문이 궁금합니다. '나는 친구 만나서 영화 보지 않았어요.' I didn't meet my friend and see a movie. 이게 정답인데, '친구를 만나서 영화를 보지 않았어요.' 이니까 I met my friend and didn't see a movie. 이 문장이 맞는 것 아닌가요?

### ➡ and 부정

I didn't meet my friend and see a movie. 라는 문장은 나는 친구를 만나지 않았고, 영화를 보지도 않았다라는 의미입니다. 즉, and로 두 개의 문장이 연결되었을 때는 반복되는 주어와 동사를 생략할 수 있습니다. 그렇기 때문에 didn't가 앞 문장의 동사 앞에 한번만 사용되었어도 문장 전체를 부정하는 것입니다. 우리말도 앞과 뒤에서 '않았다'라는 말이 반복되기 때문에 뒤에서 한번만 말해줌으로써 전체문장을 부정하는 것으로 생각하시면 됩니다.

### ➡ 두 문장 중 한 문장만 부정하기

위에서 배운 문장을 '나는 친구를 만났고, 영화는 보지 않았다'로 나타내려면 and 대신에 '그러나, 하지만'을 뜻하는 but을 사용합니다. 즉, I met my friend but didn't see a movie. 로 쓰면 됩니다. 의미상으로 '나는 친구를 만났지만 영화는 보지 않았다.'라는 것이 자연스럽기 때문입니다.

## 실생활 속 예문 살펴보기

**I don't go and drink coffee.**
나는 가서 커피 안 마신다.

**He doesn't watch TV and play computer games.**
그는 TV를 보지도 않고, 컴퓨터 게임도 하지 않는다.

**I didn't watch a movie and meet my friend.**
나는 영화를 보지 않았고, 친구도 만나지 않았어.

**I didn't watch a movie but I met my friend.**
나는 영화를 보지 않았지만 친구는 만났어.

### 시원's comment!

첫 번째 문장은 나는 가지도 않고, 커피도 안 마신다는 뜻입니다. 두 번째 문장 역시 TV도 보지 않고, 컴퓨터 게임도 하지 않는다고 말하고 있습니다. 세 번째 문장도 and로 이어졌으며 문장 전체 부정이 되어 영화를 보지 않고 친구도 만나지 않았다는 뜻을 나타내지만, 이와 달리 네 번째 문장은 but을 사용하여 영화를 보지는 않았지만 친구는 만났다는 것을 표현해주고 있습니다.

# UNIT 06

## 나는 아침에 커피 마셔.
### I drink coffee in the morning.

» 다양한 질문에 대답하기!? 이젠 문제 없어!

01 Where 의문문의 답
02 How 의문문의 답
03 When 의문문의 답
04 Why 의문문의 답

**의문사 의문문에 답하는 연습을 해보자!**

Unit 05에서는 각종 의문사를 활용해 질문하는 연습을 했습니다.
그럼, 그에 대한 대답도 육하원칙에 따라 다를 수 밖에 없는데요.
이번 Unit에서는 각각의 의문사에 맞는 대답 표현을 연습해 보겠습니다.

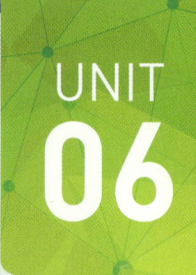

# UNIT 06
# 나는 아침에 커피 마셔.
## I drink coffee in the morning.

## 1. Where 의문문의 답

"너는 어디서 커피 마시니? → 나는 스타벅스에서 커피 마셔."

Where로 질문할 때는 in, at으로 대답할 수 있다. in은 우리말로 '~안에서,' at은 '~에서'에 해당하는데, 일상 대화에서는 in과 at을 구분 없이 사용하는 경우가 많다.

Q. 너는 어디서 커피 마시니?　　Where do you drink coffee?
A. 나는 스타벅스에서 커피 마셔.　I drink coffee in(at) Starbucks.

Q. 너는 어디서 영어 공부할 거니?　Where will you study English?
A. 나는 시원스쿨에서 영어 공부할거야.　I will study English in(at) 시원스쿨.

Q. 너는 어디서 시원이를 만났니?　Where did you meet 시원?
A. 나는 걔를 강남역에서 만났어.　I met him at(in) 강남역.

**TIP**

in과 at 모두 '~에서'라는 뜻이지만 at은 특정한 장소를 말할 때, in은 '~안에서'라는 의미가 있기 때문에 at 보다는 넓은 범위의 장소를 말할 때 사용한다는 약간의 차이가 있다. 다만 도시나 나라 앞에는 꼭 in을 사용함을 잊지 말자.

- I live in Seoul.
 나는 서울에서 살아.

- I studied in Canada.
 나는 캐나다에서 공부했어.

## 2. How 의문문의 답

"너는 어떻게 집에 가니? → 나는 지하철 타고 집에 가."

How로 질문하면 by로 대답할 수 있다. by, through는 우리말로 '~로'에 해당한다.

Q. 너는 어떻게 집에 가니?　How do you go home?
A. 나는 지하철 타고 집에 가.　I go home by subway.

Q. 너는 어떻게 여행했니?　How did you travel?
A. 나는 기차 타고 여행했어.　I traveled by train.

I drink coffee in the morning.

##  When 의문문의 답

"너는 언제 커피 마시니? → 나는 아침에 커피 마셔."

When으로 질문하면 in, on, at으로 대답할 수 있다. in, on, at은 우리말로 '~에'에 해당하는데, 우리말은 '~에' 하나로 아무 때나 쓸 수 있지만 영어는 시간의 길이에 따라 바뀐다.

① in : 하루를 기준으로, 하루보다 긴 시간 앞에 쓴다. → in May (5월에), in 2013 (2013년도에)
② on : 하루 단위 앞에 쓴다. → on Monday (월요일에)
③ at : 하루보다 짧은 시간 앞에 쓴다. → at 7 (7시에), at night (밤에)

Q. 너는 언제 커피 마시니?   When do you drink coffee?
A. 나는 아침에 커피를 마셔.   I drink coffee in the morning.

Q. 너는 언제 미국 갈 거니?   When will you go to America?
A. 나는 9월에 갈 거야.   I will go in September.

Q. 너는 언제 점심 먹었니?   When did you have lunch?
A. 나는 12시에 점심 먹었어.   I had lunch at 12.

 TIP

③의 예외
in the morning (오전에)
in the afternoon (오후에)
in the evening (저녁에)

##  Why 의문문의 답

"너는 왜 커피 마시니? → 나는 피곤하기 때문이야."

Why로 질문하면 because로 대답할 수 있다. because는 우리말로 '~때문에'에 해당한다.

Q. 너는 왜 커피 마시니?   Why do you drink coffee?
A. 나는 피곤하기 때문이야.   Because I am tired.

Q. 너는 왜 시원스쿨에 오니?   Why do you come to 시원스쿨?
A. 나는 영어를 배우고 싶기 때문이야.   Because I want to learn English.

# 강의 속 핵심문장 10

시원스쿨 왕초보 탈출 1탄 6강 <NEW강의>에 해당하는 내용입니다.

### ✔ 다양한 질문에 대답하기!? 이젠 문제 없어!

누가(주체) + 어쩐다(행동) + in + 장소

나는 + 공부한다 + in + 강남
= I + study + in + 강남
= 나는 강남에서 공부한다.

### ✔ 강의 속 예문 살펴보기

|  |  |
|---|---|
| ➡ 너 어디서 친구 만날 거야? | Where will you meet your friend? |
| ➡ 나는 종로에서 내 친구를 만날 거야. | I will meet my friend in 종로. |
| ➡ 너 어디서 커피 마실 거야? | Where will you drink coffee? |
| ➡ 너 집 어떻게 가? | How do you go home? |
| ➡ 나 택시로 집에 가. | I go home by taxi. |
| ➡ 우리는 호법인터체인지에서 만날 거야. | We will meet at 호법인터체인지. |
| ➡ 너 여기에 언제 도착해? | When will you get here? |
| ➡ 나 거기 3시에 도착할 거야. | I will get there at 3. |
| ➡ 나는 2시에 떠날 거야. | I will leave at 2. |
| ➡ 나는 2시에 내 친구를 스타벅스에서 만날 거야. | I will meet my friend in 스타벅스 at 2. |

# 한눈에 보는 UNIT 06 단어

- place 놓다
- leave 떠나다
- desk 책상
- credit card 신용카드
- pencil 연필
- pay 지불하다
- stay 머무르다
- friend 친구
- skip (수업 등을) 결석하다
- sister 언니/누나/여동생
- kind 친절한
- subway 지하철

> " 지난 시간에 질문하는 방법을 배웠으니 이번에는 답변하는 방법을 배워볼까요!? "

시원쌤이 말한다!

UNIT 06 나는 아침에 커피 마셔

# Practice 01  Where · How 의문문 대답

 ### Where · How 의문문 대답 연습하기 (우리말+영어)
아래의 우리말 문장들을 영어로 어떻게 말할 수 있는지 살펴보세요.

| | |
|---|---|
| 너는 어디서 일하니? | Where do you work? |
| 나는 시원스쿨에서 일해. | I work at 시원스쿨. |
| 나는 여의도에서 일해. | I work in 여의도. |
| 그녀는 내 연필을 어디에 두었어? | Where did she place my pencil? |
| 그녀는 그것을 너의 책상에 두었어. | She placed it on your desk. |
| 그녀는 그것을 그의 책상에 두었어. | She placed it on his desk. |
| 그들은 어디서 머무를 거니? | Where will they stay? |
| 그들은 호텔에서 머무를 거야. | They will stay in a hotel. |
| 그들은 우리 언니 집에서 머무를 거야. | They will stay at my sister's home. |
| 너는 점심을 어떻게 지불하니? | How do you pay for lunch? |
| 나는 현금으로 내. | I pay by cash. |
| 나는 신용카드로 내. | I pay by credit card. |
| 그는 어떻게 그녀에게 말했니? | How did he talk to her? |
| 그는 전화로 그녀에게 말했어. | He talked to her by phone. |
| 그는 문자로 그녀에게 말했어. | He talked to her by text messages. |
| 그들은 어떻게 학교로 올 거니? | How will they come to school? |
| 그들은 버스로 올 거야. | They will come by bus. |
| 그들은 지하철로 올 거야. | They will come by subway. |

##  Where · How 의문문 대답 영작하기

너는 어디서 일하니?

나는 시원스쿨에서 일해.

나는 여의도에서 일해.


그녀는 내 연필을 어디에 두었어?

그녀는 그것을 너의 책상에 두었어.

그녀는 그것을 그의 책상에 두었어.


그들은 어디서 머무를 거니?

그들은 호텔에서 머무를 거야.

그들은 우리 언니 집에서 머무를 거야.


너는 점심을 어떻게 지불하니?

나는 현금으로 내.

나는 신용카드로 내.


그는 어떻게 그녀에게 말했니?

그는 전화로 그녀에게 말했어.

그는 문자로 그녀에게 말했어.


그들은 어떻게 학교로 올 거니?

그들은 버스로 올 거야.

그들은 지하철로 올 거야.


##  Where · How 의문문 대답 해석하기

Where do you work?

I work at 시원스쿨.

I work in 여의도.


Where did she place my pencil?

She placed it on your desk.

She placed it on his desk.


Where will they stay?

They will stay in a hotel.

They will stay at my sister's home.


How do you pay for lunch?

I pay by cash.

I pay by credit card.


How did he talk to her?

He talked to her by phone.

He talked to her by text messages.


How will they come to school?

They will come by bus.

They will come by subway.

# Practice 02  When · Why 의문문 대답

 ### When · Why 의문문 대답 연습하기 (우리말+영어)
아래의 우리말 문장들을 영어로 어떻게 말할 수 있는지 살펴보세요.

| | |
|---|---|
| 너는 언제 도착하니? | When do you arrive? |
| 나는 오후 8시에 도착해. | I arrive at 8 p.m. |
| 나는 저녁에 도착해. | I arrive in the evening. |
| 시원이는 언제 공부하기 시작했니? | When did 시원 start studying? |
| 걔는 7시 30분에 공부하기 시작했어. | He started studying at 7:30. |
| 걔는 8월에 공부하기 시작했어. | He started studying in August. |
| 그들은 언제 수업에 참여할 거니? | When will they attend classes? |
| 그들은 내일 수업에 참여할 거야. | They will attend classes tomorrow. |
| 그들은 다음 주에 수업에 참여할 거야. | They will attend classes next week. |
| 너는 왜 중국에 가니? | Why do you go to China? |
| 내 친구가 거기에 살기 때문이야. | Because my friend lives there. |
| 나는 거기에서 비즈니스가 있기 때문이야. | Because I have a business there. |
| 그녀는 왜 그 수업을 빼먹었니? | Why did she skip the class? |
| 그녀는 늦잠을 잤기 때문이야. | Because she got up late. |
| 그녀의 버스가 늦게 왔기 때문이야. | Because her bus came late. |
| 그들은 왜 나를 도울 거야? | Why will they help me? |
| 그들은 친절하기 때문이야. | Because they are kind. |
| 그들은 시간이 있기 때문이야. | Because they have time. |

## ✌ When · Why 의문문 대답 영작하기

너는 언제 도착하니?

나는 오후 8시에 도착해.

나는 저녁에 도착해.

시원이는 언제 공부하기 시작했니?

걔는 7시 30분에 공부하기 시작했어.

걔는 8월에 공부하기 시작했어.

그들은 언제 수업에 참여할 거니?

그들은 내일 수업에 참여할 거야.

그들은 다음 주에 수업에 참여할 거야.

너는 왜 중국에 가니?

내 친구가 거기에 살기 때문이야.

나는 거기에서 비즈니스가 있기 때문이야.

그녀는 왜 그 수업을 빼먹었니?

그녀는 늦잠을 잤기 때문이야.

그녀의 버스가 늦게 왔기 때문이야.

그들은 왜 나를 도울 거야?

그들은 친절하기 때문이야.

그들은 시간이 있기 때문이야.

## ✌ When · Why 의문문 대답 해석하기

When do you arrive?

I arrive at 8 p.m.

I arrive in the evening.

When did 시원 start studying?

He started studying at 7:30.

He started studying in August.

When will they attend classes?

They will attend classes tomorrow.

They will attend classes next week.

Why do you go to China?

Because my friend lives there.

Because I have a business there.

Why did she skip the class?

Because she got up late.

Because her bus came late.

Why will they help me?

Because they are kind.

Because they have time.

# 왕초보 단골질문 25

왕초보 탈출 1탄 공부질문하기 게시판에서 많은 회원님들이 궁금해하시는 질문들을 선정하였습니다.

 go to [고투] -> [고루]

 왕초보 탈출 1탄 2강에 go to가 나오는데요.
go to를 읽을 때, 발음이 /고투/가 아닌 /고루/인가요?

➡ **연음 규칙**

영어에는 소리를 연결해서 발음하는 규칙인 '연음'이라는 것이 있습니다. 내가 알고 있는 단어임에도 불구하고 실생활에서 외국인이 말할 때에는 전혀 다른 단어로 들리는 경우가 있는데요. 이는 문장 속에서 해당 단어가 연음 규칙에 따라 발음되었기 때문입니다. 모음과 모음 사이에 'd'또는 t가 있으면 이때 'd, t'의 발음은 'r' 발음이 됩니다. 즉, go to의 경우, t가 모음 o와 o 사이에 있어서 r 발음인 'ㄹ'로 발음된 것입니다.

➡ **go to [고투] -> [고루]**

따라서 go to를 발음할 때 [고투] 라고 그대로 발음하기도 하지만 연음 법칙에 의하여 고투 [t] -> 고루 [r]로 발음하는 것이 일반적입니다.

 **실생활 속 예문 살펴보기**

**water**
[워터] -> [워러]

**battery**
[배터뤼] -> [배러뤼]

**better**
[베터] -> [베러]

**video**
[뷔디오] -> [뷔리오]

**시원's comment!**

첫 번째 단어 water는 연음 규칙에 따라 모음 a와 e사이의 t발음이 r로 발음되어 [워터]가 아닌 [워러]로 발음합니다. 두 번째 단어 battery도 a와 e사이의 tt발음이 r발음으로 바뀌어 [배터뤼]가 아닌 [배러뤼]로 발음합니다. 세 번째 단어인 better도 마찬가지로 tt발음이 r발음으로 바뀌어 [베터]가 아닌 [베러]로 발음합니다. 네 번째 단어인 video는 모음 i와 e사이의 d발음이 r발음으로 변하여 [뷔디오]가 아닌 [뷔리오]로 발음합니다.

# UNIT 07

## 나는 커피 마실 수 있어.
### I can drink coffee.

» can으로 '~할 수 있다'를 표현해보기

01    can 긍정문 "나는 커피 마실 수 있어."
02    can 의문문 "너 커피 마실 수 있니?"
03    can 부정문 "나는 커피 마실 수 없어."
04    could 긍정문 "나는 커피 마실 수 있었어."
05    could 의문문 "커피 마실 수 있어요?"
06    could 부정문 "나는 커피 마실 수 없었어."

### will과 같은 조동사인 can에 대해 익혀보자.

can은 조동사로서, 문법적인 용법은 will과 같고 의미만 조금 다릅니다.
단순히 '~할 수 있다'라는 기본 의미를 갖고 있습니다.
우리는 살아가면서 많은 부탁을 하고 남의 부탁을 들어주는데,
이때 can이 매우 유용하게 쓰이므로 can 표현이 자연스럽게 나오도록 연습해보세요.

# UNIT 07 나는 커피 마실 수 있어.
## I can drink coffee.

### ① can 긍정문 "나는 커피 마실 수 있어."

'커피를 마신다'를 '커피를 마실 수 있다'로 바꾸려면 행동 앞에 can을 넣으면 된다. drink coffee '커피를 마시다'가 can drink coffee(캔 드링 커피) '커피를 마실 수 있다'는 표현으로 바뀐다는 것이다.

> I can drink coffee.     나는 커피 마실 수 있다.
> You can come here and watch TV.     너는 여기 와서 TV 볼 수 있다.

우리말을 비교해 보았을 때 '마실 수 있다'와 '마셔도 된다'는 결국 같은 의미를 담고 있다는 것을 알 수 있다. 그럼에도 우리는 '마실 수 있다'로만 배워왔기 때문에 '마셔도 된다'라는 표현이 익숙하지 않다. 즉, can은 '마셔도 된다'는 '허락'의 의미로 사용할 수도 있다.

### ② can 의문문 "너 커피 마실 수 있니?"

can을 의문문으로 만들려면 will처럼 can을 주체 앞에 옮겨 놓으면 묻는 말이 된다. You can drink coffee를 Can you drink coffee? 로 바꿔주면 '너 커피 마실 수 있어?' 또는 '너 커피 마셔도 되니?'라는 의미가 된다.

> Can you make coffee now?     너 커피 지금 만들 수 있어?
> Can you go to 상암동 and meet my friend?     너 상암동 가서 내 친구 만날 수 있어?

### ③ can 부정문 "나는 커피 마실 수 없어."

can을 부정할 때는 don't를 사용하지 않고 can 뒤에 not을 붙인다. cannot drink(캐낫 드링)은 '마실 수 없어' 또는 '마시면 안 돼'라는 뜻이 된다. cannot drink는 줄여서 can't drink (캔트 드링 커피)라 한다.

**TIP**
cannot은 줄여서 can't로 쓴다.

> I can't read books.     나는 책을 읽을 수 없어. / 나는 책을 읽으면 안 돼.
> You can't take a bus.     너는 버스를 탈 수 없어. / 너는 버스를 타면 안 돼.

I can drink coffee.

###  could 긍정문 "나는 커피 마실 수 있었어."

'커피를 마신다'는 행동을 '커피를 마실 수 있었다'라는 행동으로 만들려면 행동 앞에 could(쿳)을 붙이면 된다. drink coffee를 could drink coffee(쿳 드링 커피)로 만들면 된다는 뜻이다.

주의 : could는 can의 과거 형태가 맞지만, 긍정문에서는 주로 현재나 미래시제로 해석된다. could가 긍정문에서 사용되고 과거를 나타낼 때에는, 문장 안에 과거를 나타내는 정보가 언급되어야 한다. 이때 과거를 나타내는 정보는 '시간'이나 '행동의 시제'로 알 수 있다.

| | |
|---|---|
| I learned as much as I could. | 나는 할 수 있었던 만큼 배울 수 있었어. |
| He could see her last week. | 그는 저번 주에 그녀를 볼 수 있었어. |

*as much as ~만큼

긍정문에서 could는 can의 과거로 잘 쓰이지 않기 때문에 알아둘 필요가 있다.

###  could 의문문 "커피 마실 수 있어요?"

could으로 의문문을 만들 때에는 can과 같이 문장 맨 앞에 옮겨 놓으면 된다. 우리는 could을 can의 과거로 알고 있지만, could으로 질문을 하게 되면 시제와 상관없이 can보다 조금 더 공손한 표현이 된다.

| | |
|---|---|
| Can you give me the cup? | 너 그 컵 나한테 줄래? |
| Could you give me the cup? | 당신은 그 컵을 나에게 줄 수 있나요? |
| Could you come here tomorrow? | 당신은 내일 여기 올 수 있나요? |
| Could he make a reservation? | 그는 예약을 할 수 있나요? |

###  could 부정문 "나는 커피 마실 수 없었어."

could를 부정할 땐 could 뒤에 not을 붙여 could not drink(쿳 낫 드링)하면 '마실 수 없었다'라는 뜻이 된다. could not drink는 줄여서 couldn't drink(쿠든 드링)이라고 쓸 수 있다.

| | |
|---|---|
| I couldn't study yesterday. | 나는 어제 공부할 수 없었어. |
| He couldn't come here. | 그는 여기에 올 수 없었어. |

# 강의 속 핵심문장 10

시원스쿨 왕초보 탈출 1탄 7강 <NEW강의>에 해당하는 내용입니다.

## ✔ Can으로 '~할 수 있다'를 표현해보기

누가(주체) + can + 어쩐다(행동)

나는 + ~ 할 수 있다 + 마신다
= I + can + drink
= 나는 마실 수 있다.

## ✔ 강의 속 예문 살펴보기

| | |
|---|---|
| ➡ 나는 만날 수 있어. | I can meet. |
| ➡ 나는 만들 수 있어. | I can make. |
| ➡ 나는 이번 주에 부산에 갈 수 있어. | I can go to 부산 this week. |
| ➡ 나는 볼 수 있니? | Can I see? |
| ➡ 나는 이거 내일 살 수 있니? | Can I get this tomorrow? |
| ➡ 너는 역삼동 와서 영어 공부할 수 있어? | Can you come to 역삼동 and study English? |
| ➡ 나는 영어를 말할 수 없어. | I can't speak English. |
| ➡ 나는 끝낼 수 있었어. | I could finish. |
| ➡ 나는 사랑할 수 없었어. | I couldn't love. |
| ➡ 나는 오늘 아이스크림 먹어도 돼. | I can eat ice cream today. |

# 한눈에 보는 UNIT 07 단어

- [ ] **tomorrow** 내일
- [ ] **run** 뛰다
- [ ] **motorcycle** 오토바이
- [ ] **meeting** 회의
- [ ] **speak** 말하다
- [ ] **fast** 빠른
- [ ] **on time** 제시간에
- [ ] **opinion** 의견
- [ ] **attend** 참석하다
- [ ] **accept** 받아들이다
- [ ] **for a while** 잠시 동안

" '~할 수 있어' 라는 표현을 자연스럽게 할 수 있도록 연습해보도록 하겠습니다. "

UNIT 07 나는 커피 마실 수 있어 · 83

# Practice 01  can · could 긍정문

 ### can · could 긍정문 연습하기 (우리말+영어)
아래의 우리말 문장들을 영어로 어떻게 말할 수 있는지 살펴보세요.

| 우리말 | 영어 |
|---|---|
| 나는 그것을 그녀에게 줄 수 있어. | I can give it to her. |
| 나는 그 책을 가져 올 수 있어. | I can bring the book. |
| 나는 어제 겨우 말할 수 있었어. | I could barely speak yesterday. |
| 나는 2시간 전에 빨리 뛸 수 있었어. | I could run fast 2 hours ago. |
| 너는 그의 의견을 받아 들일 수 있어. | You can accept his opinion. |
| 너는 오토바이를 탈 수 있어. | You can ride a motorcycle. |
| 너는 10년 전에 악기를 연주할 수 있었어. | You could play an instrument 10 years ago. |
| 우리는 잠시 쉴 수 있어. | We can take a rest for a while. |
| 우리는 저번주에 많이 먹을 수 있었어. | We could eat a lot last week. |
| 우리는 일본음식을 먹어볼 수 있어. | We can try Japanese food. |
| 그는 그것을 그녀에게 줄 수 있어. | He can give it to her. |
| 그는 그 책을 가져 올 수 있어. | He can bring the book. |
| 그는 어제 겨우 말할 수 있었어. | He could barely speak yesterday. |
| 그는 2시간 전에 빨리 뛸 수 있었어. | He could run fast 2 hours ago. |
| 그녀는 그의 의견을 받아 들일 수 있어. | She can accept his opinion. |
| 그녀는 오토바이를 탈 수 있어. | She can ride a motorcycle. |
| 그녀는 10년 전에 악기를 연주할 수 있었어. | She could play an instrument 10 years ago. |
| 시원이는 잠시 쉴 수 있어. | 시원 can take a rest for a while. |
| 시원이는 저번주에 많이 먹을 수 있었어. | 시원 could eat a lot last week. |
| 시원이는 일본음식을 먹어볼 수 있어. | 시원 can try Japanese food. |

## ✌ can · could 긍정문 영작하기

나는 그것을 그녀에게 줄 수 있어.                  그는 그것을 그녀에게 줄 수 있어.

나는 그 책을 가져 올 수 있어.                     그는 그 책을 가져 올 수 있어.

나는 어제 겨우 말할 수 있었어.                   그는 어제 겨우 말할 수 있었어.

나는 2시간 전에 빨리 뛸 수 있었어.                그는 2시간 전에 빨리 뛸 수 있었어.

너는 그의 의견을 받아 들일 수 있어.               그녀는 그의 의견을 받아 들일 수 있어.

너는 오토바이를 탈 수 있어.                      그녀는 오토바이를 탈 수 있어.

너는 10년 전에 악기를 연주할 수 있었어.           그녀는 10년 전에 악기를 연주할 수 있었어.

우리는 잠시 쉴 수 있어.                          시원이는 잠시 쉴 수 있어.

우리는 저번주에 많이 먹을 수 있었어.              시원이는 저번주에 많이 먹을 수 있었어.

우리는 일본음식을 먹어볼 수 있어.                 시원이는 일본음식을 먹어볼 수 있어.

## ✌ can · could 긍정문 해석하기

I can give it to her.                          He can give it to her.

I can bring the book.                          He can bring the book.

I could barely speak yesterday.                He could barely speak yesterday.

I could run fast 2 hours ago.                  He could run fast 2 hours ago.

You can accept his opinion.                    She can accept his opinion.

You can ride a motorcycle.                     She can ride a motorcycle.

You could play an instrument 10 years ago.     She could play an instrument 10 years ago.

We can take a rest for a while.                시원 can take a rest for a while.

We could eat a lot last week.                  시원 could eat a lot last week.

We can try Japanese food.                      시원 can try Japanese food.

# Practice 02 can · could 의문문

 ## can · could 의문문 연습하기 (우리말+영어)
아래의 우리말 문장들을 영어로 어떻게 말할 수 있는지 살펴보세요.

| 우리말 | 영어 |
|---|---|
| 나는 그것을 그녀에게 줄 수 있니? | Can I give it to her? |
| 나는 그 책을 가져 올 수 있니? | Can I bring the book? |
| 저는 회의에 참석할 수 있나요? | Could I attend a meeting? |
| 저는 빨리 달릴 수 있나요? | Could I run fast? |
| 너는 그의 의견을 받아 들일 수 있니? | Can you accept his opinion? |
| 너는 오토바이를 탈 수 있니? | Can you ride a motorcycle? |
| 당신은 학교에 제시간에 갈 수 있나요? | Could you go to school on time? |
| 우리는 잠시 쉴 수 있니? | Can we take a rest for a while? |
| 저희는 많이 배울 수 있나요? | Could we learn a lot? |
| 우리는 일본음식을 먹어볼 수 있니? | Can we try Japanese food? |
| 그는 그것을 그녀에게 줄 수 있니? | Can he give it to her? |
| 그는 그 책을 가져 올 수 있니? | Can he bring the book? |
| 그분은 회의에 참석할 수 있나요? | Could he attend a meeting? |
| 그분은 빨리 달릴 수 있나요? | Could he run fast? |
| 그녀는 그의 의견을 받아 들일 수 있니? | Can she accept his opinion? |
| 그녀는 오토바이를 탈 수 있니? | Can she ride a motorcycle? |
| 그녀는 학교에 제시간에 갈 수 있나요? | Could she go to school on time? |
| 시원이는 잠시 쉴 수 있니? | Can 시원 take a rest for a while? |
| 시원씨는 많이 배울 수 있나요? | Could 시원 learn a lot? |
| 시원이는 일본음식을 먹어볼 수 있니? | Can 시원 try Japanese food? |

##  can · could 의문문 영작하기

나는 그것을 그녀에게 줄 수 있니?   그는 그것을 그녀에게 줄 수 있니?

나는 그 책을 가져 올 수 있니?   그는 그 책을 가져 올 수 있니?

저는 회의에 참석할 수 있나요?   그분은 회의에 참석할 수 있나요?

저는 빨리 달릴 수 있나요?   그분은 빨리 달릴 수 있나요?

너는 그의 의견을 받아 들일 수 있니?   그녀는 그의 의견을 받아 들일 수 있니?

너는 오토바이를 탈 수 있니?   그녀는 오토바이를 탈 수 있니?

당신은 학교에 제시간에 갈 수 있나요?   그녀는 학교에 제시간에 갈 수 있나요?

우리는 잠시 쉴 수 있니?   시원이는 잠시 쉴 수 있니?

저희는 많이 배울 수 있나요?   시원씨는 많이 배울 수 있나요?

우리는 일본음식을 먹어볼 수 있니?   시원이는 일본음식을 먹어볼 수 있니?

##  can · could 의문문 해석하기

Can I give it to her?   Can he give it to her?

Can I bring the book?   Can he bring the book?

Could I attend a meeting?   Could he attend a meeting?

Could I run fast?   Could he run fast?

Can you accept his opinion?   Can she accept his opinion?

Can you ride a motorcycle?   Can she ride a motorcycle?

Could you go to school on time?   Could she go to school on time?

Can we take a rest for a while?   Can 시원 take a rest for a while?

Could we learn a lot?   Could 시원 learn a lot?

Can we try Japanese food?   Can 시원 try Japanese food?

# Practice 03 can · could 부정문

 **can · could 부정문 연습하기 (우리말+영어)**

아래의 우리말 문장들을 영어로 어떻게 말할 수 있는지 살펴보세요.

| | |
|---|---|
| 나는 그것을 그녀에게 줄 수 없어. | I can't give it to her. |
| 나는 그 책을 가져 올 수 없어. | I can't bring the book. |
| 나는 회의에 참석할 수 없었어. | I couldn't attend a meeting. |
| 나는 빨리 달릴 수 없었어. | I couldn't run fast. |
| 너는 그의 의견을 받아 들일 수 없어. | You can't accept his opinion. |
| 너는 오토바이를 탈 수 없어. | You can't ride a motorcycle. |
| 너는 학교에 제시간에 갈 수 없었어. | You couldn't go to school on time. |
| 우리는 잠시 쉴 수 없어. | We can't take a rest for a while. |
| 우리는 많이 배울 수 없었어. | We couldn't learn a lot. |
| 우리는 일본음식을 먹어볼 수 없어. | We can't try Japanese food. |
| 그는 그것을 그녀에게 줄 수 없어. | He can't give it to her. |
| 그는 그 책을 가져 올 수 없어. | He can't bring the book. |
| 그는 회의에 참석할 수 없었어. | He couldn't attend a meeting. |
| 그는 빨리 달릴 수 없었어. | He couldn't run fast. |
| 그녀는 그의 의견을 받아 들일 수 없어. | She can't accept his opinion. |
| 그녀는 오토바이를 탈 수 없어. | She can't ride a motorcycle. |
| 그녀는 학교에 제시간에 갈 수 없었어. | She couldn't go to school on time. |
| 시원이는 잠시 쉴 수 없어. | 시원 can't take a rest for a while. |
| 시원이는 많이 배울 수 없었어. | 시원 couldn't learn a lot. |
| 시원이는 일본음식을 먹어볼 수 없어. | 시원 can't try Japanese food. |

## ✌ can · could 부정문 영작하기

나는 그것을 그녀에게 줄 수 없어.　　　그는 그것을 그녀에게 줄 수 없어.

나는 그 책을 가져 올 수 없어.　　　　그는 그 책을 가져 올 수 없어.

나는 회의에 참석할 수 없었어.　　　　그는 회의에 참석할 수 없었어.

나는 빨리 달릴 수 없었어.　　　　　　그는 빨리 달릴 수 없었어.

너는 그의 의견을 받아 들일 수 없어.　그녀는 그의 의견을 받아 들일 수 없어.

너는 오토바이를 탈 수 없어.　　　　　그녀는 오토바이를 탈 수 없어.

너는 학교에 제시간에 갈 수 없었어.　그녀는 학교에 제시간에 갈 수 없었어.

우리는 잠시 쉴 수 없어.　　　　　　　시원이는 잠시 쉴 수 없어.

우리는 많이 배울 수 없었어.　　　　　시원이는 많이 배울 수 없었어.

우리는 일본음식을 먹어볼 수 없어.　　시원이는 일본음식을 먹어볼 수 없어.

##  can · could 부정문 해석하기

I can't give it to her.　　　　　　　He can't give it to her.

I can't bring the book.　　　　　　He can't bring the book.

I couldn't attend a meeting.　　　　He couldn't attend a meeting.

I couldn't run fast.　　　　　　　　He couldn't run fast.

You can't accept his opinion.　　　　She can't accept his opinion.

You can't ride a motorcycle.　　　　She can't ride a motorcycle.

You couldn't go to school on time.　She couldn't go to school on time.

We can't take a rest for a while.　　시원 can't take a rest for a while.

We couldn't learn a lot.　　　　　　시원 couldn't learn a lot.

We can't try Japanese food.　　　　시원 can't try Japanese food.

# 왕초보 단골질문 25

왕초보 탈출 1탄 공부질문하기 게시판에서 많은 회원님들이 궁금해하시는 질문들을 선정하였습니다.

 ## 부정문에서 no / don't / not의 사용

 I have no money랑 I don't have money랑 같은 뜻인가요? 아니면 둘 중에 뭐가 맞는 문장인가요? 부정문을 쓸 때, no와 don't중 어떤 것을 써야 하는지에 대한 규칙이 있나요? not은 또 어떻게 사용하나요?

➡ **have no money, don't have money**

두 표현 모두 '나는 돈이 없다'라는 같은 뜻의 문장입니다. 영어는 not으로 동사를 부정하거나 no로 명사를 부정해서 문장 전체를 부정할 수 있습니다. 두 문장의 차이는 목적어인 '돈'이 없음을 강조하기 위해서는 명사 앞에 no를 썼고, 다른 하나는 '가지고 있다'라는 동사를 부정하기 위해 don't를 썼다는 것입니다.

➡ **not**

not은 '~아니다'라는 뜻으로 부정문을 만들 때, 꼭 있어야 하는 기본 형태입니다. 이때, not은 혼자 쓰이지 않고 be동사, do/have 동사, 조동사(will, can, must, should 등)와 함께 쓰입니다. 일반동사(be동사, 조동사를 제외한 모든 동사)가 쓰인 문장을 부정할 때에는 do를 이용해서 부정문을 만들기 때문에 do에 not이 붙은 형태인 do not (=don't)을 사용합니다.

 ## 실생활 속 예문 살펴보기

**We have no plans.**
우리는 계획이 없어요. (= We don't have plans.)

**I should not attend the meeting.**
난 그 회의에 참석하지 말아야 해.

**You must not waste papers.**
넌 종이를 낭비해서는 안돼.

### 시원's comment!

첫 번째 문장은 '계획이 없다는 것을 강조하기 위해 plans 앞에 no를 써서 명사를 부정하였습니다. 그 밑의 문장은 '가지고 있다'라는 동사 have를 부정하여 don't have로 쓰였습니다. 두 번째 문장은 조동사 should의 부정으로 '~하지 말아야 한다'라는 뜻을 나타내고 있습니다. 세 번째 문장은 조동사 must를 부정하여 should보다는 강한 '~해서는 안돼'라는 뜻을 가지고 있습니다.

# UNIT 08

## 나는 커피 마시길 원해.
### I want to drink coffee.

» to를 사용하여 영어 200% 잘하기

01 want 긍정문 "나는 커피 마시기를 원해."
02 want 부정문 "나는 커피 마시기를 원하지 않아."
03 would like

**동사를 명사로 바꾸어 표현을 좀 더 다양하고 풍부하게 만들어보는 과정을 공부한다!**

우리말도 '먹다' 라는 동사의 어미(끝 부분)에 변화를 주어 다양하게 사용하는 경우가 매우 많이 있어요. 예를 들어 '먹기를, 먹는, 먹기 위해, 먹는다면…' 등과 같이 변화를 주면 기존에 있는 명사로는 표현이 제한되어 있던 문장을 보다 풍부하게 표현할 수 있는 것입니다.

# UNIT 08 나는 커피 마시길 원해.
## I want to drink coffee.

### ① want 긍정문 "나는 커피 마시기를 원해."

I want coffee라고 하면 '나는 커피를 원한다'란 뜻이다. 그런데 만약 내가 말하려는 게 '커피를 원하다'가 아니고 '커피 마시기를 원하다'면 어떻게 해야 할까? 기본적으로 '커피를 마시다'는 drink coffee이다. 여기에 '커피 마시다'를 '커피 마시기를'로 바꾸려면 행동 앞에 to만 붙여 주면 끝난다.

| | | | |
|---|---|---|---|
| drink coffee | 커피 마신다 | → to drink coffee | 커피 마시기를 |
| meet my friend | 내 친구 만난다 | → to meet my friend | 내 친구 만나기를 |
| watch TV | TV 본다 | → to watch TV | TV 보기를 |
| go home | 집에 간다 | → to go home | 집에 가기를 |

I begin to drink coffee.   나는 커피 마시기를 시작한다.
I like to drink coffee.   나는 커피 마시기를 좋아한다.
I loved to drink coffee.   나는 커피 마시기를 사랑했다.
I wanted to drink coffee.   나는 커피 마시기를 원했다.

**TiP**

'집에 간다'고 할 땐 'go to home'이 아닌 'go home'이라고 해야 한다. home(집에)은 단어 자체에 at, in, to 의미를 포함하고 있는 부사이기 때문에 다시 to를 붙여 줄 필요가 없다.

I want to drink coffee.

### 2. want 부정문 "나는 커피 마시기를 원하지 않아."

'커피 마시기를 원하지 않는다'는 말을 하려면 행동 앞에 don't를 붙여 주면 된다.
I want to drink coffee를 I don't want to drink coffee 로 바꾸면 된다는 뜻.

| | |
|---|---|
| I don't like to drink coffee. | 나는 커피 마시는걸 좋아하지 않는다. |
| I don't want to buy this. | 나는 이거 사기를 원하지 않는다. |
| He doesn't continue to study. | 그는 공부하기를 계속하지 않는다. |
| She didn't want to see a movie. | 그녀는 영화 보기를 원하지 않았다. |

<왕초보 탈출 1탄 확장 8강에 해당하는 내용입니다.>

###  would like

want 대신 would like로 바꿔 써도 뜻은 같다. would like의 부정은 would not like이고 줄여서 wouldn't like로 쓸 수 있다.

| | |
|---|---|
| I would like coffee. | 나는 커피를 원해. |
| I wouldn't like coffee. | 나는 커피를 원하지 않아. |
| I would like to drink coffee. | 나는 커피 마시길 원해. |
| I wouldn't like to drink coffee. | 나는 커피 마시길 원하지 않아. |

# 강의 속 핵심문장 10

시원스쿨 왕초보 탈출 1탄 8강 <NEW강의>에 해당하는 내용입니다.

## ✓ to를 사용하여 영어 200% 잘하기

to + 어쩐다(행동)

**to + 공부한다**
**= to + study**
**= 공부하기를**

## ✓ 강의 속 예문 살펴보기

| | |
|---|---|
| ➡ 나는 내 가방을 동대문에서 사길 원해. | I want to get my bag in 동대문. |
| ➡ 나는 집에서 TV 보기를 원해. | I want to watch TV at home. |
| ➡ 나는 책 읽기를 원해. | I want to read a book. |
| ➡ 나는 너를 만나서 커피 마시길 원해. | I want to meet you and drink coffee. |
| ➡ 나는 강남역에 가서 내 친구를 만나길 원해. | I want to go to 강남역 and meet my friend. |
| ➡ 나는 커피 만드는 것을 좋아해. | I like to make coffee. |
| ➡ 나의 아이는 걷기 시작했어. | My baby began to walk. |
| ➡ 나는 여기 있기를 결정했어. | I decided to be here. |
| ➡ 너는 동대문에서 너의 가방을 사길 원하니? | Do you want to get your bag in 동대문? |
| ➡ 너는 나와 같이 한국에 있기를 원하니? | Do you want to be in Korea with me? |

# 한눈에 보는 UNIT 08 단어

- ☐ **begin** 시작하다
- ☐ **exam** 시험
- ☐ **order** 주문하다
- ☐ **prepare** 준비하다
- ☐ **green tea** 녹차
- ☐ **mystery** 미스터리
- ☐ **expect** 예상하다
- ☐ **research** 조사
- ☐ **pasta** 파스타
- ☐ **novel** 소설
- ☐ **smile** 웃다
- ☐ **decide** 결정하다

> " 이번 Unit을 마치면 '~하기를' 이라는 표현을 하실 수 있게 될 거예요. "

# Practice 01 'to + 동사' 긍정문

 **'to + 동사' 긍정문 연습하기 (우리말+영어)**
아래의 우리말 문장들을 영어로 어떻게 말할 수 있는지 살펴보세요.

| 우리말 | 영어 |
|---|---|
| 나는 녹차 마시기를 원해. | I want to drink green tea. |
| 나는 그와 영화보기를 원해. | I want to see a movie with him. |
| 나는 시원스쿨에 가고 싶어. | I would like to go to 시원스쿨. |
| 나는 파스타를 먹고 싶었어. | I wanted to eat pasta. |
| 너는 시험을 준비하기 시작했어. | You began to prepare for the exam. |
| 너는 추리소설 읽는 것을 좋아했어. | You liked to read mystery novels. |
| 너는 조사하기 시작했어. | You began to research. |
| 우리는 그가 주문하기를 기다려. | We wait for him to order. |
| 우리는 그녀가 노력하기를 바라. | We would like her to try. |
| 우리는 그들이 웃을 것이라 예상했어. | We expected them to smile. |
| 그는 녹차 마시기를 원해. | He wants to drink green tea. |
| 그는 그와 영화보기를 원해. | He wants to see a movie with him. |
| 그는 시원스쿨에 가고 싶어. | He would like to go to 시원스쿨. |
| 그는 파스타를 먹고 싶었어. | He wanted to eat pasta. |
| 그녀는 시험을 준비하기 시작했어. | She began to prepare for the exam. |
| 그녀는 추리소설 읽는 것을 좋아했어. | She liked to read mystery novels. |
| 그녀는 조사하기 시작했어. | She began to research. |
| 시원이는 그가 주문하기를 기다려. | 시원 waits for him to order. |
| 시원이는 그녀가 노력하기를 바라. | 시원 would like her to try. |
| 시원이는 그들이 웃을 것이라 예상했어. | 시원 expected them to smile. |

## ✌ 'to + 동사' 긍정문 영작하기

나는 녹차 마시기를 원해.                    그는 녹차 마시기를 원해.

나는 그와 영화보기를 원해.                  그는 그와 영화보기를 원해.

나는 시원스쿨에 가고 싶어.                  그는 시원스쿨에 가고 싶어.

나는 파스타를 먹고 싶었어.                  그는 파스타를 먹고 싶었어.

너는 시험을 준비하기 시작했어.              그녀는 시험을 준비하기 시작했어.

너는 추리소설 읽는 것을 좋아했어.           그녀는 추리소설 읽는 것을 좋아했어.

너는 조사하기 시작했어.                    그녀는 조사하기 시작했어.

우리는 그가 주문하기를 기다려.              시원이는 그가 주문하기를 기다려.

우리는 그녀가 노력하기를 바라.              시원이는 그녀가 노력하기를 바라.

우리는 그들이 웃을 것이라 예상했어.         시원이는 그들이 웃을 것이라 예상했어.

##  'to + 동사' 긍정문 해석하기

I want to drink green tea.                  He wants to drink green tea.

I want to see a movie with him.             He wants to see a movie with him.

I would like to go to 시원스쿨.              He would like to go to 시원스쿨.

I wanted to eat pasta.                      He wanted to eat pasta.

You began to prepare for the exam.          She began to prepare for the exam.

You liked to read mystery novels.           She liked to read mystery novels.

You began to research.                      She began to research.

We wait for him to order.                   시원 waits for him to order.

We would like her to try.                   시원 would like her to try.

We expected them to smile.                  시원 expected them to smile.

UNIT 08 나는 커피 마시길 원해 · 97

# Practice 02 'to + 동사' 의문문

 **'to + 동사' 의문문 연습하기 (우리말+영어)**

아래의 우리말 문장들을 영어로 어떻게 말할 수 있는지 살펴보세요.

| | |
|---|---|
| 나는 녹차 마시기를 원하니? | Do I want to drink green tea? |
| 나는 그와 영화보기를 원하니? | Do I want to see a movie with him? |
| 나는 시원스쿨에 가고 싶어하니? | Do I want to go to 시원스쿨? |
| 나는 파스타를 먹고 싶었니? | Did I want to eat pasta? |
| 너는 시험을 준비하기 시작했니? | Did you begin to prepare for the exam? |
| 너는 추리소설 읽는 것을 좋아했니? | Did you like to read mystery novels? |
| 너는 조사하기 시작했니? | Did you begin to research? |
| 우리는 그가 주문하기를 기다리니? | Do we wait for him to order? |
| 우리는 그녀가 노력하기를 바라니? | Do we want her to try? |
| 우리는 그들이 웃을 것이라 예상했니? | Did we expect them to smile? |
| 그는 녹차 마시기를 원하니? | Does he want to drink green tea? |
| 그는 그와 영화보기를 원하니? | Does he want to see a movie with him? |
| 그는 시원스쿨에 가고 싶어하니? | Does he want to go to 시원스쿨? |
| 그는 파스타를 먹고 싶었니? | Did he want to eat pasta? |
| 그녀는 시험을 준비하기 시작했니? | Did she begin to prepare for the exam? |
| 그녀는 추리소설 읽는 것을 좋아했니? | Did she like to read mystery novels? |
| 그녀는 조사하기 시작했니? | Did she begin to research? |
| 시원이는 그가 주문하기를 기다리니? | Does 시원 wait for him to order? |
| 시원이는 그녀가 노력하기를 바라니? | Does 시원 want her to try? |
| 시원이는 그들이 웃을 것이라 예상했니? | Did 시원 expect them to smile? |

## ✌ 'to + 동사' 의문문 영작하기

| | |
|---|---|
| 나는 녹차 마시기를 원하니? | 그는 녹차 마시기를 원하니? |
| 나는 그와 영화보기를 원하니? | 그는 그와 영화보기를 원하니? |
| 나는 시원스쿨에 가고 싶어하니? | 그는 시원스쿨에 가고 싶어하니? |
| 나는 파스타를 먹고 싶었니? | 그는 파스타를 먹고 싶었니? |
| 너는 시험을 준비하기 시작했니? | 그녀는 시험을 준비하기 시작했니? |
| 너는 추리소설 읽는 것을 좋아했니? | 그녀는 추리소설 읽는 것을 좋아했니? |
| 너는 조사하기 시작했니? | 그녀는 조사하기 시작했니? |
| 우리는 그가 주문하기를 기다리니? | 시원이는 그가 주문하기를 기다리니? |
| 우리는 그녀가 노력하기를 바라니? | 시원이는 그녀가 노력하기를 바라니? |
| 우리는 그들이 웃을 것이라 예상했니? | 시원이는 그들이 웃을 것이라 예상했니? |

##  'to + 동사' 의문문 해석하기

| | |
|---|---|
| Do I want to drink green tea? | Does he want to drink green tea? |
| Do I want to see a movie with him? | Does he want to see a movie with him? |
| Do I want to go to 시원스쿨? | Does he want to go to 시원스쿨? |
| Did I want to eat pasta? | Did he want to eat pasta? |
| Did you begin to prepare for the exam? | Did she begin to prepare for the exam? |
| Did you like to read mystery novels? | Did she like to read mystery novels? |
| Did you begin to research? | Did she begin to research? |
| Do we wait for him to order? | Does 시원 wait for him to order? |
| Do we want her to try? | Does 시원 want her to try? |
| Did we expect them to smile? | Did 시원 expect them to smile? |

# Practice 03 'to + 동사' 부정문

 ## 'to + 동사' 부정문 연습하기 (우리말+영어)

아래의 우리말 문장들을 영어로 어떻게 말할 수 있는지 살펴보세요.

| 우리말 | 영어 |
|---|---|
| 나는 녹차 마시기를 원하지 않아. | I don't want to drink green tea. |
| 나는 그와 영화보기를 원하지 않아. | I don't want to see a movie with him. |
| 나는 시원스쿨에 가고 싶지 않아. | I don't want to go to 시원스쿨. |
| 나는 파스타를 먹고 싶지 않았어. | I didn't want to eat pasta. |
| 너는 시험을 준비하는 것을 시작하지 않았어. | You didn't begin to prepare for the exam. |
| 너는 추리소설 읽는 것을 좋아하지 않았어. | You didn't like to read mystery novels. |
| 너는 조사하기 시작하지 않았어. | You didn't begin to research. |
| 우리는 그가 주문하기를 기다리지 않아. | We don't wait for him to order. |
| 우리는 그녀가 노력하기를 바라지 않아. | We don't want her to try. |
| 우리는 그들이 웃을 것이라 예상하지 않았어. | We didn't expect them to smile. |
| 그는 녹차 마시기를 원하지 않았어. | He didn't want to drink green tea. |
| 그는 그와 영화보기를 원하지 않았어. | He didn't want to see a movie with him. |
| 그는 시원스쿨에 가고 싶어 하지 않아. | He doesn't want to go to 시원스쿨. |
| 그는 파스타를 먹고 싶지 않았어. | He didn't want to eat pasta. |
| 그녀는 시험 준비하는 것을 시작하지 않았어. | She didn't begin to prepare for the exam. |
| 그녀는 추리소설 읽는 것을 좋아하지 않았어. | She didn't like to read mystery novels. |
| 그녀는 조사하기 시작하지 않았어. | She didn't begin to research. |
| 시원이는 그가 주문하기를 기다리지 않아. | 시원 doesn't wait for him to order. |
| 시원이는 그녀가 노력하기를 바라지 않아. | 시원 doesn't want her to try. |
| 시원이는 그들이 웃을 것이라 예상하지 않았어. | 시원 didn't expect them to smile. |

## ✌ 'to + 동사' 부정문 영작하기

나는 녹차 마시기를 원하지 않아.					그는 녹차 마시기를 원하지 않았어.

나는 그와 영화보기를 원하지 않아.					그는 그와 영화보기를 원하지 않았어.

나는 시원스쿨에 가고 싶지 않아.					그는 시원스쿨에 가고 싶어 하지 않아.

나는 파스타를 먹고 싶지 않았어.					그는 파스타를 먹고 싶지 않았어.

너는 시험을 준비하는 것을 시작하지 않았어.			그녀는 시험 준비하는 것을 시작하지 않았어.

너는 추리소설 읽는 것을 좋아하지 않았어.			그녀는 추리소설 읽는 것을 좋아하지 않았어.

너는 조사하기 시작하지 않았어.					그녀는 조사하기 시작하지 않았어.

우리는 그가 주문하기를 기다리지 않아.				시원이는 그가 주문하기를 기다리지 않아.

우리는 그녀가 노력하기를 바라지 않아.				시원이는 그녀가 노력하기를 바라지 않아.

우리는 그들이 웃을 것이라 예상하지 않았어.			시원이는 그들이 웃을 것이라 예상하지 않았어.

## ✌ 'to + 동사' 부정문 해석하기

I don't want to drink green tea.					He didn't want to drink green tea.

I don't want to see a movie with him.				He didn't want to see a movie with him.

I don't want to go to 시원스쿨.					He doesn't want to go to 시원스쿨.

I didn't want to eat pasta.						He didn't want to eat pasta.

You didn't begin to prepare for the exam.			She didn't begin to prepare for the exam.

You didn't like to read mystery novels.				She didn't like to read mystery novels.

You didn't begin to research.					She didn't begin to research.

We don't wait for him to order.					시원 doesn't wait for him to order.

We don't want her to try.						시원 doesn't want her to try.

We didn't expect them to smile.					시원 didn't expect them to smile.

# 왕초보 단골질문 25

왕초보 탈출 1탄 공부질문하기 게시판에서 많은 회원님들이 궁금해하시는 질문들을 선정하였습니다.

 ### 장소/시간의 전치사 in, at

 장소 앞의 전치사 in과 at 모두 '~에서'로 해석되는데요.
2가지 중 아무거나 사용해도 되는 건가요? 또한 in과 at 둘 다 시간도 나타낼 수 있다고 배웠습니다.
그러면 in과 at을 쓰는 특별한 규칙 없이 시간을 나타낼 때에는 모두 가능한가요?

➡ **장소**

at과 in 모두 '~에서'라는 의미를 갖지만, at은 특정한 장소나 비교적 좁은 장소를 나타낼 때 사용합니다. in은 at보다는 넓은 장소 앞에 쓰이며 사람이나 사물이 그 장소 안에 있을 때, 즉 공간 내부를 말할 때 사용합니다. 그래서 in은 '~안에서'라는 뜻을 갖고 있습니다. 주의할 점은 도시나 국가명 앞에는 항상 in을 써야 한다는 것입니다.

➡ **시간**

'분, 시간, 정오, 밤, 일몰 등'과 같이 하루보다 짧은 시간 앞에 사용할 때에는 at을 사용합니다. 다만 오전/오후/저녁도 하루보다 짧은 시간이지만 이는 예외로 in으로 나타냅니다. (in the morning/in the afternoon/in the evening)
in은 하루보다 긴 시간 앞에 써서 '주, 월, 년도, 계절 등'을 표현할 때 사용합니다.
(in 2014 = 2014년에, in August = 8월에, in winter = 겨울에, in the first week = 첫째 주에)

 ### 실생활 속 예문 살펴보기

**He had a car accident at the street.**
그는 길의 모퉁이에서 자동차 사고가 났다.

**My family lives in Seoul.**
우리 가족은 서울에 산다.

**I woke up at 7:00 am today.**
나는 오늘 7시에 일어났다.

**We took a trip to Hong Kong in 2009.**
우리는 2009년에 홍콩을 여행했다.

### 시원's comment!

첫 번째 문장은 the street 앞에 at을 사용하여 '길 모퉁이'라는 특정한 장소에서 자동차 사고가 났다는 것을 말하고 있습니다. 두 번째 문장은 Seoul이라는 도시명 앞이므로 in을 써주었습니다. 세 번째 문장에서는 아침 7시라는 특정 시간을 나타내는 것이므로 at을 사용하였고, 네 번째 문장에서는 년도를 표현하는 것이므로 in을 사용하였습니다.

# UNIT 09

## 내가 커피를 마시면~
### If I drink coffee~

» if 문장에서 to를 쓰는 연습하기

01 if 들어간 문장 만들기
02 If + 주체 + 행동, 주체 + 행동

**and에 이어 문장을 길게 만들어 주는 if를 연습을 해보자!**

모든 일이 다 확실하지 않을 수 있기 때문에 '만약'을 뜻하는 if를 사용해서 문장을 만들어 보세요.
이번 Unit을 학습하면 '~한다면'과 같은 조건을 말할 수 있습니다.

# UNIT 09 내가 커피를 마시면~
## If I drink coffee~

### 1. if 들어간 문장 만들기

'나는 커피를 마신다'는 행동을 '내가 커피를 마시면'이란 행동으로 만들려면 문장 앞에 If를 붙여 If I drink coffee 하면 된다.

I drink coffee.　　→　　if I drink coffee,
나는 커피를 마신다.　→　　내가 커피를 마시면

| | |
|---|---|
| if you come here, | 네가 여기 오면 |
| if you study English, | 네가 영어 공부하면 |
| if he begins to work, | 걔가 일을 시작하면 |
| if you want to see a movie, | 네가 영화 보고 싶으면 |

TIP

If는 문장 앞에 와서 '~다'를 '~면'으로 만든다.

## ❷ If 주체 + 행동, 주체 + 행동

If의 문장구조는 'If 주체 + 행동, 주체 + 행동'이 된다. 우리말은 주체를 잘 생략하는 경향이 있고 특히 뒤 문장에 나오는 주체가 앞 문장에 나온 주체와 동일할 때 더 잘 생략된다. 그러나 영어의 경우 동작 앞에 주체를 붙여줘야 한다.

If you come here, you can drink coffee.
네가 여기 오면 [너는] 커피 마실 수 있어.

If you study English, you can speak English.
네가 영어 공부하면 [너는] 영어로 말할 수 있어.

If he begins to work, he can't study.
걔가 일을 시작하면 [걔는] 공부는 할 수 없어.

If you want to see a movie, call me.
네가 영화보고 싶으면 전화해.

 TiP

call me의 경우 명령문이기 때문에 주체 없이 사용되었다. 명령문은 주체를 생략해서 문장이 동사로 시작한다.

# 강의 속 핵심문장 10

시원스쿨 왕초보 탈출 1탄 9강 <NEW강의>에 해당하는 내용입니다.

## ✓ If 문장에서 to를 쓰는 연습하기

If + 누가(주체) + 어쩐다(행동)

**If + 네가 + 좋아한다**
**= If + you + like**
**= 네가 좋아한다면**

## ✓ 강의 속 예문 살펴보기

➡ 네가 이것을 사면 너는 샘플을 받을 거야.　　　If you get this, you will get a sample.

➡ 내가 공부하길 원하면 나는 공부할 수 있어.　　　If I want to study, I can study.

➡ 네가 여기 오면 커피 마실 수 있어.　　　If you come here, you can drink coffee.

➡ 네가 이것을 좋아하면 이것을 가져도 돼.　　　If you like this, you can have this.

➡ 네가 회 좋아하면 우리는 이번주에 부산가도 돼.　　　If you like 회, we can go to 부산 this week.

➡ 네가 2호선을 타면 여기서 2호선을 탈 수 있어.　　　If you take 2호선, you can take 2호선 here.

➡ 네가 버스를 타기 원한다면 교통카드가 필요해.　　　If you want to take a bus, you need a 교통카드.

➡ 네가 공부를 시작하면 일을 할 수 없어.　　　If you begin to study, you can't work.

➡ 네가 피자를 먹고 싶으면 우리는 피자헛에 가도 돼.　　　If you want to eat pizza, we can go to 피자헛.

➡ 네가 공부하면 나도 공부해.　　　If you study, I study.

# 한눈에 보는 UNIT 09 단어

- ☐ **sample** 샘플
- ☐ **finish** 끝내다
- ☐ **weight** 살
- ☐ **time** 시간
- ☐ **gain** 증가하다
- ☐ **buy** 사다
- ☐ **save** 저축하다
- ☐ **call** 전화하다
- ☐ **arrive** 도착하다
- ☐ **help** 도와주다
- ☐ **money** 돈
- ☐ **see** 보다
- ☐ **hang out** 어울리다/놀다

> " '~를 좋아하다'가 '~를 좋아하면'으로 바뀌면 문장 맨 앞에 If를 넣어줍니다. "

시원쌤이 말씀다!

# Practice 01 if 긍정문

 **if 긍정문 연습하기 (우리말+영어)**
아래의 우리말 문장들을 영어로 어떻게 말할 수 있는지 살펴보세요.

| 우리말 | 영어 |
|---|---|
| 내가 그녀를 좋아한다면 그녀를 봐도 돼. | If I like her, I can see her. |
| 내가 초콜릿을 먹으면 살이 찔 거야. | If I eat chocolate, I will gain weight. |
| 내가 돈을 벌면 돈을 저축할 수 있어. | If I make money, I can save it. |
| 내가 공부를 열심히 하면 A+를 받을 수 있어. | If I study hard, I can get an A+. |
| 네가 커피를 마시면 내가 너 사줄 거야. | If you drink coffee, I will buy it for you. |
| 네가 날 도와주면 내가 너 점심 사줄 수 있어. | If you help me, I can buy lunch for you. |
| 네가 라면을 원한다면 그가 라면을 만들 거야. | If you want 라면, he will make it. |
| 우리가 택시를 타면 제 시간에 도착할 거야. | If we take a taxi, we will arrive on time. |
| 우리가 그 보고서를 끝낸다면 놀 수 있어. | If we finish the report, we can hang out. |
| 우리가 시간이 있다면 용산에 갈 수 있어. | If we have time, we can go to 용산. |
| 그가 그녀를 좋아한다면 그녀를 봐도 돼. | If he likes her, he can see her. |
| 그가 초콜릿을 먹으면 살이 찔 거야. | If he eats chocolate, he will gain weight. |
| 그가 돈을 벌면 돈을 저축할 수 있어. | If he makes money, he can save it. |
| 그가 공부를 열심히 하면 A+를 받을 수 있어. | If he studies hard, he can get an A+. |
| 그녀가 커피를 마시면 내가 그녀에게 사줄 거야. | If she drinks coffee, I will buy it for her. |
| 그녀가 날 도와주면 내가 그녀에게 점심을 사줄 수 있어. | If she helps me, I can buy lunch for her. |
| 그녀가 라면을 원한다면 그가 라면을 만들 거야. | If she wants 라면, he will make it. |
| 시원이가 택시를 타면 제 시간에 도착할 거야. | If 시원 takes a taxi, he will arrive on time. |
| 시원이가 그 보고서를 끝낸다면 우리는 놀 수 있어. | If 시원 finishes the report, we can hang out. |
| 시원이가 시간이 있다면 용산에 갈 수 있어. | If 시원 has time, he can go to 용산. |

## ✌ if 긍정문 영작하기

내가 그녀를 좋아한다면 그녀를 봐도 돼.

내가 초콜릿을 먹으면 살이 찔 거야.

내가 돈을 벌면 돈을 저축할 수 있어.

내가 공부를 열심히 하면 A+를 받을 수 있어.

네가 커피를 마시면 내가 너 사줄 거야.

네가 날 도와주면 내가 너 점심 사줄 수 있어.

네가 라면을 원한다면 그가 라면을 만들 거야.

우리가 택시를 타면 제 시간에 도착할 거야.

우리가 그 보고서를 끝낸다면 놀 수 있어.

우리가 시간이 있다면 용산에 갈 수 있어.

그가 그녀를 좋아한다면 그녀를 봐도 돼.

그가 초콜릿을 먹으면 살이 찔 거야.

그가 돈을 벌면 돈을 저축할 수 있어.

그가 공부를 열심히 하면 A+를 받을 수 있어.

그녀가 커피를 마시면 내가 그녀에게 사줄 거야.

그녀가 날 도와주면 내가 그녀에게 점심을 사줄 수 있어.

그녀가 라면을 원한다면 그가 라면을 만들 거야.

시원이가 택시를 타면 제 시간에 도착할 거야.

시원이가 그 보고서를 끝낸다면 우리는 놀 수 있어.

시원이가 시간이 있다면 용산에 갈 수 있어.

## ✌ if 긍정문 해석하기

If I like her, I can see her.

If I eat chocolate, I will gain weight.

If I make money, I can save it.

If I study hard, I can get an A+.

If you drink coffee, I will buy it for you.

If you help me, I can buy lunch for you.

If you want 라면, he will make it.

If we take a taxi, we will arrive on time.

If we finish the report, we can hang out.

If we have time, we can go to 용산.

If he likes her, he can see her.

If he eats chocolate, he will gain weight.

If he makes money, he can save it.

If he studies hard, he can get an A+.

If she drinks coffee, I will buy it for her.

If she helps me, I can buy lunch for her.

If she wants 라면, he will make it.

If 시원 takes a taxi, he will arrive on time.

If 시원 finishes the report, we can hang out.

If 시원 has time, he can go to 용산.

# Practice 02　if 부정문

 ### if 부정문 연습하기 (우리말+영어)
아래의 우리말 문장들을 영어로 어떻게 말할 수 있는지 살펴보세요.

| | |
|---|---|
| 내가 그녀를 안 좋아하면 그녀를 볼 수 없어. | If I don't like her, I can't see her. |
| 내가 초콜릿을 안 먹으면 살이 안 찔 거야. | If I don't eat chocolate, I will not gain weight. |
| 내가 돈을 안 벌면 돈을 저축할 수 없어. | If I don't make money, I can't save it. |
| 내가 공부를 열심히 안 하면 A+를 받을 수 없어. | If I don't study hard, I can't get an A+. |
| 네가 커피를 안 마시면 나는 너 안 사줄 거야. | If you don't drink coffee, I will not buy it for you. |
| 네가 날 안 도와주면 나는 너 점심 사줄 수 없어. | If you don't help me, I can't buy lunch for you. |
| 네가 라면을 원하지 않는다면 그가 라면을 안 만들 거야. | If you don't want 라면, he will not make it. |
| 우리가 택시를 안 타면 제 시간에 도착 못할 거야. | If we don't take a taxi, we will not arrive on time. |
| 우리가 그 보고서를 못 끝낸다면 놀 수 없어. | If we don't finish the report, we can't hang out. |
| 우리가 시간이 없다면 용산에 갈 수 없어. | If we don't have time, we can't go to 용산. |
| 그가 그녀를 안 좋아하면 그녀를 볼 수 없어. | If he doesn't like her, he can't see her. |
| 그가 초콜릿을 안 먹으면 살이 안 찔 거야. | If he doesn't eat chocolate, he will not gain weight. |
| 그가 돈을 안 벌면 돈을 저축할 수 없어. | If he doesn't make money, he can't save it. |
| 그가 공부를 열심히 안 하면 A+를 받을 수 없어. | If he doesn't study hard, he can't get an A+. |
| 그녀가 커피를 안 마시면 나는 그녀에게 안 사줄 거야. | If she doesn't drink coffee, I will not buy it for her. |
| 그녀가 날 안 도와주면 나는 그녀에게 점심을 사줄 수 없어. | If she doesn't help me, I can't buy lunch for her. |
| 그녀가 라면을 원하지 않는다면 그가 라면을 안 만들 거야. | If she doesn't want 라면, he will not make it. |
| 시원이가 택시를 안 타면 제 시간에 도착 못할 거야. | If 시원 doesn't take a taxi, 시원 will not arrive on time. |
| 시원이가 그 보고서를 못 끝낸다면 우리는 놀 수 없어. | If 시원 doesn't finish the report, we can't hang out. |
| 시원이가 시간이 없다면 용산에 갈 수 없어. | If 시원 doesn't have time, 시원 can't go to 용산. |

## ✌ if 부정문 영작하기

내가 그녀를 안 좋아하면 그녀를 볼 수 없어.

내가 초콜릿을 안 먹으면 살이 안 찔 거야.

내가 돈을 안 벌면 돈을 저축할 수 없어.

내가 공부를 열심히 안 하면 A+를 받을 수 없어.

네가 커피를 안 마시면 나는 너 안 사줄 거야.

네가 날 안 도와주면 나는 너 점심 사줄 수 없어.

네가 라면을 원하지 않는다면 그가 라면을 안 만들 거야.

우리가 택시를 안 타면 제 시간에 도착 못할 거야.

우리가 그 보고서를 못 끝낸다면 놀 수 없어.

우리가 시간이 없다면 용산에 갈 수 없어.

그가 그녀를 안 좋아하면 그녀를 볼 수 없어.

그가 초콜릿을 안 먹으면 살이 안 찔 거야.

그가 돈을 안 벌면 돈을 저축할 수 없어.

그가 공부를 열심히 안 하면 A+를 받을 수 없어.

그녀가 커피를 안 마시면 나는 그녀에게 안 사줄 거야.

그녀가 날 안 도와주면 나는 그녀에게 점심을 사줄 수 없어.

그녀가 라면을 원하지 않는다면 그가 라면을 안 만들 거야.

시원이가 택시를 안 타면 제 시간에 도착 못할 거야.

시원이가 그 보고서를 못 끝낸다면 우리는 놀 수 없어.

시원이가 시간이 없다면 용산에 갈 수 없어.

## ✌ if 부정문 해석하기

If I don't like her, I can't see her.

If I don't eat chocolate, I will not gain weight.

If I don't make money, I can't save it.

If I don't study hard, I can't get an A+.

If you don't drink coffee, I will not buy it for you.

If you don't help me, I can't buy lunch for you.

If you don't want 라면, he will not make it.

If we don't take a taxi, we will not arrive on time.

If we don't finish the report, we can't hang out.

If we don't have time, we can't go to 용산.

If he doesn't like her, he can't see her.

If he doesn't eat chocolate, he will not gain weight.

If he doesn't make money, he can't save it.

If he doesn't study hard, he can't get an A+.

If she doesn't drink coffee, I will not buy it for her.

If she doesn't help me, I can't buy lunch for her.

If she doesn't want 라면, he will not make it.

If 시원 doesn't take a taxi, 시원 will not arrive on time.

If 시원 doesn't finish the report, we can't hang out.

If 시원 doesn't have time, 시원 can't go to 용산.

# 왕초보 단골질문 25

왕초보 탈출 1탄 공부질문하기 게시판에서 많은 회원님들이 궁금해하시는 질문들을 선정하였습니다.

 to의 쓰임

'~에 가다'를 뜻하는 go to와 '~하기를 원한다'를 뜻하는 want to에서 to는 의미가 다른가요?

### ➡ 전치사 to

to는 전치사 to와 to부정사의 to로 2가지 역할이 있습니다. to 뒤에 장소가 나오면 '(그 장소)로, ~에'라는 방향을 뜻하고, 뒤에 사람이 오면 '~에게'라는 뜻이 됩니다.

### ➡ to부정사

to부정사의 to 뒤에는 동사원형이 오며 문장에서의 위치에 따라 뜻이 달라집니다. 주어 자리에 to부정사가 오면 '~하는 것은/것이'로 해석되고, 목적어 자리에 오면 '~하는 것을, ~하기를'이라는 의미입니다. 부사 자리에 쓰였을 경우에는 '~하기 위해서, ~하려고'를, 명사의 뒤에 쓰여서 형용사를 수식할 때에는 '~할'을 의미합니다. 즉, go to에서 to는 방향을 나타내는 전치사 to이고, want to의 to는 '~하기를'을 의미하는 목적어 자리에 쓰인 to부정사입니다.

 **실생활 속 예문 살펴보기**

**I go to school.**
나는 학교에 간다.

**To drink coffee is good.**
커피를 마시는 것은 좋다.

**I want to go to Starbucks to drink coffee.**
난 커피를 마시러 스타벅스에 가길 원해.

**I have coffee to drink.**
나는 마실 커피가 있어.

> **시원's comment!**
>
> 첫 번째 문장에서 to는 전치사로 school(학교)이라는 장소에 간다는 뜻으로 사용되었습니다. 두 번째 문장의 to drink coffee는 주어로서 '커피를 마시는 것'이라는 뜻을 나타냅니다. 세 번째 문장에서 want to의 to와 to drink coffee는 모두 to부정사로서 각각 목적어와 부사 역할을 하고 있습니다. 마지막 문장에서는 to drink가 coffee라는 명사의 뒤에 쓰여 '~할', 즉 '마실'이라는 뜻을 나타냅니다.

# UNIT 09+

## 나는 계속 공부해.
### I keep studying.

» '계속 ~하다'라는 뜻의 keep ~ing 문장 만들기

01  help를 이용한 문장 "도와줄래?"
02  keep을 이용한 문장 "계속 하게 할래?"
03  make를 이용한 문장 "하게 할래?"

실생활에서 자주 사용되는 동사인
help, keep, make와 관련된 표현들을
배워보자!

영어의 주요 동사인 help, keep, make는 단어뿐 만 아니라 이와 연관된 표현들도 많이 사용됩니다.
해당 표현들을 이번 Unit에서 꼭 마스터하세요!

# UNIT 09+ 나는 계속 공부해.
## I keep studying.

<왕초보 탈출 1탄 확장 9강에 해당하는 내용입니다.>

### 1  help를 이용한 문장 "도와줄래?"

① help + 사람 → 사람을 도와준다
   help me 나를 도와준다

② help with + 사물 → 사물을 도와준다
   '내 숙제를 도와준다'는 help my homework이 아니라
   with를 붙여 help with my homework이라고 해야 한다.

③ help 사람 + with 사물 → 사람을 도와 사물을 거들어 준다
   위의 ①과 ②를 합쳐 help me with my homework 이라고 하면
   '나를 도와 내 숙제를 도와준다'가 된다.

> He helped me with my homework.
> 걔가 나를 도와 내 숙제를 도와줬어. [=걔가 내 숙제를 도와 줬어.]
>
> They will help me with this.
> 걔네들이 나를 도와 이것을 도와줄 거야. [=걔네들이 이것을 도와줄 거야.]

④ help 사람 with + ~ing → 사람을 도와 [그 사람이] ~하는 것을 도와준다
   help me with 뒤에 studying [공부하는 것]을 붙여 help me with studying 하면
   '나를 도와 [내가] 공부하는 것을 도와준다'가 된다.

> She helped me with studying English.
> 그녀가 나를 도와 [내가] 영어 공부하는 것을 도와주었다.
>
> We will help you with working here.
> 우리가 너를 도와 [네가] 여기서 일하는 것을 도와줄게.

**TiP**

help (돕다) 뒤에 오는 형태에 따라 의미가 조금씩 달라진다. 이를 알아두면 다양한 표현을 말할 수 있다.

**TiP**

study뒤에 ing를 붙여 studying 하면 '공부한다'가 '공부하는 것'으로 그 뜻이 바뀐다.

I keep studying.

⑤ help 사람 + 동사 원형 → 사람을 도와 [그 사람이] ~할 수 있도록 도와준다

help me 뒤에 '공부한다' study를 붙여 help me study 하면
'나를 도와 [내가] 공부할 수 있도록 도와준다'가 된다.

> They helped me study English.
> 걔들이 나를 도와 [내가] 영어 공부 할 수 있도록 도와 줬어.
> [=걔네들이 내가 영어 공부할 수 있도록 도와줬어.]
>
> 시원 helped me open the door.
> 시원이가 나를 도와 [내가] 문을 열 수 있도록 도와 줬어.
> [=시원이가 내가 문을 열 수 있도록 도와줬어.]

### ❷ keep을 이용한 문장 "계속 하게 할래?"

① keep studying → 계속 공부한다
   I will keep studying.   나는 계속 공부할 거야.

② keep + 사람/사물 + studying → 사람/사물을 계속 공부하게 한다
   I will keep you studying.   내가 너를 계속 공부하게 할 거야.

③ keep + 사람/사물 + 형용사 → 사람/사물을 계속 ~하게 한다
   We will keep it hot.   우리가 그것을 계속 뜨겁게 할 거야.
   This keeps me cool.   이것이 나를 계속 시원하게 해준다.

### ❸ make를 이용한 문장 "하게 할래?"

make는 help/keep과 비슷한 뜻으로 쓰일 수 있다.

> Help me hold this.      내가 이걸 들고 있을 수 있도록 도와준다.
> Make me hold this.      내가 이걸 들고 있을 수 있게 해준다. [만든다.]
>
> Keep him clean.         걔를 깨끗하게 한다.
> Make him clean.         걔를 깨끗하게 해준다. [만들어 준다.]

# 강의 속 핵심문장 10

시원스쿨 왕초보 탈출 1탄 9강 <확장강의>에 해당하는 내용입니다.

### ✓ '계속 ~하다'를 만드는 keep ~ing 문장 만들기

계속 ~하게하다 + 나(를) + 공부하는 것을
= keep + me + studying
= 나를 계속 공부하게 해요.

### ✓ 강의 속 예문 살펴보기

| | |
|---|---|
| ➡ 나 저거 도와주세요. | Help me with that. |
| ➡ 제 숙제를 도와주시겠어요? | Can you help me with my homework? |
| ➡ 여기서 일할 수 있도록 도와주세요. | Help me work here. |
| ➡ 저 사는 데 있어서 도움을 주세요. | Help me with buying. |
| ➡ 제가 계속 노래할 수 있도록 해주세요. | Keep me singing. |
| ➡ 이걸 계속 차갑게 해놔. | Keep this cold. |
| ➡ 내가 이거 계속 움직이게 만들어. | I keep this moving. |
| ➡ 제가 이해하도록 만들어 주세요. | Make me understand. |
| ➡ 이거 하얀색으로 해주세요. | Make this white. |
| ➡ 그가 받아들이게 해주세요. | Make him accept. |

# 한눈에 보는 UNIT 09+ 단어

- ☐ **pack** (짐을) 싸다
- ☐ **understand** 이해하다
- ☐ **shop** 쇼핑하다
- ☐ **cook** 요리하다
- ☐ **read** 읽다
- ☐ **drive** 운전하다
- ☐ **accept** 받아들이다
- ☐ **fix** 고치다
- ☐ **write** 쓰다
- ☐ **prepare** 준비하다
- ☐ **lose weight** 살을 빼다
- ☐ **move** 움직이다

> 실생활에서 우리가 자주 사용하는 '이것 좀 도와줘' 같은 표현을 배워보겠습니다.

# Practice 01  help를 이용한 문장

 **help를 이용한 문장 연습하기 (우리말+영어)**
아래의 우리말 문장들을 영어로 어떻게 말할 수 있는지 살펴보세요.

| | |
|---|---|
| 나는 그녀가 짐 싸는 것을 도와줘. | I help her with packing. |
| 나는 시원이가 운전할 수 있도록 도와줘. | I help 시원 drive. |
| 나는 네가 요리할 수 있도록 도와줬어. | I helped you cook. |
| 나는 그가 쇼핑하는 것을 도와줘. | I help him with shopping. |
| 너는 내가 이것을 읽을 수 있도록 도와줬어. | You helped me read this. |
| 너는 내가 이 컴퓨터 고치는 것을 도와줬어. | You helped me with fixing this computer. |
| 너는 내가 살을 뺄 수 있도록 도와줬어. | You helped me lose weight. |
| 우리는 그가 준비하는 것을 도와줬어. | We helped him with preparing. |
| 우리는 그들이 쓰는 것을 도와줬어. | We helped them with writing. |
| 우리는 우리 엄마가 청소하는 것을 도와줘. | We help my mother with cleaning. |
| 그는 그녀가 짐 싸는 것을 도와줄 거야. | He will help her with packing. |
| 그는 시원이가 운전할 수 있도록 도와줄 거야. | He will help 시원 drive. |
| 그는 네가 요리할 수 있도록 도와줄 거야. | He will help you cook. |
| 그는 그가 쇼핑하는 것을 도와줄 거야. | He will help him with shopping. |
| 그녀는 내가 이것을 읽을 수 있도록 도와줄 거야. | She will help me read this. |
| 그녀는 내가 이 컴퓨터 고치는 것을 도와줄 수 있어? | Can she help me with fixing this computer? |
| 그녀는 내가 살을 뺄 수 있도록 도와줄 수 있어? | Can she help me lose weight? |
| 시원이는 그가 준비하는 것을 도와줄 수 있어? | Can 시원 help him with preparing? |
| 시원이는 그들이 쓰는 것을 도와줄 수 있어? | Can 시원 help them with writing? |
| 시원이는 우리 엄마가 청소하는 것을 도와줄 수 있어? | Can 시원 help my mother with cleaning? |

## ✌ help를 이용한 문장 영작하기

나는 그녀가 짐 싸는 것을 도와줘.
나는 시원이가 운전할 수 있도록 도와줘.
나는 네가 요리할 수 있도록 도와줬어.
나는 그가 쇼핑하는 것을 도와줘.
너는 내가 이것을 읽을 수 있도록 도와줬어.
너는 내가 이 컴퓨터 고치는 것을 도와줬어.
너는 내가 살을 뺄 수 있도록 도와줬어.
우리는 그가 준비하는 것을 도와줬어.
우리는 그들이 쓰는 것을 도와줬어.
우리는 우리 엄마가 청소하는 것을 도와줘.

그는 그녀가 짐 싸는 것을 도와줄 거야.
그는 시원이가 운전할 수 있도록 도와줄 거야.
그는 네가 요리할 수 있도록 도와줄 거야.
그는 그가 쇼핑하는 것을 도와줄 거야.
그녀는 내가 이것을 읽을 수 있도록 도와줄 거야.
그녀는 내가 이 컴퓨터 고치는 것을 도와줄 수 있어?
그녀는 내가 살을 뺄 수 있도록 도와줄 수 있어?
시원이는 그가 준비하는 것을 도와줄 수 있어?
시원이는 그들이 쓰는 것을 도와줄 수 있어?
시원이는 우리 엄마가 청소하는 것을 도와줄 수 있어?

## ✌ help를 이용한 문장 해석하기

I help her with packing.
I help 시원 drive.
I helped you cook.
I help him with shopping.
You helped me read this.
You helped me with fixing this computer.
You helped me lose weight.
We helped him with preparing.
We helped them with writing.
We help my mother with cleaning.

He will help her with packing.
He will help 시원 drive.
He will help you cook.
He will help him with shopping.
She will help me read this.
Can she help me with fixing this computer?
Can she help me lose weight?
Can 시원 help him with preparing?
Can 시원 help them with writing?
Can 시원 help my mother with cleaning?

## Practice 02  keep을 이용한 문장

 **keep을 이용한 문장 연습하기 (우리말+영어)**
아래의 우리말 문장들을 영어로 어떻게 말할 수 있는지 살펴보세요.

| 우리말 | 영어 |
|---|---|
| 나는 계속 게임을 해. | I keep playing games. |
| 나는 그들이 계속 생각하게 해. | I keep them thinking. |
| 나는 계속 공원에 갔어. | I kept going to the park. |
| 나는 그가 계속 일하게 해. | I keep him working. |
| 너는 그녀가 계속 달리게 해. | You keep her running. |
| 너는 계속 나를 놀려. | You keep making fun of me. |
| 너는 시원이가 계속 영어를 배우도록 했어. | You kept 시원 learning English. |
| 우리는 그녀를 계속 화나게 했어. | We kept her angry. |
| 우리는 그를 계속 움직이게 했어. | We kept him moving. |
| 우리는 너를 계속 행복하게 했어. | We kept you happy. |
| 그는 계속 게임을 할 거야. | He will keep playing games. |
| 그는 그들이 계속 생각하게 할 거야. | He will keep them thinking. |
| 그는 계속 공원에 갈 거야. | He will keep going to the park. |
| 그는 나를 계속 일하게 할 거야. | He will keep me working. |
| 그녀는 그들을 계속 달리게 할 거야. | She will keep them running. |
| 그녀는 계속 나를 놀렸니? | Did she keep making fun of me? |
| 그녀는 시원이가 계속 영어를 배우도록 했니? | Did she keep 시원 learning English? |
| 우리는 그녀를 계속 화나게 했니? | Did we keep her angry? |
| 우리는 그를 계속 움직이게 했니? | Did we keep him moving? |
| 우리는 너를 계속 행복하게 했니? | Did we keep you happy? |

## ✌ keep을 이용한 문장 영작하기

나는 계속 게임을 해.

나는 그들이 계속 생각하게 해.

나는 계속 공원에 갔어.

나는 그가 계속 일하게 해.

너는 그녀가 계속 달리게 해.

너는 계속 나를 놀려.

너는 시원이가 계속 영어를 배우도록 했어.

우리는 그녀를 계속 화나게 했어.

우리는 그를 계속 움직이게 했어.

우리는 너를 계속 행복하게 했어.

그는 계속 게임을 할 거야.

그는 그들이 계속 생각하게 할 거야.

그는 계속 공원에 갈 거야.

그는 나를 계속 일하게 할 거야.

그녀는 그들을 계속 달리게 할 거야.

그녀는 계속 나를 놀렸니?

그녀는 시원이가 계속 영어를 배우도록 했니?

우리는 그녀를 계속 화나게 했니?

우리는 그를 계속 움직이게 했니?

우리는 너를 계속 행복하게 했니?

## ✌ keep을 이용한 문장 해석하기

I keep playing games.

I keep them thinking.

I kept going to the park.

I keep him working.

You keep her running.

You keep making fun of me.

You kept 시원 learning English.

We kept her angry.

We kept him moving.

We kept you happy.

He will keep playing games.

He will keep them thinking.

He will keep going to the park.

He will keep me working.

She will keep them running.

Did she keep making fun of me?

Did she keep 시원 learning English?

Did we keep her angry?

Did we keep him moving?

Did we keep you happy?

# Practice 03 make를 이용한 문장

 **make를 이용한 문장 연습하기 (우리말+영어)**
아래의 우리말 문장들을 영어로 어떻게 말할 수 있는지 살펴보세요.

| | |
|---|---|
| 나는 그녀가 짐을 싸게 만들어. | I make her pack. |
| 나는 네가 이것을 읽게 해. | I make you read this. |
| 나는 그가 쇼핑하도록 만들어. | I make him shop. |
| 나는 우리 엄마가 설거지를 하도록 해. | I make my mother wash dishes. |
| 너는 시원이가 운전하도록 만들어. | You make 시원 drive. |
| 너는 우리가 쓰도록 했어. | You made us write. |
| 너는 그녀가 요리하도록 만들었어. | You made her cook. |
| 우리는 우리 아빠가 이 컴퓨터를 고치도록 했어. | We made my father fix this computer. |
| 우리는 그가 준비하도록 만들었어. | We made him prepare. |
| 우리는 그녀가 살을 빼도록 했어. | We made her lose weight. |
| 그는 네가 게임을 하도록 할 거야. | He will make you play games. |
| 그는 그녀가 달리도록 만들 거야. | He will make her run. |
| 그는 우리를 일하게 할 거야. | He will make us work. |
| 그는 나를 놀릴 거야. | He will make fun of me. |
| 그녀는 그들이 수영하도록 만들 거야. | She will make them swim. |
| 그녀는 너를 행복하게 했니? | Did she make you happy? |
| 그녀는 그를 공원에 가게 만들었니? | Did she make him go to the park? |
| 시원이는 그가 영어를 배우도록 했니? | Did 시원 make him learn English? |
| 시원이는 그녀를 화나게 만들었니? | Did 시원 make her angry? |
| 시원이는 너를 청소하게 했니? | Did 시원 make you clean? |

## ✌ make를 이용한 문장 영작하기

나는 그녀가 짐을 싸게 만들어.

나는 네가 이것을 읽게 해.

나는 그가 쇼핑하도록 만들어.

나는 우리 엄마가 설거지를 하도록 해.

너는 시원이가 운전하도록 만들어.

너는 우리가 쓰도록 했어.

너는 그녀가 요리하도록 만들었어.

우리는 우리 아빠가 이 컴퓨터를 고치도록 했어.

우리는 그가 준비하도록 만들었어.

우리는 그녀가 살을 빼도록 했어.

그는 네가 게임을 하도록 할 거야.

그는 그녀가 달리도록 만들 거야.

그는 우리를 일하게 할 거야.

그는 나를 놀릴 거야.

그녀는 그들이 수영하도록 만들 거야.

그녀는 너를 행복하게 했니?

그녀는 그를 공원에 가게 만들었니?

시원이는 그가 영어를 배우도록 했니?

시원이는 그녀를 화나게 만들었니?

시원이는 너를 청소하게 했니?

##  make를 이용한 문장 해석하기

I make her pack.

I make you read this.

I make him shop.

I make my mother wash dishes.

You make 시원 drive.

You made us write.

You made her cook.

We made my father fix this computer.

We made him prepare.

We made her lose weight.

He will make you play games.

He will make her run.

He will make us work.

He will make fun of me.

She will make them swim.

Did she make you happy?

Did she make him go to the park?

Did 시원 make him learn English?

Did 시원 make her angry?

Did 시원 make you clean?

# 왕초보 단골질문 25

왕초보 탈출 1탄 공부질문하기 게시판에서 많은 회원님들이 궁금해하시는 질문들을 선정하였습니다.

## to부정사와 동명사 주어&차이

to부정사와 동명사가 똑같이 '~하는 것'으로 해석된다고 알고 있는데요. 주어 자리에는 동명사만 사용한다고 되어 있는데, to부정사는 주어로 쓸 수 없는 건가요? 그러면 동명사는 문장의 앞에 올 때 사용하고, to부정사는 중간에 사용한다는 차이가 있는 건가요?

### ➡ 가주어 it

동명사와 마찬가지로 to부정사도 문장의 주어 자리에 올 수 있지만 영어는 길이가 긴 주어를 좋아하지 않기 때문에 to부정사를 주어로 사용하는 경우는 드뭅니다. 따라서 가짜 주어인 it을 써서 to부정사를 대신하고, 동사 뒤에 to부정사를 위치시켜 진짜 주어 역할을 하는 문장 구조로 바꿔 씁니다. 이때 가짜 주어인 it은 아무 의미가 없습니다.

### ➡ 동명사와 to부정사

동명사인지 to부정사인지에 따라 문장에서의 위치가 정해지는 것은 아닙니다. 동명사와 to부정사는 모두 '~하는 것'이라고 해석되어 문장의 맨 앞에서 주어로 사용될 수 있으며, 동사 뒤에 위치하여 목적어(~하는 것을)로 해석될 수도 있습니다. 다만 주어로 사용될 때에는 길이가 긴 to부정사보다는 동명사를 사용합니다.

## 실생활 속 예문 살펴보기

**To take a subway in the morning is fast.**
아침에 지하철을 타는 것이 빠르다.
→ It is fast to take a subway in the morning.

**Reading books is my hobby.**
책을 읽는 것은 내 취미이다.

**We enjoy listening to music.**
우리는 음악 듣는 것을 즐긴다.

### 시원's comment!

첫 번째 문장은 to take a subway라는 to부정사를 주어로 사용한 것입니다. 하지만 영어에서는 주어가 긴 것을 좋아하지 않기 때문에 밑의 문장처럼 가주어 it을 써서 바꾸어 it is fast to~로 표현합니다. 두 번째 문장은 '책을 읽는 것'이라는 뜻을 가진 reading이라는 동명사를 주어로 사용한 문장입니다. 마지막 문장에서 enjoy ~ing는 '~하는 것을 즐기다'라는 뜻으로 listening to music은 '음악 듣는 것을'이라는 뜻의 목적어로 쓰였습니다.

# UNIT 10

## 나는 예뻐.
### I am pretty.

» **영어의 기본동사인 be를 배워보자!**

01  be동사 긍정문 "나는 예쁘다."
02  be동사 의문문 "너는 예쁘니?"
03  be동사 부정문 "나는 안 예쁘다."

### 느낌이나 상태를 나타내는 be동사!

지금까지 주로 동작 및 행위에 관련된 동사를 배웠다면
이번 Unit 10에서는 상황이나 사람에 대한 느낌, 상태를 나타내는 be동사에 대해 배워보겠습니다.
be동사는 상태를 설명할 때 주로 사용하고, 보통 '~이다'로 해석합니다.
Unit 10과 11 학습을 마무리하는 순간, be동사 활용에 자신감이 생기고 '감'을 잡게 될 것입니다!

# UNIT 10 나는 예뻐.
## I am pretty.

### 1. be동사 긍정문 "나는 예쁘다."

우리가 영어를 배울 때 가장 헷갈려 하는 부분이 am, are, is를 언제 써야 하고 빼야 하느냐는 것이다. 우리는 대부분 '예쁘다'를 pretty로 알고 있다. '춥다'는 cold, '배고프다'는 hungry로 알고 있다. 그래서 '나는 배고프다'를 I hungry라고 하기 일쑤요, '넌 예쁘다'를 you pretty 라고 하기도 한다. 하지만 pretty은 '예쁜'이고, hungry는 '배고픈'이다. '예쁘다'는 be pretty, '배고프다'는 be hungry 가 맞다.

| | | |
|---|---|---|
| 예쁘다 | → | be pretty |
| 춥다 | → | be cold |
| 배고프다 | → | be hungry |
| 바쁘다 | → | be busy |
| 좋다 | → | be good |
| 괜찮다 | → | be okay |
| 쉽다 | → | be easy |

이때, 주의할 점은 '나는 예쁘다'는 원래 'I be pretty'인데 주체의 인칭에 따라 be가 am, are is로 변한다는 것이다.

| | |
|---|---|
| I am pretty. | 나는 예쁘다. |
| You/We/They are pretty. | 너는/우리는/그들은 예쁘다. |
| He/She/It is pretty. | 그는/그녀는/그것은 예쁘다. |

**TIP**

'be hungry 배고프다'에서 be동사는 '배고픈'의 형용사를 '배고프다'의 동사로 바꿔준다.

I am pretty.

## ② be동사 의문문 "너는 예쁘니?"

'너는 예쁘다' you are pretty를 '너는 예쁘니?'로 만들려면 be동사인 are를 문장의 맨 앞으로 옮겨 Are you pretty? 라고 하면 된다.

| | |
|---|---|
| Are you pretty? | 너는 예쁘니? |
| Am I handsome? | 내가 잘생겼니? |
| Is she okay? | 그녀는 괜찮니? |
| Are we rich? | 우리가 부자니? |

> **주의** be를 붙여서 외우다 보면 '간다' 또는 '만들다'도 be go, be make라 말하기 쉽다. 그러나 기억하자! '간다'는 go, '만들다'는 make라는 사실. 그리고 '예쁘다'는 be pretty이다. 배울때 처음부터 이렇게 배웠어야 했다.
> *be + 형용사 = 행동 (동사)

**TIP**
의문문으로 바꿀 때도 역시 주체의 인칭에 따라 be동사가 변함에 주의하자.

## ③ be동사 부정문 "나는 안 예쁘다."

부정문으로 만들어 주려면 be 동사 뒤에 not을 붙여주면 된다.

| | |
|---|---|
| I am not pretty. | 나는 안 예쁘다. |
| You are not pretty. | 너는 안 예쁘다. |
| She is not pretty. | 그녀는 안 예쁘다. |

이때 am, are, is는 아래와 같이 줄여서 쓸 수 있다.

| | | | |
|---|---|---|---|
| I'm pretty. | I'm not pretty. | | |
| You're pretty. | You're not pretty. | = | You aren't pretty. |
| She's pretty. | She's not pretty. | = | She isn't pretty. |

# 강의 속 핵심문장 10

시원스쿨 왕초보 탈출 1탄 10강 <NEW강의>에 해당하는 내용입니다.

## ✔ 영어의 기본동사인 be를 배워보자!

누가(주체) + be동사 + 형용사

나 + be동사 + 추운
= I + am + cold
= 나는 춥다.

## ✔ 강의 속 예문 살펴보기

| | |
|---|---|
| ➡ 나는 바쁘다. | I am busy. |
| ➡ 너는 배고프다. | You are hungry. |
| ➡ 영어는 쉽다. | English is easy. |
| ➡ 이것은 맛있다. | This is good. |
| ➡ 영어는 쉽지 않다. | English is not easy. |
| ➡ 영어는 어렵지 않다. | English is not hard. |
| ➡ 이것은 아름답지 않다. | This is not beautiful. |
| ➡ 너는 예쁘니? | Are you pretty? |
| ➡ 이것은 빠르니? | Is this fast? |
| ➡ 이것은 맛있니? | Is this good? |

# 한눈에 보는 UNIT 10 단어

- [ ] **busy** 바쁜
- [ ] **hard** 어려운
- [ ] **short** 키가 작은
- [ ] **funny** 재미있는, 우스운
- [ ] **happy** 행복한
- [ ] **hungry** 배고픈
- [ ] **pretty** 예쁜
- [ ] **slim** 날씬한
- [ ] **kind** 친절한
- [ ] **easy** 쉬운
- [ ] **fast** 빠른
- [ ] **fat** 뚱뚱한
- [ ] **smart** 똑똑한
- [ ] **good** 좋은
- [ ] **handsome** 멋있는
- [ ] **honest** 정직한
- [ ] **energetic** 에너지 넘치는

❝ '바쁘다'라고 말하고 싶다면 형용사 busy 앞에 be를 붙여 be busy라고 하면 돼요~ ❞

시원쌤이 말한다!

# Practice 01 be동사 긍정문

##  be동사 긍정문 연습하기 (우리말+영어)
아래의 우리말 문장들을 영어로 어떻게 말할 수 있는지 살펴보세요.

| 우리말 | 영어 |
|---|---|
| 나는 멋있어. | I am handsome. |
| 나는 키가 작아. | I am short. |
| 나는 날씬해. | I am slim. |
| 나는 뚱뚱해. | I am fat. |
| 너는 정직해. | You are honest. |
| 너는 웃겨. | You are funny. |
| 너는 친절해. | You are kind. |
| 우리는 똑똑해. | We are smart. |
| 우리는 에너지가 넘쳐. | We are energetic. |
| 우리는 행복해. | We are happy. |
| 그는 멋있어. | He is handsome. |
| 그는 키가 작아. | He is short. |
| 그는 날씬해. | He is slim. |
| 그는 뚱뚱해. | He is fat. |
| 그녀는 정직해. | She is honest. |
| 그녀는 웃겨. | She is funny. |
| 그녀는 친절해. | She is kind. |
| 시원이는 똑똑해. | 시원 is smart. |
| 시원이는 에너지가 넘쳐. | 시원 is energetic. |
| 시원이는 행복해. | 시원 is happy. |

## ✌ be동사 긍정문 영작하기

나는 멋있어.					그는 멋있어.

나는 키가 작아.					그는 키가 작아.

나는 날씬해.					그는 날씬해.

나는 뚱뚱해.					그는 뚱뚱해.

너는 정직해.					그녀는 정직해.

너는 웃겨.					그녀는 웃겨.

너는 친절해.					그녀는 친절해.

우리는 똑똑해.					시원이는 똑똑해.

우리는 에너지가 넘쳐.					시원이는 에너지가 넘쳐.

우리는 행복해.					시원이는 행복해.

## ✌ be동사 긍정문 해석하기

I am handsome.					He is handsome.

I am short.					He is short.

I am slim.					He is slim.

I am fat.					He is fat.

You are honest.					She is honest.

You are funny.					She is funny.

You are kind.					She is kind.

We are smart.					시원 is smart.

We are energetic.					시원 is energetic.

We are happy.					시원 is happy.

# Practice 02　be동사 의문문

 ## be동사 의문문 연습하기 (우리말+영어)
아래의 우리말 문장들을 영어로 어떻게 말할 수 있는지 살펴보세요.

| 우리말 | 영어 |
|---|---|
| 나는 멋있니? | Am I handsome? |
| 나는 키가 작니? | Am I short? |
| 나는 날씬하니? | Am I slim? |
| 나는 뚱뚱하니? | Am I fat? |
| 너는 정직하니? | Are you honest? |
| 너는 웃기니? | Are you funny? |
| 너는 친절하니? | Are you kind? |
| 우리는 똑똑하니? | Are we smart? |
| 우리는 에너지가 넘치니? | Are we energetic? |
| 우리는 행복하니? | Are we happy? |
| 그는 멋있니? | Is he handsome? |
| 그는 키가 작니? | Is he short? |
| 그는 날씬하니? | Is he slim? |
| 그는 뚱뚱하니? | Is he fat? |
| 그녀는 정직하니? | Is she honest? |
| 그녀는 웃기니? | Is she funny? |
| 그녀는 친절하니? | Is she kind? |
| 시원이는 똑똑하니? | Is 시원 smart? |
| 시원이는 에너지가 넘치니? | Is 시원 energetic? |
| 시원이는 행복하니? | Is 시원 happy? |

## ✌ be동사 의문문 영작하기

나는 멋있니?                그는 멋있니?

나는 키가 작니?             그는 키가 작니?

나는 날씬하니?              그는 날씬하니?

나는 뚱뚱하니?              그는 뚱뚱하니?

너는 정직하니?              그녀는 정직하니?

너는 웃기니?                그녀는 웃기니?

너는 친절하니?              그녀는 친절하니?

우리는 똑똑하니?            시원이는 똑똑하니?

우리는 에너지가 넘치니?     시원이는 에너지가 넘치니?

우리는 행복하니?            시원이는 행복하니?

## ✌ be동사 의문문 해석하기

Am I handsome?             Is he handsome?

Am I short?                Is he short?

Am I slim?                 Is he slim?

Am I fat?                  Is he fat?

Are you honest?            Is she honest?

Are you funny?             Is she funny?

Are you kind?              Is she kind?

Are we smart?              Is 시원 smart?

Are we energetic?          Is 시원 energetic?

Are we happy?              Is 시원 happy?

# Practice 03 be동사 부정문

##  be동사 부정문 연습하기 (우리말+영어)//
아래의 우리말 문장들을 영어로 어떻게 말할 수 있는지 살펴보세요.

| 우리말 | 영어 |
|---|---|
| 나는 멋있지 않아. | I am not handsome. |
| 나는 키가 작지 않아. | I am not short. |
| 나는 날씬하지 않아. | I am not slim. |
| 나는 뚱뚱하지 않아. | I am not fat. |
| 너는 정직하지 않아. | You are not honest. |
| 너는 웃기지 않아. | You are not funny. |
| 너는 친절하지 않아. | You are not kind. |
| 우리는 똑똑하지 않아. | We are not smart. |
| 우리는 에너지가 넘치지 않아. | We are not energetic. |
| 우리는 행복하지 않아. | We are not happy. |
| 그는 멋있지 않아. | He is not handsome. |
| 그는 키가 작지 않아. | He is not short. |
| 그는 날씬하지 않아. | He is not slim. |
| 그는 뚱뚱하지 않아. | He is not fat. |
| 그녀는 정직하지 않아. | She is not honest. |
| 그녀는 웃기지 않아. | She is not funny. |
| 그녀는 친절하지 않아. | She is not kind. |
| 시원이는 똑똑하지 않아. | 시원 is not smart. |
| 시원이는 에너지가 넘치지 않아. | 시원 is not energetic. |
| 시원이는 행복하지 않아. | 시원 is not happy. |

## ✌ be동사 부정문 영작하기

나는 멋있지 않아.　　　　　　　　그는 멋있지 않아.

나는 키가 작지 않아.　　　　　　　그는 키가 작지 않아.

나는 날씬하지 않아.　　　　　　　그는 날씬하지 않아.

나는 뚱뚱하지 않아.　　　　　　　그는 뚱뚱하지 않아.

너는 정직하지 않아.　　　　　　　그녀는 정직하지 않아.

너는 웃기지 않아.　　　　　　　　그녀는 웃기지 않아.

너는 친절하지 않아.　　　　　　　그녀는 친절하지 않아.

우리는 똑똑하지 않아.　　　　　　시원이는 똑똑하지 않아.

우리는 에너지가 넘치지 않아.　　시원이는 에너지가 넘치지 않아.

우리는 행복하지 않아.　　　　　　시원이는 행복하지 않아.

## ✌ be동사 부정문 해석하기

I am not handsome.　　　　　　　He is not handsome.

I am not short.　　　　　　　　　He is not short.

I am not slim.　　　　　　　　　　He is not slim.

I am not fat.　　　　　　　　　　　He is not fat.

You are not honest.　　　　　　　She is not honest.

You are not funny.　　　　　　　　She is not funny.

You are not kind.　　　　　　　　She is not kind.

We are not smart.　　　　　　　　시원 is not smart.

We are not energetic.　　　　　　시원 is not energetic.

We are not happy.　　　　　　　　시원 is not happy.

# 왕초보 단골질문 25

왕초보 탈출 1탄 공부질문하기 게시판에서 많은 회원님들이 궁금해하시는 질문들을 선정하였습니다.

 **do와 will 의문문**

 do가 현재시제라는 것과 will이 미래시제라는 것은 알겠습니다.
그런데 아래의 두 문장 모두 미래에 행해질 일에 대해 물어보는 것 아닌가요?
언제 종로 가니? When do you go to 종로?
언제 종로 갈 거니? When will you go to 종로?

➡ **do와 will 의문문**

질문하신 문장들은 모두 미래에 일어날 일에 대해 묻는 것이 맞습니다. 하지만 평소에 습관처럼 하는 일과 같은 일상을 나타낼 때에는 do를 사용해서 질문하고, 정해진 일이 아닌 단순히 미래 일정에 대해 묻는 것이라면 will을 사용하시는 것이 적합합니다.

➡ **평상시의 습관은 do, 미래의 일은 will**

즉, 'When do you go to 종로?'는 듣고 있는 사람이 평소에 종로에 가거나 종로에 가는 것이 이미 정해져 있을 경우에 쓰는 것이고, 'When will you go to 종로?'는 종로에 가는 것에 대한 계획이 정해져 있지 않고 단순히 '갈 것인지'에 대해 묻는 경우라는 차이가 있습니다.

 **실생활 속 예문 살펴보기**

**When do you have breakfast?**
너는 언제 아침을 먹니?

**When will you have breakfast?**
너는 언제 아침을 먹을 거니?

**When do you leave work?**
너는 언제 퇴근하니?

**When will you leave work?**
너는 언제 퇴근할 거니?

> **시원's comment!**
>
> 첫 번째 문장과 세 번째 문장은 do를 사용하여 평소에 언제 아침을 먹고, 언제 퇴근을 하는지를 물어보고 있습니다. 두 번째 문장과 네 번째 문장은 will을 사용하여 구체적인 계획을 묻기보다는 단순히 언제 아침을 먹고, 언제 퇴근을 할 것인지 물어보는 것입니다.

# UNIT 11

## 나는 이시원이야.
### I am 이시원.

» **be동사가 익숙해지도록 연습해보기**

01  be동사 현재형 "나는 가수다."
02  be동사 과거형 "나는 가수였다."
03  be동사 미래형 "나는 가수가 될 거다."

### be동사의 시제 학습!

Unit 10에서 be의 특징과 기본 용법을 배웠습니다.
이번 Unit에서 be동사의 과거/현재/미래 시제와 be동사 뒤에 형용사 대신 명사를 써서
문장을 만들어보고 다양하게 표현해보겠습니다.

# UNIT 11 나는 이시원이야.
## I am 이시원.

## ① be동사 현재형 "나는 가수다."

pretty '예쁜' 앞에 be를 붙여 be pretty하면 '예쁘다'가 되었듯, a singer '가수' 앞에 be를 붙여 be a singer하면 '가수다'가 된다.

| | |
|---|---|
| 가수다 | be a singer |
| 나는 가수다. | I am a singer. |
| 커피다 | be coffee |
| 이건 커피다. | This is coffee. |
| 학생이다 | be a student |
| 너는 학생이다. | You are a student. |

**TiP**

'a singer'는 '가수',
'be a singer'는 '가수이다'
에서 be동사는 '가수'라는
명사를 '가수이다'로 바꿔준다.

## ② be동사 과거형 "나는 가수였다."

'가수다'는 am a singer, are a singer, is a singer가 되었듯, 과거형 '가수였다'는 was a singer, were a singer, was a singer가 된다.

| | |
|---|---|
| I was a singer. | 나는 가수였다. |
| I was not a singer. | 나는 가수가 아니었다. |
| He was a singer. | 걔는 가수였다. |
| He was not a singer. | 걔는 가수가 아니었다. |
| You were a singer. | 너는 가수였다. |
| You were not a singer. | 너는 가수가 아니었다. |

### 3  be동사 미래형 "나는 가수가 될 거다."

'나는 가수다'라는 표현을 '나는 가수가 될 거다', '나는 가수가 될 수 있다'라는 표현으로 만들려면, be 앞에 will, can을 붙여주면 된다.

| | |
|---|---|
| 가수다 | be a singer |
| 가수가 될 거다 | will be a singer |
| 가수가 안 될 거다 | will not be a singer |
| 가수가 될 수 있다 | can be a singer |
| 가수가 될 수 없다 | can't be a singer |
| 바쁘다 | be busy |
| 바쁠 거다 | will be busy |
| 안 바쁠 거다 | will not be busy |
| 바쁠 수 있다 | can be busy |
| 바쁠 수 없다 | can't be busy |

**TiP**

will이나 can 뒤에 be동사가 오면 am/are/is가 아닌 원형 be가 온다.

# 강의 속 핵심문장 10

시원스쿨 왕초보 탈출 1탄 11강 <NEW강의>에 해당하는 내용입니다.

## ✔ be동사가 익숙해지도록 연습해보기

누가(주체) + be동사 + 명사

나 + 이다 + 이시원
= I + am + 이시원
= 나는 이시원이다.

## ✔ 강의 속 예문 살펴보기

| | | |
|---|---|---|
| ➡ 커피이다 | | be coffee |
| ➡ 조명이다 | | be light |
| ➡ 이것은 내 돈입니다. | | This is my money. |
| ➡ 내 차는 이 차예요. | | My car is this car. |
| ➡ 내 물은 이 물이에요. | | My water is this water. |
| ➡ 이것은 빨간색이에요. | | This is red. |
| ➡ 너는 배고플 수 있다. | | You can be hungry. |
| ➡ 나는 예뻐질 거야. | | I will be pretty. |
| ➡ 너는 늦을 수 있다. | | You can be late. |
| ➡ 내일은 추울 거다. | | Tomorrow will be cold. |

# 한눈에 보는 UNIT 11 단어

- [ ] **artist** 화가
- [ ] **soccer player** 축구 선수
- [ ] **scientist** 과학자
- [ ] **present** 선물
- [ ] **toy** 장난감
- [ ] **doctor** 의사
- [ ] **policeman** 경찰
- [ ] **chef** 요리사
- [ ] **lawyer** 변호사
- [ ] **teacher** 선생님
- [ ] **ballerina** 발레리나
- [ ] **laptop** 노트북
- [ ] **student** 학생

❝ '이시원이다'라고 말하고 싶다면 명사 이시원 앞에
be를 붙여 'be 이시원'이라고 하면 돼요~ ❞

시원쌤이 말한다!

# Practice 01 be동사 현재형

 **be동사 현재형 연습하기 (우리말+영어)**
아래의 우리말 문장들을 영어로 어떻게 말할 수 있는지 살펴보세요.

| 우리말 | 영어 |
|---|---|
| 나는 화가야. | I am an artist. |
| 나는 의사야. | I am a doctor. |
| 나는 선생님이야. | I am a teacher. |
| 나는 변호사야. | I am a lawyer. |
| 너는 축구선수야. | You are a soccer player. |
| 너는 경찰이 아니야. | You are not a policeman. |
| 너는 발레리나가 아니야. | You are not a ballerina. |
| 우리는 학생들이 아니야. | We are not students. |
| 우리는 과학자들이 아니야. | We are not scientists. |
| 우리는 요리사들이 아니야. | We are not chefs. |
| 내 노트북은 이거야. | My laptop is this. |
| 네 커피는 이거야. | Your coffee is this. |
| 이것이 우리의 책이야. | This is our book. |
| 이것이 그의 가방이야. | This is his bag. |
| 이것이 그녀의 카드야. | This is her card. |
| 그의 USB는 저것이 아니야. | His USB is not that. |
| 그녀의 휴대폰은 저것이 아니야. | Her cellphone is not that. |
| 우리 의자는 저것이 아니야. | Our chair is not that. |
| 저것은 나의 장난감이 아니야. | That is not my toy. |
| 저것은 너의 선물이 아니야. | That is not your present. |

## ✌ be동사 현재형 영작하기

| | |
|---|---|
| 나는 화가야. | 내 노트북은 이거야. |
| 나는 의사야. | 네 커피는 이거야. |
| 나는 선생님이야. | 이것이 우리의 책이야. |
| 나는 변호사야. | 이것이 그의 가방이야. |
| 너는 축구선수야. | 이것이 그녀의 카드야. |
| 너는 경찰이 아니야. | 그의 USB는 저것이 아니야. |
| 너는 발레리나가 아니야. | 그녀의 휴대폰은 저것이 아니야. |
| 우리는 학생들이 아니야. | 우리 의자는 저것이 아니야. |
| 우리는 과학자들이 아니야. | 저것은 나의 장난감이 아니야. |
| 우리는 요리사들이 아니야. | 저것은 너의 선물이 아니야. |

## ✌ be동사 현재형 해석하기

| | |
|---|---|
| I am an artist. | My laptop is this. |
| I am a doctor. | Your coffee is this. |
| I am a teacher. | This is our book. |
| I am a lawyer. | This is his bag. |
| You are a soccer player. | This is her card. |
| You are not a policeman. | His USB is not that. |
| You are not a ballerina. | Her cellphone is not that. |
| We are not students. | Our chair is not that. |
| We are not scientists. | That is not my toy. |
| We are not chefs. | That is not your present. |

# Practice 02  be동사 과거형

 **be동사 과거형 연습하기 (우리말+영어)**
아래의 우리말 문장들을 영어로 어떻게 말할 수 있는지 살펴보세요.

| | |
|---|---|
| 나는 화가였어. | I was an artist. |
| 나는 의사였어. | I was a doctor. |
| 나는 선생님이었어. | I was a teacher. |
| 나는 변호사였어. | I was a lawyer. |
| 너는 축구선수였어. | You were a soccer player. |
| 너는 경찰이 아니었어. | You were not a policeman. |
| 너는 발레리나가 아니었어. | You were not a ballerina. |
| 우리는 학생들이 아니었어. | We were not students. |
| 우리는 과학자들이 아니었어. | We were not scientists. |
| 우리는 요리사들이 아니었어. | We were not chefs. |
| 내 노트북은 이거였어. | My laptop was this. |
| 네 커피는 이거였어. | Your coffee was this. |
| 이것이 우리의 책이었어. | This was our book. |
| 이것이 그의 가방이었어. | This was his bag. |
| 이것이 그녀의 카드였어. | This was her card. |
| 그의 USB는 저것이 아니었어. | His USB was not that. |
| 그녀의 휴대폰은 저것이 아니었어. | Her cellphone was not that. |
| 우리 의자는 저것이 아니었어. | Our chair was not that. |
| 저것은 나의 장난감이 아니었어. | That was not my toy. |
| 저것은 너의 선물이 아니었어. | That was not your present. |

## ✌ be동사 과거형 영작하기

나는 화가였어.

나는 의사였어.

나는 선생님이었어.

나는 변호사였어.

너는 축구선수였어.

너는 경찰이 아니었어.

너는 발레리나가 아니었어.

우리는 학생들이 아니었어.

우리는 과학자들이 아니었어.

우리는 요리사들이 아니었어.

내 노트북은 이거였어.

네 커피는 이거였어.

이것이 우리의 책이었어.

이것이 그의 가방이었어.

이것이 그녀의 카드였어.

그의 USB는 저것이 아니었어.

그녀의 휴대폰은 저것이 아니었어.

우리 의자는 저것이 아니었어.

저것은 나의 장난감이 아니었어.

저것은 너의 선물이 아니었어.

## ✌ be동사 과거형 해석하기

I was an artist.

I was a doctor.

I was a teacher.

I was a lawyer.

You were a soccer player.

You were not a policeman.

You were not a ballerina.

We were not students.

We were not scientists.

We were not chefs.

My laptop was this.

Your coffee was this.

This was our book.

This was his bag.

This was her card.

His USB was not that.

Her cellphone was not that.

Our chair was not that.

That was not my toy.

That was not your present.

# Practice 03 be동사 미래형

## ☞ be동사 미래형 연습하기 (우리말+영어)
아래의 우리말 문장들을 영어로 어떻게 말할 수 있는지 살펴보세요.

| | |
|---|---|
| 나는 화가가 될 거야. | I will be an artist. |
| 나는 의사가 될 거야. | I will be a doctor. |
| 나는 선생님이 될 거야. | I will be a teacher. |
| 나는 변호사가 안 될 거야. | I will not be a lawyer. |
| 너는 축구선수가 안 될 거야. | You will not be a soccer player. |
| 너는 경찰이 될 수 있어. | You can be a policeman. |
| 너는 발레리나가 될 수 있어. | You can be a ballerina. |
| 우리는 학생들이 될 수 없어. | We can't be students. |
| 우리는 과학자들이 될 수 없어. | We can't be scientists. |
| 우리는 요리사들이 될 수 없어. | We can't be chefs. |
| 내 노트북은 이것일 거야. | My laptop will be this. |
| 네 커피는 이것일 거야. | Your coffee will be this. |
| 이것이 우리의 책일 거야. | This will be our book. |
| 이것은 그의 가방이 아닐 거야. | This will not be his bag. |
| 이것은 그녀의 카드가 아닐 거야. | This will not be her card. |
| 그의 USB는 저것이 될 수 있어. | His USB can be that. |
| 그녀의 휴대폰은 저것이 될 수 있어. | Her cellphone can be that. |
| 우리 의자는 저것이 될 수 없어. | Our chair cannot be that. |
| 저것은 나의 장난감이 될 수 없어. | That cannot be my toy. |
| 저것은 너의 선물이 될 수 없어. | That cannot be your present. |

## ✌ be동사 미래형 영작하기

나는 화가가 될 거야.

나는 의사가 될 거야.

나는 선생님이 될 거야.

나는 변호사가 안 될 거야.

너는 축구선수가 안 될 거야.

너는 경찰이 될 수 있어.

너는 발레리나가 될 수 있어.

우리는 학생들이 될 수 없어.

우리는 과학자들이 될 수 없어.

우리는 요리사들이 될 수 없어.

내 노트북은 이것일 거야.

네 커피는 이것일 거야.

이것이 우리의 책일 거야.

이것은 그의 가방이 아닐 거야.

이것은 그녀의 카드가 아닐 거야.

그의 USB는 저것이 될 수 있어.

그녀의 휴대폰은 저것이 될 수 있어.

우리 의자는 저것이 될 수 없어.

저것은 나의 장난감이 될 수 없어.

저것은 너의 선물이 될 수 없어.

## ✌ be동사 미래형 해석하기

I will be an artist.

I will be a doctor.

I will be a teacher.

I will not be a lawyer.

You will not be a soccer player.

You can be a policeman.

You can be a ballerina.

We can't be students.

We can't be scientists.

We can't be chefs.

My laptop will be this.

Your coffee will be this.

This will be our book.

This will not be his bag.

This will not be her card.

His USB can be that.

Her cellphone can be that.

Our chair cannot be that.

That cannot be my toy.

That cannot be your present.

# 왕초보 단골질문 25

왕초보 탈출 1탄 공부질문하기 게시판에서 많은 회원님들이 궁금해하시는 질문들을 선정하였습니다.

 **be동사의 의미**

 be pretty, be rich 등은 be동사를 붙이는데, 다른 동사인 go to는 be가 없습니다. 어느 때에 be가 붙고 어느 때에 안 붙는지 자세히 알고 싶습니다.

➡ **be동사의 의미**

be동사는 말 그대로 하나의 동사입니다. 한 문장에 동사 2개가 쓰일 수 없으므로 be가 아닌 다른 동사가 사용되었으면 be동사를 함께 쓸 수 없습니다. 그래서 I go to school. (나는 학교에 간다.)와 같은 문장에 be가 쓰이지 않은 것입니다.

➡ **~하다, ~이다, ~에 있다**

be pretty, be rich에서 pretty와 rich는 각각 '예쁜, 부유한'이라는 형용사로 be동사와 함께 써서 '예쁘다, 부자이다/부유하다'라는 동사 의미가 되는 것입니다. 이때 be동사는 '~하다'라는 뜻을 갖습니다. 또한 be동사 뒤에 명사를 쓰면 '~이다'라는 의미이고, 장소 명사가 오면 '~에 있다'라는 뜻입니다.

 **실생활 속 예문 살펴보기**

**She is pretty.**
그녀는 예뻐.

**He is busy.**
그는 바빠요.

**They are my friends.**
그들은 내 친구들이야.

**We are in Busan now.**
우리는 지금 부산에 있어요.

### 시원's comment!

첫 번째 문장은 형용사 pretty가 쓰였으므로 be동사와 함께 써야 합니다. be동사는 주어가 3인칭 단수 she이기 때문에 is가 됩니다. 두 번째 문장도 마찬가지로 주어가 he이므로 be동사는 is입니다. 세 번째 문장의 주어는 they이므로 복수형태인 are이 사용되었습니다. 이때 be동사는 '~이다'라는 의미입니다. 네 번째 문장도 마찬가지로 복수형인 we가 주어이므로 be동사는 are이 되었고, 부산에 '있다'는 말 해주고 있습니다.

# UNIT 12

## 나는 여기에 있어.
### I am here.

» be동사와 will을 함께 써서 미래 나타내기

01  be동사를 이용한 "~에 있다"
02  be동사를 이용한 "~에 있을 것이다"
03  be동사 의문문에 육하원칙 붙여 질문하기

### '~에 있다'라는 뜻의 be동사!

지금까지 be동사가 '~이다'로 해석된다고 배웠는데, 장소를 나타내는 전치사 at/in 등과 연결되면 '~에 있다'라는 뜻이 됩니다. 이렇듯 be는 영어에서 가장 기본이면서도 유용한 동사입니다. 또한 '~이다, ~에 있다'를 뜻하는 be동사에 의문사를 붙여 질문하는 방법을 배워보겠습니다. 우리가 앞에서 이미 배운 be동사 의문문 앞에 의문사를 붙여주기만 하면 됩니다.

# UNIT 12

## 나는 여기에 있어.
### I am here.

### ❶ be동사를 이용한 "~에 있다"

'여기에 있다'는 here 앞에 be를 붙여 be here라고 한다. 마찬가지로 '저기에'는 there, '저기에 있다'는 be there가 된다.

집에 → at home
집에 있다 → be at home
서울에 있다 → be in Seoul

| 나는 여기에 있다. | I am here. |
| 우리는 거기에 있다. | We are there. |
| 걔는 집에 있다. | He is at home. |
| 너는 서울에 있다. | You are in Seoul. |
| 내 남편은 내 차에 있다. | My husband is in my car. |
| 시원이는 걔와 같이 있다. | 시원 is with him. |

**TiP**
here나 there가 아닌 구체적인 장소가 올 땐 be동사 뒤에 in, at과 같은 전치사를 연결해 주면 된다.

### ❷ be동사를 이용한 "~에 있을 것이다"

조동사 will, can 등을 be동사와 함께 연결해 표현할 수 있다.

여기에 있을 것이다 → will be here
거기에 있을 것이다 → will be there
집에 있을 것이다 → will be at home

| 나는 여기에 있을 것이다. | I will be here. |
| 우리는 거기에 있을 것이다. | We will be there. |
| 걔는 집에 있을 것이다. | He will be at home. |
| 너는 서울에 있을 수 있다. | You can be in Seoul. |
| 내 남편은 내 차에 있을 수 있다. | My husband can be in my car. |
| 시원이는 걔와 같이 있을 수 있다. | 시원 can be with him. |

**TiP**
will이나 can 뒤에 be동사가 오면, am/are/is가 아닌 원형 be가 온다.

I am here.

<왕초보 탈출 1탄 확장 12강에 해당하는 내용입니다.>

##  be동사 의문문에 육하원칙 붙여 질문하기

① **Are you busy?** 넌 바쁘니?

Why를 문장 앞에 붙이기 → Why are you busy? 너는 왜 바쁘니?
When을 문장 앞에 붙이기 → When are you busy? 너는 언제 바쁘니?

| | |
|---|---|
| Why are you nervous? | 너는 왜 긴장하니? |
| When is she here? | 그녀가 여기에 언제 있니[오니]? |
| Why was he with her? | 왜 걔가 그녀와 같이 있었니? |
| When were you in Busan? | 너는 언제 부산에 있었니? |

② **He is busy.** 걘 바쁘다.

Who[누구]를 He 대신 붙이기 → Who is busy? 누가 바쁘니?

| | | |
|---|---|---|
| She is tall. | → Who is tall? | 누가 키가 크니? |
| He is a teacher. | → Who is a teacher? | 누가 선생님이십니까? |
| 시원 is here. | → Who is here? | 누가 여기에 있니? |
| They are with me. | → Who is with me? | 누가 나랑 같이 있니? |

③ **This is good.** 이건 좋다.

What[무엇]을 This 대신 붙이기 → What is good? 무엇이 좋니?

| | | |
|---|---|---|
| This is big. | → What is big? | 뭐가 크니? |
| That is a cat. | → What is a cat? | 뭐가 고양이니? |
| The car was here. | → What was here? | 뭐가 여기 있었니? |
| Apples were in the box. | → What was in the box? | 뭐가 그 상자에 있었니? |

### TiP

- what 대신 which one [어느 것, 어떤 거]을 쓸 수 있다.

- who, what, which one은 he, she, this 등과 같은 3인칭 단수이다.

# 강의 속 핵심문장 10

시원스쿨 왕초보 탈출 1탄 12강 <NEW강의>에 해당하는 내용입니다.

## ✔ be동사와 will을 함께 써서 미래 나타내기

누가(주체) + be동사 + in/at + 장소

나는 + 있다 + ~에 + 강남역
= I + am + in + 강남역
= 나는 강남역 안에 있다.

## ✔ 강의 속 예문 살펴보기

| | |
|---|---|
| ➡ 나는 내 방에서 공부한다. | I study in my room. |
| ➡ 나는 한국에 있다. | I am in Korea. |
| ➡ 내 열쇠는 내 차 안에 있다. | My key is in my car. |
| ➡ 이시원은 내 마음에 있다. | 이시원 is in my heart. |
| ➡ 너의 돈은 은행에 있을 것이다. | Your money will be in the bank. |
| ➡ 너는 왜 긴장하니? | Why are you nervous? |
| ➡ 너는 언제 스트레스 받니? | When are you stressed? |
| ➡ 누가 배고파요? | Who is hungry? |
| ➡ 어떤 것이 신선해요? | Which one is fresh? |
| ➡ 어떤 것이 신상품이에요? | Which one is brand new? |

# 한눈에 보는 UNIT 12 단어

- ☐ **key** 열쇠
- ☐ **heart** 마음
- ☐ **train** 기차
- ☐ **bank** 은행
- ☐ **fresh** 신선한
- ☐ **stressed** 스트레스를 받는
- ☐ **movie theater** 영화관
- ☐ **amusement park** 놀이공원
- ☐ **brand new** 신제품의
- ☐ **nervous** 불안해 하는

> " be에는 '~이다, ~되다'라는 의미 외에도 '~에 있다'라는 뜻도 있어요. "

# Practice 01 be동사

## ☝ be동사 연습하기 (우리말+영어)
아래의 우리말 문장들을 영어로 어떻게 말할 수 있는지 살펴보세요.

| | |
|---|---|
| 나는 뉴욕에 있어. | I am in New York. |
| 나는 내 친구 집에 있어. | I am at my friend's house. |
| 나는 오늘 목포에 있었어. | I was in 목포 today. |
| 나는 어제 여기에 있지 않았어. | I was not here yesterday. |
| 너는 놀이공원에 있어. | You are at an amusement park. |
| 너는 수업에 있지 않았어. | You were not in class. |
| 너는 집에 있지 않았어. | You were not at home. |
| 우리는 시원스쿨에 있어. | We are in 시원스쿨. |
| 우리는 기차 안에 있어. | We are on a train. |
| 우리는 영화관에 있지 않았어. | We were not at the movie theater. |
| 그는 뉴욕에 있어. | He is in New York. |
| 그는 내 친구 집에 있어. | He is at my friend's house. |
| 그는 오늘 목포에 있었어. | He was in 목포 today. |
| 그는 어제 여기에 있지 않았어. | He was not here yesterday. |
| 그녀는 놀이공원에 있어. | She is at an amusement park. |
| 그녀는 수업에 있지 않았어. | She was not in class. |
| 그녀는 집에 있지 않았어. | She was not at home. |
| 시원이는 시원스쿨에 있어. | 시원 is in 시원스쿨. |
| 시원이는 기차 안에 있어. | 시원 is on a train. |
| 시원이는 영화관에 있지 않았어. | 시원 was not at the movie theater. |

## ✌ be동사 영작하기

나는 뉴욕에 있어.

나는 내 친구 집에 있어.

나는 오늘 목포에 있었어.

나는 어제 여기에 있지 않았어.

너는 놀이공원에 있어.

너는 수업에 있지 않았어.

너는 집에 있지 않았어.

우리는 시원스쿨에 있어.

우리는 기차 안에 있어.

우리는 영화관에 있지 않았어.

그는 뉴욕에 있어.

그는 내 친구 집에 있어.

그는 오늘 목포에 있었어.

그는 어제 여기에 있지 않았어.

그녀는 놀이공원에 있어.

그녀는 수업에 있지 않았어.

그녀는 집에 있지 않았어.

시원이는 시원스쿨에 있어.

시원이는 기차 안에 있어.

시원이는 영화관에 있지 않았어.

## ✌ be동사 해석하기

I am in New York.

I am at my friend's house.

I was in 목포 today.

I was not here yesterday.

You are at an amusement park.

You were not in class.

You were not at home.

We are in 시원스쿨.

We are on a train.

We were not at the movie theater.

He is in New York.

He is at my friend's house.

He was in 목포 today.

He was not here yesterday.

She is at an amusement park.

She was not in class.

She was not at home.

시원 is in 시원스쿨.

시원 is on a train.

시원 was not at the movie theater.

# Practice 02  will + be동사 + 장소

 **'will + be동사 + 장소' 연습하기 (우리말+영어)**
아래의 우리말 문장들을 영어로 어떻게 말할 수 있는지 살펴보세요.

| | |
|---|---|
| 나는 뉴욕에 있을 거야. | I will be in New York. |
| 나는 내 친구 집에 있을 거야. | I will be at my friend's house. |
| 나는 오늘 목포에 있을 거야. | I will be in 목포 today. |
| 나는 내일 여기에 있지 않을 거야. | I will not be here tomorrow. |
| 너는 놀이공원에 있을 거야. | You will be at an amusement park. |
| 너는 수업에 있지 않을 거야. | You will not be in class. |
| 너는 집에 있지 않을 거야. | You will not be at home. |
| 우리는 시원스쿨에 있을 거야. | We will be in 시원스쿨. |
| 우리는 기차 안에 있을 거야. | We will be on a train. |
| 우리는 영화관에 있지 않을 거야. | We will not be at the movie theater. |
| 그는 뉴욕에 있을 거야. | He will be in New York. |
| 그는 내 친구 집에 있을 거야. | He will be at my friend's house. |
| 그는 오늘 목포에 있을 거야. | He will be in 목포 today. |
| 그는 내일 여기에 있지 않을 거야. | He will not be here tomorrow. |
| 그녀는 놀이공원에 있을 거야. | She will be at an amusement park. |
| 그녀는 수업에 있지 않을 거야. | She will not be in class. |
| 그녀는 집에 있지 않을 거야. | She will not be at home. |
| 시원이는 시원스쿨에 있을 거야. | 시원 will be in 시원스쿨. |
| 시원이는 기차 안에 있을 거야. | 시원 will be on a train. |
| 시원이는 영화관에 있지 않을 거야. | 시원 will not be at the movie theater. |

## ✌ 'will + be동사 + 장소' 영작하기

나는 뉴욕에 있을 거야.                  그는 뉴욕에 있을 거야.

나는 내 친구 집에 있을 거야.              그는 내 친구 집에 있을 거야.

나는 오늘 목포에 있을 거야.              그는 오늘 목포에 있을 거야.

나는 내일 여기에 있지 않을 거야.           그는 내일 여기에 있지 않을 거야.

너는 놀이공원에 있을 거야.               그녀는 놀이공원에 있을 거야.

너는 수업에 있지 않을 거야.              그녀는 수업에 있지 않을 거야.

너는 집에 있지 않을 거야.                그녀는 집에 있지 않을 거야.

우리는 시원스쿨에 있을 거야.             시원이는 시원스쿨에 있을 거야.

우리는 기차 안에 있을 거야.              시원이는 기차 안에 있을 거야.

우리는 영화관에 있지 않을 거야.           시원이는 영화관에 있지 않을 거야.

##  'will + be동사 + 장소' 해석하기

I will be in New York.                  He will be in New York.

I will be at my friend's house.         He will be at my friend's house.

I will be in 목포 today.                 He will be in 목포 today.

I will not be here tomorrow.            He will not be here tomorrow.

You will be at an amusement park.       She will be at an amusement park.

You will not be in class.               She will not be in class.

You will not be at home.                She will not be at home.

We will be in 시원스쿨.                  시원 will be in 시원스쿨.

We will be on a train.                  시원 will be on a train.

We will not be at the movie theater.    시원 will not be at the movie theater.

## Practice 03 의문사 + be동사

### ☞ '의문사 + be동사' 연습하기 (우리말+영어)
아래의 우리말 문장들을 영어로 어떻게 말할 수 있는지 살펴보세요.

| 우리말 | 영어 |
|---|---|
| 너는 언제 뉴욕에 있니? | When are you in New York? |
| 너는 언제 너의 친구 집에 있니? | When are you at your friend's house? |
| 너는 언제 목포에 있니? | When are you in 목포? |
| 너는 언제 여기에 있지 않니? | When are you not here? |
| 너는 언제 놀이공원에 있니? | When are you at an amusement park? |
| 우리는 왜 수업에 있지 않니? | Why are we not in class? |
| 우리는 왜 집에 있지 않니? | Why are we not at home? |
| 우리는 왜 시원스쿨에 있니? | Why are we in 시원스쿨? |
| 우리는 왜 기차 안에 있니? | Why are we on a train? |
| 우리는 왜 영화관에 있지 않니? | Why are we not at the movie theater? |
| 누가 뉴욕에 있을 거니? | Who will be in New York? |
| 누가 내 친구 집에 있을 거니? | Who will be at my friend's house? |
| 누가 오늘 목포에 있을 거니? | Who will be in 목포 today? |
| 누가 내일 여기에 있지 않을 거니? | Who will not be here tomorrow? |
| 누가 놀이공원에 있을 거니? | Who will be at an amusement park? |
| 어느 것이 예쁘니? | Which one is pretty? |
| 어느 것이 차갑니? | Which one is cold? |
| 어느 것이 작니? | Which one is small? |
| 어느 것이 내 거니? | Which one is mine? |
| 어느 것이 네 거니? | Which one is yours? |

## ✌️ '의문사 + be동사' 영작하기

너는 언제 뉴욕에 있니?

너는 언제 너의 친구 집에 있니?

너는 언제 목포에 있니?

너는 언제 여기에 있지 않니?

너는 언제 놀이공원에 있니?

우리는 왜 수업에 있지 않니?

우리는 왜 집에 있지 않니?

우리는 왜 시원스쿨에 있니?

우리는 왜 기차 안에 있니?

우리는 왜 영화관에 있지 않니?

누가 뉴욕에 있을 거니?

누가 내 친구 집에 있을 거니?

누가 오늘 목포에 있을 거니?

누가 내일 여기에 있지 않을 거니?

누가 놀이공원에 있을 거니?

어느 것이 예쁘니?

어느 것이 차갑니?

어느 것이 작니?

어느 것이 내 거니?

어느 것이 네 거니?

## ✌️ '의문사 + be동사' 해석하기

When are you in New York?

When are you at your friend's house?

When are you in 목포?

When are you not here?

When are you at an amusement park?

Why are we not in class?

Why are we not at home?

Why are we in 시원스쿨?

Why are we on a train?

Why are we not at the movie theater?

Who will be in New York?

Who will be at my friend's house?

Who will be in 목포 today?

Who will not be here tomorrow?

Who will be at an amusement park?

Which one is pretty?

Which one is cold?

Which one is small?

Which one is mine?

Which one is yours?

# 왕초보 단골질문 25

왕초보 탈출 1탄 공부질문하기 게시판에서 많은 회원님들이 궁금해하시는 질문들을 선정하였습니다.

## can = be able to

미래 시점에 '~을 할 수 있는지'를 묻는 질문은 어떻게 하나요? 예를 들어 '내년에 나와 같이 일본에 갈수 있어?'를 어떻게 말할 수 있나요? Will you can go to Japan next year with me?라고 쓰면 되는지 알려주세요~

➡ **Will you can go to Japan next year with me? (X)**
'~할 수 있을 거니?'와 같이 미래에 할 수 있는지를 묻고 싶을 때, 미래를 나타내는 will과 할 수 있다는 가능의 의미를 가진 can을 함께 써서 나타낼 수 있다고 생각하기 쉽습니다. 하지만 will과 can은 모두 동사의 의미를 보충해주는 조동사로서, 기본적으로 조동사 뒤에는 또 다른 조동사가 올 수 없습니다.

➡ **can = be able to**
따라서 will can, can will 둘 다 문법적으로 틀린 표현입니다. 이때에는 can과 같은 의미인 be able to (~할 수 있다)를 씁니다. 그래서 can의 미래시제는 will be able to로 쓰고, 그 의미는 '~할 수 있을 것이다'입니다. 따라서 문의주신 문장은 "Will you be able to go to Japan next year with me?"가 될 것입니다.

### 실생활 속 예문 살펴보기

**Will you be able to submit your report by tomorrow?**
내일까지 보고서를 끝낼 수 있어요?

**Will you be able to attend the meeting?**
그 회의에 참석할 수 있어요?

**Will you be able to meet them next week?**
다음주에 그들을 만날 수 있어요?

**Will you be able to finish the essay?**
그 에세이 끝낼 수 있어요?

### 시원's comment!

미래 시제 조동사인 will과 함께 쓰였기 때문에 네 문장 모두 '~할 수 있다'라는 뜻으로 can대신 be able to를 사용하였습니다. 조동사 can 뒤에 동사원형을 써주는 것처럼 be able to 뒤에도 submit, attend, meet, finish의 동사원형이 온 것을 볼 수 있습니다.

# UNIT 13

## 나는 예뻐지길 원해.
### I want to be pretty.

» '나는 너가 ~하기를 원해'도 to를 이용해서 말할 수 있다!

01  be동사와 to를 이용한 "나는 예뻐지길 원한다."
02  be동사와 to를 이용한 "나는 네가 예뻐지길 원한다."

### to 부정사를 이용하여 문장 확장하기!

Unit 08에서 '~하기를'이라는 to 부정사를 배웠습니다. 내가 영어 공부하기를 원하는 경우도 있지만, 남이 영어 공부하는 것을 내가 원한다고 말할 때도 있습니다. 이번 Unit에서는 to부정사 앞에 명사 또는 대명사(목적격)를 써서 '누가 ~하기를'이라는 표현을 배워 문장을 좀 더 확장해보겠습니다.

# UNIT 13
## 나는 예뻐지길 원해.
### I want to be pretty.

**1. be동사와 to 를 이용한 "나는 예뻐지길 원한다."**

'커피 마시다'를 '커피 마시기를'로 바꾸려면 drink coffee 앞에 to를 붙여 to drink coffee라고 하였다. 마찬가지로, '예쁘다'를 '예쁘기를'로 바꾸려면 be pretty 앞에 to를 붙여 to be pretty 하면 된다.

| | | |
|---|---|---|
| to be pretty | → | 예뻐지기를 / 예뻐지길 |
| to be a singer | → | 가수가 되기를 / 가수가 되길 |
| to be here | → | 여기 있기를 / 여기 있길 |
| to be in my car | → | 내 차에 있기를 / 내 차에 있길 |
| to be with 시원 | → | 시원이와 같이 있기를 / 시원이와 같이 있길 |

| | |
|---|---|
| 나는 예뻐지기를 원한다. | I want to be pretty. |
| 나는 가수가 되길 원한다. | I want to be a singer. |
| 나는 여기 있기를 원한다. | I want to be here. |
| 나는 내 차에 있기를 원한다. | I want to be in my car. |
| 나는 시원이와 같이 있기를 원한다. | I want to be with 시원. |

**TIP**

to는 '~다'를 '~기를'로 만들어 준다.

I want to be pretty.

## 2  be동사와 to 를 이용한 "나는 네가 예뻐지길 원한다."

'나는 커피 마시기를 원한다'는 I want to drink coffee이다. 그러면 '나는 네가 커피 마시기를 원한다'는 어떻게 말할 수 있을까? 기본적으로 to drink coffee는 '커피 마시기를'이다. 이때 you를 to앞에 붙여 you to drink coffee하면 '네가 커피 마시기를'이란 뜻이 된다.

| | |
|---|---|
| you to drink coffee | 네가 커피 마시기를 |
| me to eat steak | 내가 스테이크 먹기를 |
| him to be a singer | 걔가 가수가 되기를 |
| her to be pretty | 그녀가 예뻐지길 |
| them to be here | 걔네들이 여기에 있기를 |
| us to be in China | 우리가 중국에 있기를 |
| 시원 to be with her | 시원이가 그녀랑 같이 있기를 |

| | |
|---|---|
| I want you to drink coffee. | 나는 네가 커피 마시기를 원한다. |
| I want her to be pretty. | 나는 그녀가 예뻐지길 원한다. |
| I want him to be a singer. | 나는 걔가 가수가 되길 원한다. |
| I want them to be here. | 나는 걔네들이 여기에 있길 원한다. |

 TIP

여기서 you, me, him, her, them, us는 '~을/를'이 아니라 '은/는/이/가'를 붙여서 해석해야 자연스럽다.

# 강의 속 핵심문장 10

시원스쿨 왕초보 탈출 1탄 13강 <NEW강의>에 해당하는 내용입니다.

## ✓ '나는 너가 ~하기를 원해'도 to를 이용해서 말할 수 있다!

누가(주체) + 어쩐다(행동) = 문장

나는 + 원한다 + 서울에 있기를
= I + want + to be in Seoul
= 나는 서울에 있기를 원한다.

## ✓ 강의 속 예문 살펴보기

| | |
|---|---|
| ➡ 나는 예뻐지길 원한다. | I want to be pretty. |
| ➡ 나는 한국에 있기를 원한다. | I want to be in Korea. |
| ➡ 너는 여기에 있고 싶니? | Do you want to be here? |
| ➡ 나는 이거 마시고 싶어요. | I want to drink this. |
| ➡ 나는 네가 공부하기를 원해. | I want you to study. |
| ➡ 나는 네가 일하기를 원해. | I want you to work. |
| ➡ 나는 네가 웃기를 원해. | I want you to smile. |
| ➡ 나는 네가 내 마음에 있기를 원해. | I want you to be in my heart. |
| ➡ 어머니, 제가 부산에 가기를 원하시나요? | Mother, do you want me to go to 부산? |
| ➡ 너는 내가 이걸 마시길 원해? | Do you want me to drink this? |

# 한눈에 보는 UNIT 13 단어

- ☐ **smile** 웃다
- ☐ **alone** 혼자
- ☐ **tall** 키가 큰
- ☐ **poor** 가난한
- ☐ **mother** 어머니
- ☐ **over there** 저기에
- ☐ **inside** 실내
- ☐ **heart** 마음
- ☐ **pretty** 예쁜
- ☐ **happy** 행복한
- ☐ **teacher** 선생님

" be동사를 가지고 이전 수업에서 배웠던 to와 같이 사용해 보겠습니다. "

시원쌤이 알려준다!

UNIT 13 나는 예뻐지길 원해

# Practice 01 to + be동사

 **'to + be동사' 연습하기 (우리말+영어)**
아래의 우리말 문장들을 영어로 어떻게 말할 수 있는지 살펴보세요.

| 나는 행복하길 원해. | I want to be happy. |
| 나는 키가 크기를 원하지 않아. | I don't want to be tall. |
| 나는 시원스쿨에 있기를 원해. | I want to be in 시원스쿨. |
| 나는 좋은 선생님이 되기를 원해. | I want to be a good teacher. |
| 너는 안에 있기를 원해. | You want to be inside. |
| 너는 혼자 있기를 원하지 않아. | You don't want to be alone. |
| 너는 저기에 있기를 원하지 않아. | You don't want to be over there. |
| 우리는 그녀의 친구들이랑 있기를 원해. | We want to be with her friends. |
| 우리는 학교에 있기를 원해. | We want to be in school. |
| 우리는 가난하기를 원하지 않아. | We don't want to be poor. |
| 그는 행복하길 원해. | He wants to be happy. |
| 그는 키가 크기를 원하지 않아. | He doesn't want to be tall. |
| 그는 시원스쿨에 있기를 원해. | He wants to be in 시원스쿨. |
| 그는 좋은 선생님이 되기를 원해. | He wants to be a good teacher. |
| 그녀는 안에 있기를 원해. | She wants to be inside. |
| 그녀는 혼자 있기를 원하지 않아. | She doesn't want to be alone. |
| 그녀는 저기에 있기를 원하지 않아. | She doesn't want to be over there. |
| 시원이는 그녀의 친구들이랑 있기를 원해. | 시원 wants to be with her friends. |
| 시원이는 학교에 있기를 원해. | 시원 wants to be in school. |
| 시원이는 가난하기를 원하지 않아. | 시원 doesn't want to be poor. |

## ✌ 'to + be동사' 영작하기

나는 행복하길 원해.

나는 키가 크기를 원하지 않아.

나는 시원스쿨에 있기를 원해.

나는 좋은 선생님이 되기를 원해.

너는 안에 있기를 원해.

너는 혼자 있기를 원하지 않아.

너는 저기에 있기를 원하지 않아.

우리는 그녀의 친구들이랑 있기를 원해.

우리는 학교에 있기를 원해.

우리는 가난하기를 원하지 않아.

그는 행복하길 원해.

그는 키가 크기를 원하지 않아.

그는 시원스쿨에 있기를 원해.

그는 좋은 선생님이 되기를 원해.

그녀는 안에 있기를 원해.

그녀는 혼자 있기를 원하지 않아.

그녀는 저기에 있기를 원하지 않아.

시원이는 그녀의 친구들이랑 있기를 원해.

시원이는 학교에 있기를 원해.

시원이는 가난하기를 원하지 않아.

## ✌ 'to + be동사' 해석하기

I want to be happy.

I don't want to be tall.

I want to be in 시원스쿨.

I want to be a good teacher.

You want to be inside.

You don't want to be alone.

You don't want to be over there.

We want to be with her friends.

We want to be in school.

We don't want to be poor.

He wants to be happy.

He doesn't want to be tall.

He wants to be in 시원스쿨.

He wants to be a good teacher.

She wants to be inside.

She doesn't want to be alone.

She doesn't want to be over there.

시원 wants to be with her friends.

시원 wants to be in school.

시원 doesn't want to be poor.

# Practice 02  to + be동사 의문문

 **'to + be동사' 의문문 연습하기 (우리말+영어)**

아래의 우리말 문장들을 영어로 어떻게 말할 수 있는지 살펴보세요.

| 우리말 | 영어 |
|---|---|
| 나는 행복하길 원하니? | Do I want to be happy? |
| 나는 키가 크기를 원하지 않니? | Do I not want to be tall? |
| 나는 시원스쿨에 있기를 원하니? | Do I want to be in 시원스쿨? |
| 나는 좋은 선생님이 되기를 원하니? | Do I want to be a good teacher? |
| 너는 안에 있기를 원하니? | Do you want to be inside? |
| 너는 혼자 있기를 원하지 않니? | Do you not want to be alone? |
| 너는 저기에 있기를 원하지 않니? | Do you not want to be over there? |
| 우리는 그녀의 친구들이랑 있기를 원하니? | Do we want to be with her friends? |
| 우리는 학교에 있기를 원하니? | Do we want to be in school? |
| 우리는 가난하기를 원하지 않니? | Do we not want to be poor? |
| 그는 행복하길 원하니? | Does he want to be happy? |
| 그는 키가 크기를 원하지 않니? | Does he not want to be tall? |
| 그는 시원스쿨에 있기를 원하니? | Does he want to be in 시원스쿨? |
| 그는 좋은 선생님이 되기를 원하니? | Does he want to be a good teacher? |
| 그녀는 안에 있기를 원하니? | Does she want to be inside? |
| 그녀는 혼자 있기를 원하지 않니? | Does she not want to be alone? |
| 그녀는 저기에 있기를 원하지 않니? | Does she not want to be over there? |
| 시원이는 그녀의 친구들이랑 있기를 원하니? | Does 시원 want to be with her friends? |
| 시원이는 학교에 있기를 원하니? | Does 시원 want to be in school? |
| 시원이는 가난하기를 원하지 않니? | Does 시원 not want to be poor? |

##  'to + be동사' 의문문 영작하기

나는 행복하길 원하니?

나는 키가 크기를 원하지 않니?

나는 시원스쿨에 있기를 원하니?

나는 좋은 선생님이 되기를 원하니?

너는 안에 있기를 원하니?

너는 혼자 있기를 원하지 않니?

너는 저기에 있기를 원하지 않니?

우리는 그녀의 친구들이랑 있기를 원하니?

우리는 학교에 있기를 원하니?

우리는 가난하기를 원하지 않니?

그는 행복하길 원하니?

그는 키가 크기를 원하지 않니?

그는 시원스쿨에 있기를 원하니?

그는 좋은 선생님이 되기를 원하니?

그녀는 안에 있기를 원하니?

그녀는 혼자 있기를 원하지 않니?

그녀는 저기에 있기를 원하지 않니?

시원이는 그녀의 친구들이랑 있기를 원하니?

시원이는 학교에 있기를 원하니?

시원이는 가난하기를 원하지 않니?

##  'to + be동사' 의문문 해석하기

Do I want to be happy?

Do I not want to be tall?

Do I want to be in 시원스쿨?

Do I want to be a good teacher?

Do you want to be inside?

Do you not want to be alone?

Do you not want to be over there?

Do we want to be with her friends?

Do we want to be in school?

Do we not want to be poor?

Does he want to be happy?

Does he not want to be tall?

Does he want to be in 시원스쿨?

Does he want to be a good teacher?

Does she want to be inside?

Does she not want to be alone?

Does she not want to be over there?

Does 시원 want to be with her friends?

Does 시원 want to be in school?

Does 시원 not want to be poor?

# Practice 03  want + 사람 + to부정사

 **'want + 사람 + to부정사' 연습하기 (우리말+영어)**
아래의 우리말 문장들을 영어로 어떻게 말할 수 있는지 살펴보세요.

| | |
|---|---|
| 나는 네가 행복하길 원해. | I want you to be happy. |
| 나는 그녀가 키가 크기를 원하지 않아. | I don't want her to be tall. |
| 나는 그녀가 시원스쿨에 있기를 원해. | I want her to be in 시원스쿨. |
| 나는 네가 좋은 선생님이 되기를 원해. | I want you to be a good teacher. |
| 너는 내가 안에 있기를 원해. | You want me to be inside. |
| 너는 그가 혼자 있기를 원하지 않아. | You don't want him to be alone. |
| 너는 그들이 저기에 있기를 원하지 않아. | You don't want them to be over there. |
| 우리는 그가 그녀의 친구들이랑 있기를 원해. | We want him to be with her friends. |
| 우리는 그녀가 학교에 있기를 원해. | We want her to be in school. |
| 우리는 네가 가난하기를 원하지 않아. | We don't want you to be poor. |
| 그는 네가 행복하길 원해. | He wants you to be happy. |
| 그는 그녀가 키가 크기를 원하지 않아. | He doesn't want her to be tall. |
| 그는 그녀가 시원스쿨에 있기를 원해. | He wants her to be in 시원스쿨. |
| 그는 네가 좋은 선생님이 되기를 원해. | He wants you to be a good teacher. |
| 그녀는 내가 안에 있기를 원해. | She wants me to be inside. |
| 그녀는 그가 혼자 있기를 원하지 않아. | She doesn't want him to be alone. |
| 그녀는 그들이 저기에 있기를 원하지 않아. | She doesn't want them to be over there. |
| 시원이는 그가 그녀의 친구들이랑 있기를 원해. | 시원 wants him to be with her friends. |
| 시원이는 그녀가 학교에 있기를 원해. | 시원 wants her to be in school. |
| 시원이는 네가 가난하기를 원하지 않아. | 시원 doesn't want you to be poor. |

##  'want + 사람 + to부정사' 영작하기

나는 네가 행복하길 원해.  그는 네가 행복하길 원해.

나는 그녀가 키가 크기를 원하지 않아.  그는 그녀가 키가 크기를 원하지 않아.

나는 그녀가 시원스쿨에 있기를 원해.  그는 그녀가 시원스쿨에 있기를 원해.

나는 네가 좋은 선생님이 되기를 원해.  그는 네가 좋은 선생님이 되기를 원해.

너는 내가 안에 있기를 원해.  그녀는 내가 안에 있기를 원해.

너는 그가 혼자 있기를 원하지 않아.  그녀는 그가 혼자 있기를 원하지 않아.

너는 그들이 저기에 있기를 원하지 않아.  그녀는 그들이 저기에 있기를 원하지 않아.

우리는 그가 그녀의 친구들이랑 있기를 원해.  시원이는 그가 그녀의 친구들이랑 있기를 원해.

우리는 그녀가 학교에 있기를 원해.  시원이는 그녀가 학교에 있기를 원해.

우리는 네가 가난하기를 원하지 않아.  시원이는 네가 가난하기를 원하지 않아.

##  'want + 사람 + to부정사' 해석하기

I want you to be happy.  He wants you to be happy.

I don't want her to be tall.  He doesn't want her to be tall.

I want her to be in 시원스쿨.  He wants her to be in 시원스쿨.

I want you to be a good teacher.  He wants you to be a good teacher.

You want me to be inside.  She wants me to be inside.

You don't want him to be alone.  She doesn't want him to be alone.

You don't want them to be over there.  She doesn't want them to be over there.

We want him to be with her friends.  시원 wants him to be with her friends.

We want her to be in school.  시원 wants her to be in school.

We don't want you to be poor.  시원 doesn't want you to be poor.

# 왕초보 단골질문 25

왕초보 탈출 1탄 공부질문하기 게시판에서 많은 회원님들이 궁금해하시는 질문들을 선정하였습니다.

 **want to 사이의 목적어**

 You want me to go to~의 뜻이 '너는 내가 가길 원한다' 라고 배운 것 같은데요. '그들은 영어 잘하는 사람을 고용하길 원해. (They want to hire the person that speaks English well.)'라는 문장을 보면, 여기서 그들이 사람을 원하는 거니까, 'They want the person that speaks English well to hire.' 이렇게 되야 하는 것 아닌가요?

➡ **You want me to go.**
You want me to go.는 문장의 주어인 you가 바라는 것이 '내가(me) 가기를(to go) 원한다'라는 의미입니다. 따라서 '~하길 원하는 대상(me)'이 want 다음에 위치한 것입니다.

➡ **They want to hire the person that speaks English well.**
"They want to hire the person that speaks English well."이라는 문장의 뜻은 그들이 'the person (그 사람)이 고용하기를 원하다'라는 의미가 아니라 '영어를 잘하는 사람(the person)을 고용하기를 원한다'는 것이므로 동사인 want to hire 다음에 위치해야 합니다. 또한 이 문장은 that speaks English well이 앞에 있는 the person을 꾸미고 있는 구조입니다.

 **실생활 속 예문 살펴보기**

**Do you want me to have dinner with him?**
너는 내가 그와 함께 저녁을 먹길 원하니?

**I want you to study English hard.**
나는 네가 영어를 열심히 공부하기를 원해.

**He wants me to finish the report on time.**
그는 내가 시간에 맞춰 보고서를 끝내기를 원해.

**They wanted to talk to him.**
그들은 그와 얘기하기를 원했다.

**시원's comment!**
첫 번째 문장은 want와 to 사이에 me라는 목적어가 있으므로 me(나)가 그와 저녁을 먹길 원하냐고 물어보는 것입니다. 두 번째 문장도 마찬가지로 you(너)가 영어 공부를 열심히 하기를 바라는 것이며, 세 번째 문장도 want와 to사이의 me(나)가 보고서를 끝내기 원하는 것입니다. 반면 마지막 문장은 그들이 그(him)와 이야기 하기를 원한다는 뜻입니다.

# UNIT 14

## 나는 마시는 중이다.
### I am drinking.

» 진행(~하는 중이다)과 미래형을 모두 나타낼 수 있는 현재진행형

01 현재진행형 "나는 커피를 마시는 중이다."
02 현재진행형으로 미래형 표현하기

### 진행 중인 상황을 나타낼 때 사용하는 진행형 시제!

영어는 동사 중심의 언어여서 동사가 매우 발달했고 종류와 쓰임도 다양합니다. 이번 Unit 14도 역시 동사에 관련된 Unit이고, 무엇인가를 하는 중임을 말하는 진행형 시제에 대해서 학습할 것입니다. 그 중에서도 특히 현재진행형 시제인, '~하고 있어'라는 표현을 통해서 현재 하고 있는 동작을 생생하게 표현하고 묘사해보세요.

# UNIT 14 나는 마시는 중이다.
## I am drinking.

### 1. 현재진행형 "나는 커피를 마시는 중이다."

'커피를 마신다'는 행동을 '커피를 마시는 중이다'로 바꿔보자. '커피를 마신다'는 drink, '마시는 중이다'는 drinking이 아니고 be drinking이다.

| 일한다 work | → | 일하는 중이다 be working |
| 읽는다 read | → | 읽는 중이다 be reading |
| 본다 watch | → | 보는 중이다 be watching |

**TIP**

be 동사는 주체의 인칭에 따라 am/are/is 로 바뀐다는 것을 기억하자.

I am drinking.

## 2 현재진행형으로 미래형 표현하기

현재진행형 표현들은 미래형으로도 쓰일 수 있다. be working은 '일하는 중이다'도 되고 '일할 거다'도 된다. be working이 will work와 같은 뜻으로 쓰일 수 있음을 기억하자.

현재진행형이 현재 진행되는 일을 의미하는지, 미래의 일을 의미하는지는 상황이나 문맥에 따라 파악해야 한다.

# 강의 속 핵심문장 10

시원스쿨 왕초보 탈출 1탄 14강 <NEW강의>에 해당하는 내용입니다.

## ✔ 진행(~하는 중이다)과 미래형을 모두 나타낼 수 있는 현재진행형

누가(주체) + be + 행동 ing = ~하는 중이다

나는 + 일하는 중이다
= I + am working
= 나는 일하는 중이다.

## ✔ 강의 속 예문 살펴보기

| | |
|---|---|
| ➡ 나는 공부하는 중이야. | I am studying. |
| ➡ 너는 만드는 중이야. | You are making. |
| ➡ 너는 사는 중이니? | Are you buying? |
| ➡ 너 오늘 집에 올 거야? | Are you coming home today? |
| ➡ 나 지금 버스 탈 거야. | I am taking a bus now. |
| ➡ 너 나중에 논현동 갈 거야? | Are you going to 논현동 later? |
| ➡ 나 이따가 책 읽을 거야. | I am reading a book later. |
| ➡ 나는 가족들과 점심 먹을 거야. | I am having lunch with my family. |
| ➡ 나는 이번 주말에 양평 갈 거야. | I am going to 양평 this weekend. |
| ➡ 너 어떻게 부산 갈 거야? | How are you going to 부산? |

# 한눈에 보는 UNIT 14 단어

- ☐ listen 듣다
- ☐ fall asleep 잠들다
- ☐ piano 피아노
- ☐ stage 무대
- ☐ play 연주하다
- ☐ dance 춤추다
- ☐ hang out 어울리다/놀다
- ☐ later 나중에
- ☐ weekend 주말
- ☐ now 지금
- ☐ today 오늘
- ☐ music 음악
- ☐ dessert 후식

> "현재진행형은 '~중이다' 로만 알고 있지만 회화에서는 미래도 표현할 수 있습니다."

# Practice 01  현재진행형 긍정/부정문

 **현재진행형 긍정/부정문 연습하기 (우리말+영어)**

아래의 우리말 문장들을 영어로 어떻게 말할 수 있는지 살펴보세요.

| | |
|---|---|
| 나는 음악을 듣고 있는 중이야. | I am listening to music. |
| 나는 피아노를 연주하고 있는 중이야. | I am playing the piano. |
| 나는 내 친구들과 놀고 있는 중이야. | I am hanging out with my friends. |
| 나는 후식을 먹고 있는 중이야. | I am eating a dessert. |
| 너는 영화를 보고 있는 중이야. | You are seeing a movie. |
| 너는 잠들고 있는 중이 아니야. | You are not falling asleep. |
| 너는 농구를 하는 중이 아니야. | You are not playing basketball. |
| 우리는 그녀와 얘기를 하는 중이 아니야. | We are not talking to her. |
| 우리는 A를 받으려고 노력하는 중이 아니야. | We are not trying to get an A. |
| 우리는 무대에서 춤을 추는 중이 아니야. | We are not dancing on the stage. |
| 그는 음악을 듣고 있는 중이야. | He is listening to music. |
| 그는 피아노를 연주하고 있는 중이야. | He is playing the piano. |
| 그는 내 친구들과 놀고 있는 중이야. | He is hanging out with my friends. |
| 그는 후식을 먹고 있는 중이야. | He is eating a dessert. |
| 그녀는 영화를 보고 있는 중이야. | She is seeing a movie. |
| 그녀는 잠들고 있는 중이 아니야. | She is not falling asleep. |
| 그녀는 농구를 하는 중이 아니야. | She is not playing basketball. |
| 시원이는 그녀와 얘기를 하는 중이 아니야. | 시원 is not talking to her. |
| 시원이는 A를 받으려고 노력하는 중이 아니야. | 시원 is not trying to get an A. |
| 시원이는 무대에서 춤을 추는 중이 아니야. | 시원 is not dancing on the stage. |

## ✌ 현재진행형 긍정/부정문 영작하기

나는 음악을 듣고 있는 중이야.　　　　그는 음악을 듣고 있는 중이야.

나는 피아노를 연주하고 있는 중이야.　　그는 피아노를 연주하고 있는 중이야.

나는 내 친구들과 놀고 있는 중이야.　　그는 내 친구들과 놀고 있는 중이야.

나는 후식을 먹고 있는 중이야.　　　　그는 후식을 먹고 있는 중이야.

너는 영화를 보고 있는 중이야.　　　　그녀는 영화를 보고 있는 중이야.

너는 잠들고 있는 중이 아니야.　　　　그녀는 잠들고 있는 중이 아니야.

너는 농구를 하는 중이 아니야.　　　　그녀는 농구를 하는 중이 아니야.

우리는 그녀와 얘기를 하는 중이 아니야.　시원이는 그녀와 얘기를 하는 중이 아니야.

우리는 A를 받으려고 노력하는 중이 아니야.　시원이는 A를 받으려고 노력하는 중이 아니야.

우리는 무대에서 춤을 추는 중이 아니야.　시원이는 무대에서 춤을 추는 중이 아니야.

## ✌ 현재진행형 긍정/부정문 해석하기

I am listening to music.　　　　　　　He is listening to music.

I am playing the piano.　　　　　　　He is playing the piano.

I am hanging out with my friends.　　He is hanging out with my friends.

I am eating a dessert.　　　　　　　He is eating a dessert.

You are seeing a movie.　　　　　　She is seeing a movie.

You are not falling asleep.　　　　　She is not falling asleep.

You are not playing basketball.　　　She is not playing basketball.

We are not talking to her.　　　　　시원 is not talking to her.

We are not trying to get an A.　　　시원 is not trying to get an A.

We are not dancing on the stage.　　시원 is not dancing on the stage.

# Practice 02 현재진행형 의문문

###  현재진행형 의문문 연습하기 (우리말+영어)
아래의 우리말 문장들을 영어로 어떻게 말할 수 있는지 살펴보세요.

| | |
|---|---|
| 나는 음악을 듣고 있는 중이니? | Am I listening to music? |
| 나는 피아노를 연주하고 있는 중이니? | Am I playing the piano? |
| 나는 내 친구들과 놀고 있는 중이니? | Am I hanging out with my friends? |
| 나는 후식을 먹고 있는 중이니? | Am I eating a dessert? |
| 너는 영화를 보고 있는 중이니? | Are you seeing a movie? |
| 너는 잠들고 있는 중이 아니니? | Are you not falling asleep? |
| 너는 농구를 하는 중이 아니니? | Are you not playing basketball? |
| 우리는 그녀와 얘기를 하는 중이 아니니? | Are we not talking to her? |
| 우리는 A를 받으려고 노력하는 중이 아니니? | Are we not trying to get an A? |
| 우리는 무대에서 춤을 추는 중이 아니니? | Are we not dancing on the stage? |
| 그는 음악을 듣고 있는 중이니? | Is he listening to music? |
| 그는 피아노를 연주하고 있는 중이니? | Is he playing the piano? |
| 그는 내 친구들과 놀고 있는 중이니? | Is he hanging out with my friends? |
| 그는 후식을 먹고 있는 중이니? | Is he eating a dessert? |
| 그녀는 영화를 보고 있는 중이니? | Is she seeing a movie? |
| 그녀는 잠들고 있는 중이 아니니? | Is she not falling asleep? |
| 그녀는 농구를 하는 중이 아니니? | Is she not playing basketball? |
| 시원이는 그녀와 얘기를 하는 중이 아니니? | Is 시원 not talking to her? |
| 시원이는 A를 받으려고 노력하는 중이 아니니? | Is 시원 not trying to get an A? |
| 시원이는 무대에서 춤을 추는 중이 아니니? | Is 시원 not dancing on the stage? |

## ✌ 현재진행형 의문문 영작하기

나는 음악을 듣고 있는 중이니?  그는 음악을 듣고 있는 중이니?

나는 피아노를 연주하고 있는 중이니?  그는 피아노를 연주하고 있는 중이니?

나는 내 친구들과 놀고 있는 중이니?  그는 내 친구들과 놀고 있는 중이니?

나는 후식을 먹고 있는 중이니?  그는 후식을 먹고 있는 중이니?

너는 영화를 보고 있는 중이니?  그녀는 영화를 보고 있는 중이니?

너는 잠들고 있는 중이 아니니?  그녀는 잠들고 있는 중이 아니니?

너는 농구를 하는 중이 아니니?  그녀는 농구를 하는 중이 아니니?

우리는 그녀와 얘기를 하는 중이 아니니?  시원이는 그녀와 얘기를 하는 중이 아니니?

우리는 A를 받으려고 노력하는 중이 아니니?  시원이는 A를 받으려고 노력하는 중이 아니니?

우리는 무대에서 춤을 추는 중이 아니니?  시원이는 무대에서 춤을 추는 중이 아니니?

## ✌ 현재진행형 의문문 해석하기

Am I listening to music?  Is he listening to music?

Am I playing the piano?  Is he playing the piano?

Am I hanging out with my friends?  Is he hanging out with my friends?

Am I eating a dessert?  Is he eating a dessert?

Are you seeing a movie?  Is she seeing a movie?

Are you not falling asleep?  Is she not falling asleep?

Are you not playing basketball?  Is she not playing basketball?

Are we not talking to her?  Is 시원 not talking to her?

Are we not trying to get an A?  Is 시원 not trying to get an A?

Are we not dancing on the stage?  Is 시원 not dancing on the stage?

# Practice 03 현재진행형 미래형

 ## 현재진행형 미래형 연습하기 (우리말+영어)

아래의 우리말 문장들을 영어로 어떻게 말할 수 있는지 살펴보세요.

| | |
|---|---|
| 나는 음악을 들을 거야. | I am listening to music. |
| 나는 내일 피아노를 연주할 거야. | I am playing the piano tomorrow. |
| 나는 내 친구들과 놀 거야. | I am hanging out with my friends. |
| 나는 오늘 저녁에 후식을 먹을 거야. | I am eating a dessert tonight. |
| 너는 영화를 볼 거야. | You are seeing a movie. |
| 너는 이따가 잠들고 있지 않을 거야. | You are not falling asleep later. |
| 너는 농구를 하지 않을 거야. | You are not playing basketball. |
| 우리는 다음 주에 그녀와 얘기하지 않을 거야. | We are not talking to her next week. |
| 우리는 A를 받으려고 노력하지 않을 거야. | We are not trying to get an A. |
| 우리는 내년에 무대에서 춤을 추지 않을 거야. | We are not dancing on the stage next year. |
| 그는 음악을 들을 거야. | He is listening to music. |
| 그는 내일 피아노를 연주할 거야. | He is playing the piano tomorrow. |
| 그는 내 친구들과 놀 거야. | He is hanging out with my friends. |
| 그는 오늘 저녁에 후식을 먹을 거야. | He is eating a dessert tonight. |
| 그녀는 영화를 볼 거야. | She is seeing a movie. |
| 그녀는 이따가 잠들고 있지 않을 거야. | She is not falling asleep later. |
| 그녀는 농구를 하지 않을 거야. | She is not playing basketball. |
| 시원이는 다음 주에 그녀와 얘기하지 않을 거야. | 시원 is not talking to her next week. |
| 시원이는 A를 받으려고 노력하지 않을 거야. | 시원 is not trying to get an A. |
| 시원이는 내년에 무대에서 춤을 추지 않을 거야. | 시원 is not dancing on the stage next year. |

## ✌ 현재진행형 미래형 영작하기

나는 음악을 들을 거야.                          그는 음악을 들을 거야.

나는 내일 피아노를 연주할 거야.                  그는 내일 피아노를 연주할 거야.

나는 내 친구들과 놀 거야.                        그는 내 친구들과 놀 거야.

나는 오늘 저녁에 후식을 먹을 거야.                그는 오늘 저녁에 후식을 먹을 거야.

너는 영화를 볼 거야.                            그녀는 영화를 볼 거야.

너는 이따가 잠들고 있지 않을 거야.                그녀는 이따가 잠들고 있지 않을 거야.

너는 농구를 하지 않을 거야.                      그녀는 농구를 하지 않을 거야.

우리는 다음 주에 그녀와 얘기하지 않을 거야.       시원이는 다음 주에 그녀와 얘기하지 않을 거야.

우리는 A를 받으려고 노력하지 않을 거야.          시원이는 A를 받으려고 노력하지 않을 거야.

우리는 내년에 무대에서 춤을 추지 않을 거야.      시원이는 내년에 무대에서 춤을 추지 않을 거야.

## ✌ 현재진행형 미래형 해석하기

I am listening to music.                         He is listening to music.

I am playing the piano tomorrow.                 He is playing the piano tomorrow.

I am hanging out with my friends.                He is hanging out with my friends.

I am eating a dessert tonight.                   He is eating a dessert tonight.

You are seeing a movie.                          She is seeing a movie.

You are not falling asleep later.                She is not falling asleep later.

You are not playing basketball.                  She is not playing basketball.

We are not talking to her next week.             시원 is not talking to her next week.

We are not trying to get an A.                   시원 is not trying to get an A.

We are not dancing on the stage next year.       시원 is not dancing on the stage next year.

# 왕초보 단골질문 25

왕초보 탈출 1탄 공부질문하기 게시판에서 많은 회원님들이 궁금해하시는 질문들을 선정하였습니다.

### 3인칭이란?

I like to work. 나는 일하는 것을 좋아한다.
He likes to eat. 그는 먹는 것을 좋아한다.
위 문장에서 he가 주어일 때, like에 s가 붙는 이유가 궁금합니다.

#### ➡ 3인칭

인칭에는 1, 2, 3인칭이 있습니다. 1인칭은 '나, 우리 (I, we)'이고, 2인칭은 '너, 너희들 (you)'입니다. 3인칭은 1, 2인칭을 제외한 나머지 사람/사물/동물을 말합니다. 또한 이들 가운데 하나의 수를 나타내는 것을 '3인칭 단수'라고 합니다. 현재시제일 경우, 주어의 인칭에 따라 동사의 형태가 변하기 때문에 이를 유의해야 합니다.

#### ➡ be동사와 일반동사

인칭에 따라 be동사의 모양도 달라집니다. 1인칭일 때는 "I am a teacher. (나는 선생님이다)", 2인칭일 때는 "You are listening to music. (너는 음악을 듣는 중이다)", 마지막으로 3인칭일 때는 "He is hungry. (그는 배고프다)" 와 같이 각각 am, are, is로 나타나게 됩니다. 또한 일반동사는 3인칭 단수일 때 –s나 –es를 붙여 "He likes to eat. (그는 먹는 것을 좋아한다)"처럼 써야 합니다.

###  실생활 속 예문 살펴보기

**I am watching TV now.**
나는 지금 TV를 보고 있어.

**He is an English teacher.**
그는 영어 선생님이야.

**We have a great time in Bali.**
우리는 발리에서 즐거운 시간을 보내.

**She likes books.**
그녀는 책을 좋아한다.

**시원's comment!**

첫 번째 문장은 주어 I가 1인칭이므로 be동사가 am이 되었습니다. 두 번째 문장의 주어는 3인칭 He이므로 be동사는 is로 쓰였습니다. 세 번째와 네 번째 문장은 일반동사가 쓰였습니다. 세 번째는 주어가 we이기 때문에 동사원형 그대로 쓰였고, 네 번째 문장에서는 3인칭 단수인 she가 주어이므로 동사에 s가 붙어 likes가 되었습니다.

# UNIT 15

## 나는 마시는 중이었어.
### I was drinking.

» **다양한 조동사(will, can, should, might) 문장 연습하기**

01   미래진행형 "나는 커피를 마시는 중일 것이다."
02   과거진행형 "나는 커피를 마시는 중이었다."

**'~하고 있을 것이다, ~하는 중이었다'를 뜻하는
미래·과거 진행형**

지난 Unit에서 배운 현재진행형과 Unit 02에서 공부한 'will ~할 거야'를 하나로 묶은 것이 바로 미래진행형 'will be+-ing'입니다. 다시 말해 미래의 어느 시점에서 무언가를 '하고 있을 거야' 또는 '하게 될 거야'를 의미하며, be의 시제를 과거로 하면 '~하고 있었어'라는 과거진행도 만들 수 있게 됩니다. 이번 Unit을 마스터 하면, 외국인이 '너 그 때 뭐 하고 있었니?' 또는 '너 미래에 뭐 하고 있을 거니?'라고 물어볼 때 그 형식에 맞게 '나 ~하고 있었어' 또는 '나 ~하고 있을 거야'라고 자신 있게 대답할 수 있습니다!

# UNIT 15 나는 마시는 중이었어.
## I was drinking.

 **미래진행형 "나는 커피를 마시는 중일 것이다."**

be drinking 앞에 will을 붙여 will be drinking하면 '(미래에) 마시는 중일 것이다' 라는 행동이 된다.

| | |
|---|---|
| 나는 커피를 마시는 중일 것이다. | I will be drinking coffee. |
| 너는 영어 공부를 하고 있는 중일 것이다. | You will be studying English. |
| 그는 너를 기다리고 있는 중일 것이다. | He will be waiting for you. |

이때 will 대신 can, might, must를 대신 넣어 can be drinking '마시는 중일 수도 있어', might be drinking '마시는 중일지도 몰라', must be drinking '마시는 중이어야만 해 / 분명히 마시는 중일 거야'로 만들 수도 있다.

 **TIP**

will, can, might, must 등의 조동사 뒤에 be 동사가 올 경우 am, are, is가 아닌 원형 be가 온다.

I was drinking.

## ❷ 과거진행형 "나는 커피를 마시는 중이었다."

'마시는 중이다'가 am drinking, are drinking, is drinking이라면 과거진행형 '마시는 중이었다'는 was drinking, were drinking, was drinking이 된다.

| | | |
|---|---|---|
| am drinking | → | was drinking |
| are drinking | → | were drinking |
| is drinking | → | was drinking |

| | |
|---|---|
| 나는 커피를 마시는 중이었다. | I was drinking coffee. |
| 너는 영어 공부를 하는 중이었다. | You were studying English. |
| 그는 너를 기다리는 중이었다. | He was waiting for you. |

# 강의 속 핵심문장 10

시원스쿨 왕초보 탈출 1탄 15강 <NEW강의>에 해당하는 내용입니다.

## ✓ 다양한 조동사(will, can, should, might) 문장 연습하기

누가(주체) + 조동사 + be동사

나 + ~일 거다 + 공부하는 중이다
= I + will + be studying
= 나는 공부하는 중일 거다.

## ✓ 강의 속 예문 살펴보기

➡ 나는 오는 중일 거야.                    I will be coming.

➡ 걔는 자는 중일 거야.                    He will be sleeping.

➡ 걔는 내일 일하는 중일 거야.             He will be working tomorrow.

➡ 그들은 운전하는 중일 거야.              They will be driving.

➡ 나는 너를 기다리는 중일 거야.           I will be waiting for you.

➡ 너를 기다리는 중일 수 있어.             I can be waiting for you.

➡ 나는 계획 중이었다.                     I was planning.

➡ 그는 뉴욕에서 영어를 공부하는 중이었다. He was studying English in New York.

➡ 그는 스키장에 가는 중이었다.            He was going to a 스키장.

➡ 우리는 아침 먹는 중이었다.              We were having breakfast.

# 한눈에 보는 UNIT 15 단어

- [ ] **drive** 운전하다
- [ ] **enjoy** 즐기다
- [ ] **feel better** 회복하다
- [ ] **gym** 헬스장
- [ ] **wait** 기다리다
- [ ] **attend** 참석하다
- [ ] **work out** 운동하다
- [ ] **plan** 계획하다
- [ ] **seminar** 세미나
- [ ] **a lot** 많이
- [ ] **basketball** 농구
- [ ] **laundry** 빨래
- [ ] **breakfast** 아침

> " 지난 시간에 배운 현재진행형에서 더 나아가 과거와 미래진행형을 배워보겠습니다~ "

시원쌤이 말한다!

# Practice 01 미래진행형

## ☝ 미래진행형 연습하기 (우리말+영어)
아래의 우리말 문장들을 영어로 어떻게 말할 수 있는지 살펴보세요.

| | |
|---|---|
| 나는 농구를 하는 중일 거야. | I will be playing basketball. |
| 나는 게임을 즐기는 중일 수도 있어. | I can be enjoying a game. |
| 나는 세미나에 참석 중일지도 몰라. | I might be attending a seminar. |
| 나는 분명히 빨래를 하는 중일 거야. | I must be doing laundry. |
| 너는 우리 엄마를 도와주는 중일 거야. | You will be helping my mother. |
| 너는 벽을 칠하고 있는 중일 수도 있어. | You can be painting a wall. |
| 너는 회복하는 중일지도 몰라. | You might be feeling better. |
| 우리는 헬스장에서 운동 중이어야만 해. | We must be working out at the gym. |
| 우리는 많이 마시는 중일 거야. | We will be drinking a lot. |
| 우리는 사진을 찍는 중일 수도 있어. | We can be taking pictures. |
| 그는 농구를 하는 중일 거야. | He will be playing basketball. |
| 그는 게임을 즐기는 중일 수도 있어. | He can be enjoying a game. |
| 그는 세미나에 참석 중일지도 몰라. | He might be attending a seminar. |
| 그는 분명히 빨래를 하는 중일 거야. | He must be doing laundry. |
| 그녀는 우리 엄마를 도와주는 중일 거야. | She will be helping my mother. |
| 그녀는 벽을 칠하고 있는 중일 수도 있어. | She can be painting a wall. |
| 그녀는 회복하는 중일지도 몰라. | She might be feeling better. |
| 시원이는 헬스장에서 운동 중이어야만 해. | 시원 must be working out at the gym. |
| 시원이는 많이 마시는 중일 거야. | 시원 will be drinking a lot. |
| 시원이는 사진을 찍는 중일 수도 있어. | 시원 can be taking pictures. |

## ✌ 미래진행형 영작하기

나는 농구를 하는 중일 거야.  그는 농구를 하는 중일 거야.

나는 게임을 즐기는 중일 수도 있어.  그는 게임을 즐기는 중일 수도 있어.

나는 세미나에 참석 중일지도 몰라.  그는 세미나에 참석 중일지도 몰라.

나는 분명히 빨래를 하는 중일 거야.  그는 분명히 빨래를 하는 중일 거야.

너는 우리 엄마를 도와주는 중일 거야.  그녀는 우리 엄마를 도와주는 중일 거야.

너는 벽을 칠하고 있는 중일 수도 있어.  그녀는 벽을 칠하고 있는 중일 수도 있어.

너는 회복하는 중일지도 몰라.  그녀는 회복하는 중일지도 몰라.

우리는 헬스장에서 운동 중이어야만 해.  시원이는 헬스장에서 운동 중이어야만 해.

우리는 많이 마시는 중일 거야.  시원이는 많이 마시는 중일 거야.

우리는 사진을 찍는 중일 수도 있어.  시원이는 사진을 찍는 중일 수도 있어.

## ✌ 미래진행형 해석하기

I will be playing basketball.  He will be playing basketball.

I can be enjoying a game.  He can be enjoying a game.

I might be attending a seminar.  He might be attending a seminar.

I must be doing laundry.  He must be doing laundry.

You will be helping my mother.  She will be helping my mother.

You can be painting a wall.  She can be painting a wall.

You might be feeling better.  She might be feeling better.

We must be working out at the gym.  시원 must be working out at the gym.

We will be drinking a lot.  시원 will be drinking a lot.

We can be taking pictures.  시원 can be taking pictures.

# Practice 02 과거진행형

 ## 과거진행형 연습하기 (우리말+영어)
아래의 우리말 문장들을 영어로 어떻게 말할 수 있는지 살펴보세요.

| 우리말 | 영어 |
|---|---|
| 나는 농구를 하는 중이었어. | I was playing basketball. |
| 나는 게임을 즐기는 중이었어. | I was enjoying a game. |
| 나는 세미나에 참석하는 중이었어. | I was attending a seminar. |
| 나는 빨래를 하는 중이었어. | I was doing laundry. |
| 너는 우리 엄마를 도와주는 중이었어. | You were helping my mother. |
| 너는 벽을 칠하고 있는 중이었어. | You were painting a wall. |
| 너는 회복하는 중이었어. | You were feeling better. |
| 우리는 헬스장에서 운동 중이었어. | We were working out at the gym. |
| 우리는 많이 마시는 중이었어. | We were drinking a lot. |
| 우리는 사진을 찍는 중이었어. | We were taking pictures. |
| 그는 농구를 하는 중이었어. | He was playing basketball. |
| 그는 게임을 즐기는 중이었어. | He was enjoying a game. |
| 그는 세미나에 참석하는 중이었어. | He was attending a seminar. |
| 그는 빨래를 하는 중이었어. | He was doing laundry. |
| 그녀는 우리 엄마를 도와주는 중이었어. | She was helping my mother. |
| 그녀는 벽을 칠하고 있는 중이었어. | She was painting a wall. |
| 그녀는 회복하는 중이었어. | She was feeling better. |
| 시원이는 헬스장에서 운동 중이었어. | 시원 was working out at the gym. |
| 시원이는 많이 마시는 중이었어. | 시원 was drinking a lot. |
| 시원이는 사진을 찍는 중이었어. | 시원 was taking pictures. |

## ✌ 과거진행형 영작하기

나는 농구를 하는 중이었어.　　　　　그는 농구를 하는 중이었어.

나는 게임을 즐기는 중이었어.　　　　그는 게임을 즐기는 중이었어.

나는 세미나에 참석하는 중이었어.　　그는 세미나에 참석하는 중이었어.

나는 빨래를 하는 중이었어.　　　　　그는 빨래를 하는 중이었어.

너는 우리 엄마를 도와주는 중이었어.　그녀는 우리 엄마를 도와주는 중이었어.

너는 벽을 칠하고 있는 중이었어.　　　그녀는 벽을 칠하고 있는 중이었어.

너는 회복하는 중이었어.　　　　　　그녀는 회복하는 중이었어.

우리는 헬스장에서 운동 중이었어.　　시원이는 헬스장에서 운동 중이었어.

우리는 많이 마시는 중이었어.　　　　시원이는 많이 마시는 중이었어.

우리는 사진을 찍는 중이었어.　　　　시원이는 사진을 찍는 중이었어.

## ✌ 과거진행형 해석하기

I was playing basketball.　　　　　He was playing basketball.

I was enjoying a game.　　　　　　He was enjoying a game.

I was attending a seminar.　　　　　He was attending a seminar.

I was doing laundry.　　　　　　　He was doing laundry.

You were helping my mother.　　　She was helping my mother.

You were painting a wall.　　　　　She was painting a wall.

You were feeling better.　　　　　　She was feeling better.

We were working out at the gym.　시원 was working out at the gym.

We were drinking a lot.　　　　　　시원 was drinking a lot.

We were taking pictures.　　　　　시원 was taking pictures.

# Practice 03 과거 · 미래진행형 의문문

 ### 과거 · 미래진행형 의문문 연습하기 (우리말+영어)

아래의 우리말 문장들을 영어로 어떻게 말할 수 있는지 살펴보세요.

| | |
|---|---|
| 나는 농구를 하는 중이었니? | Was I playing basketball? |
| 나는 게임을 즐기는 중이었니? | Was I enjoying a game? |
| 나는 세미나에 참석하는 중이었니? | Was I attending a seminar? |
| 나는 빨래를 하는 중이었니? | Was I doing laundry? |
| 너는 우리 엄마를 도와주는 중이었니? | Were you helping my mother? |
| 너는 벽을 칠하고 있는 중이었니? | Were you painting a wall? |
| 너는 회복하는 중이었니? | Were you feeling better? |
| 우리는 헬스장에서 운동 중이었니? | Were we working out at the gym? |
| 우리는 많이 마시는 중이었니? | Were we drinking a lot? |
| 우리는 사진을 찍는 중이었니? | Were we taking pictures? |
| 그는 농구를 하는 중일 거니? | Will he be playing basketball? |
| 그는 게임을 즐기는 중일 수 있니? | Can he be enjoying a game? |
| 그는 세미나에 참석하는 중일 거니? | Will he be attending a seminar? |
| 그는 빨래를 하는 중일 수 있니? | Can he be doing laundry? |
| 그녀는 우리 엄마를 도와주는 중일 거니? | Will she be helping my mother? |
| 그녀는 벽을 칠하고 있는 중일 수 있니? | Can she be painting a wall? |
| 그녀는 회복하는 중일 거니? | Will she be feeling better? |
| 시원이는 헬스장에서 운동 중일 수 있니? | Can 시원 be working out at the gym? |
| 시원이는 많이 마시는 중일 거니? | Will 시원 be drinking a lot? |
| 시원이는 사진을 찍는 중일 수 있니? | Can 시원 be taking pictures? |

##  과거 · 미래진행형 의문문 영작하기

나는 농구를 하는 중이었니?  그는 농구를 하는 중일 거니?

나는 게임을 즐기는 중이었니?  그는 게임을 즐기는 중일 수 있니?

나는 세미나에 참석하는 중이었니?  그는 세미나에 참석하는 중일 거니?

나는 빨래를 하는 중이었니?  그는 빨래를 하는 중일 수 있니?

너는 우리 엄마를 도와주는 중이었니?  그녀는 우리 엄마를 도와주는 중일 거니?

너는 벽을 칠하고 있는 중이었니?  그녀는 벽을 칠하고 있는 중일 수 있니?

너는 회복하는 중이었니?  그녀는 회복하는 중일 거니?

우리는 헬스장에서 운동 중이었니?  시원이는 헬스장에서 운동 중일 수 있니?

우리는 많이 마시는 중이었니?  시원이는 많이 마시는 중일 거니?

우리는 사진을 찍는 중이었니?  시원이는 사진을 찍는 중일 수 있니?

##  과거 · 미래진행형 의문문 해석하기

Was I playing basketball?  Will he be playing basketball?

Was I enjoying a game?  Can he be enjoying a game?

Was I attending a seminar?  Will he be attending a seminar?

Was I doing laundry?  Can he be doing laundry?

Were you helping my mother?  Will she be helping my mother?

Were you painting a wall?  Can she be painting a wall?

Were you feeling better?  Will she be feeling better?

Were we working out at the gym?  Can 시원 be working out at the gym?

Were we drinking a lot?  Will 시원 be drinking a lot?

Were we taking pictures?  Can 시원 be taking pictures?

# 왕초보 단골질문 25

왕초보 탈출 1탄 공부질문하기 게시판에서 많은 회원님들이 궁금해하시는 질문들을 선정하였습니다.

## 미래 시제를 나타내는 방법

'~할거야' 라는 미래를 나타낼 때에 강의에서 -ing 형태인 진행형을 많이 사용한다고 배웠습니다. will도 미래 시제를 나타내는 단어라고 배웠는데, 똑같은 미래 시제라도 진행형을 써야 하는 경우와 will을 써야 하는 경우가 구분 되나요?

### ➡ will, be going to

will, be going to, 현재진행형으로 미래를 표현할 수 있습니다. 우선 will은 가장 보편적인 미래형 표현으로 거의 모든 미래의 상황에 광범위하게 사용합니다. 다만 언제 할 것이라는 정확한 일정이 잡혀있는 것은 아니고, 단순히 미래에 ~을 할 것이라는 의미가 됩니다. be going to는 가까운 미래의 확실한 계획을 나타낼 때 사용합니다.

### ➡ 현재진행형

마지막으로 '~하는 중이다'라는 진행의 의미를 갖는 현재진행형은 미래 시제도 나타낼 수 있습니다. 이 또한 곧 일어날 가까운 미래에 대해 말할 때 현재진행형으로 나타냅니다. 현재 진행형의 경우 현재, 현재진행, 미래형 시제 중 어떤 시제를 뜻하는지는 말하는 사람의 의도(문맥)를 통해서 알 수 있습니다.

## 💬 실생활 속 예문 살펴보기

**I will go to Canada.**
나는 캐나다에 갈 거야.

**I'm going to study English.**
나는 영어를 공부할 거야.

**I'm eating hamburger.**
나는 햄버거를 먹을 거야.

**Are you coming to the party?**
너 파티에 올 거야?

### 시원's comment!

첫 번째 문장은 캐나다에 언제 가겠다는 정확한 일정이 잡혀 있는 것은 아니고, 단순히 미래에 가겠다는 의미의 문장입니다. 두 번째 문장은 가까운 미래에 확실히 영어를 공부할 것이라는 의미입니다. 세 번째 문장은 곧 햄버거를 먹을 것이라는 뜻이고, 마지막 문장은 곧 있을 파티에 올 것인지를 묻고 있습니다.

# UNIT 16

## 이 차의 색깔
### the color of this car

» **우리말의 순서와 반대인 'of' 사용하기**
  01 of를 이용한 표현 "이 차의 색깔"
  02 of를 이용한 문장 "이 차의 색깔은 예쁘다."

### 명사를 길게 만드는 또 다른 방법 of

동사 앞에 to를 붙여서 명사를 길게 만드는 것을 배웠습니다. 예를 들어 'drink coffee'(커피를 마신다)라는 동사 덩어리 앞에 to를 붙여 'to drink coffee'(커피 마시는 것, 커피 마시기)와 같은 하나의 명사 덩어리를 'I want'(난 원해)라는 문장에 목적어로 사용했더니 'I want to drink coffee'(나는 커피 마시기를 원해)라는 문장을 만들 수 있었습니다. 이번에도 역시 명사를 길게 만드는 방법 중 하나인 of에 대해 학습해보겠습니다.

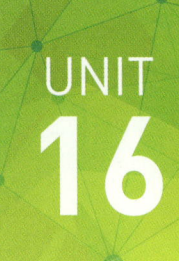

# UNIT 16
# 이 차의 색깔
### the color of this car

 **of를 이용한 표현 "이 차의 색깔"**

of는 '~의'란 뜻으로 두 단어를 연결할 때 쓴다. 그런데 우리나라 사람들은 of를 거꾸로 사용하는 경향이 있다. 즉, '이 차의 색깔' 하면 많은 사람들이 '이 차'를 먼저 말하는 경향이 있는데 사실 여기서 전달하려는 진짜 내용은 '이 차'가 아니라 '색깔'이다. 그래서 '이 차의 색깔' 하면 전달할 진짜 내용인 '색깔'부터 말한 다음 'of 이 차' 하면 우리말로 '이 차의 색깔'이 된다.

| 이 차의 색깔 | → | 색깔 of 이 차 | → | the color of this car |
| 이 책의 내용 | → | 내용 of 이 책 | → | the contents of this book |
| 한국의 역사 | → | 역사 of 한국 | → | the history of Korea |
| 서울의 중심 | → | 중심 of 서울 | → | the center of Seoul |
| 맥주의 맛 | → | 맛 of 맥주 | → | the taste of beer |

 TiP

'어떤 특정한 것의 무엇'을 뜻하기 때문에 영어로 말할 땐 '그'를 뜻하는 'the'를 맨 앞에 붙여준다.

the color of this car

## ② of를 이용한 문장 "이 차의 색깔은 예쁘다."

| 예쁘다 | be pretty |
| 이 차의 색깔은 예쁘다. | The color of this car is pretty. |

| 좋다 | be good |
| 이 책의 내용은 좋다. | The contents of this book are good. |

| 길다 | be long |
| 한국의 역사는 길다. | The history of Korea is long. |

| 서울의 중심이다 | be the center of Seoul |
| 강남은 서울의 중심이다. | 강남 is the center of Seoul. |

| 맥주의 맛이다 | be the taste of beer |
| 이것이 맥주의 맛이다. | This is the taste of beer. |

 TIP

'내용들[contents]'이 좋다는 뜻이지 '이 책'이 좋다는 말이 아니기 때문에 is가 아닌 are를 써야 한다.

# 강의 속 핵심문장 10

시원스쿨 왕초보 탈출 1탄 16강 <NEW강의>에 해당하는 내용입니다.

## ✓ 우리말의 순서와 반대인 'of' 사용하기

맛 + ~의 + 떡볶이
= the taste + of + 떡볶이
= 떡볶이의 맛

## ✓ 강의 속 예문 살펴보기

| | |
|---|---|
| ➡ 미국의 수도 | the capital city of America |
| ➡ 자장면의 맛은 맛있다. | The taste of 자장면 is good. |
| ➡ 이 빌딩의 창문들 | the windows of this building |
| ➡ 저 빌딩의 사람들 | people of that building |
| ➡ 저 나무의 잎사귀들 | the leaves of that tree |
| ➡ 한국의 기름값 | 기름값 of Korea |
| ➡ 서울의 온천 | 온천 of Seoul |
| ➡ 한국의 봄은 따뜻합니다. | Spring of Korea is warm. |
| ➡ 한국의 역사는 길다. | The history of Korea is long. |
| ➡ 한국의 가을은 아름답다. | Autumn of Korea is beautiful. |

# 한눈에 보는 UNIT 16 단어

- ☐ **capital city** 수도
- ☐ **bitter** 맛이 쓴
- ☐ **temperature** 온도
- ☐ **product** 상품
- ☐ **author** 저자
- ☐ **taste** 맛
- ☐ **history** 역사
- ☐ **title** 제목
- ☐ **cartoon** 만화
- ☐ **young** 젊은
- ☐ **people** 사람들
- ☐ **autumn** 가을
- ☐ **server** 웨이터/서버
- ☐ **coworker** 동료
- ☐ **warm** 따뜻한
- ☐ **leaves** 나뭇잎/잎사귀
- ☐ **clown** 광대
- ☐ **quality** 품질
- ☐ **medicine** 약

> "'이 책의 내용'이라고 말했을 때, 말하고자 하는 것은 '책'이 아니라 '내용'이죠. 그럴 때에는 '내용'부터 말해주는 거예요."

시원쌤이 말한다!

# Practice 01 of 긍정문

##  of 긍정문 연습하기 (우리말+영어)
아래의 우리말 문장들을 영어로 어떻게 말할 수 있는지 살펴보세요.

| 우리말 | 영어 |
|---|---|
| 소방차의 소리는 커. | The sound of a 소방차 is loud. |
| 이 쇼의 광대들은 웃기기 위해서 노력해. | The clowns of this show try to be funny. |
| 이 오페라의 음악은 아름다워. | The music of this opera is beautiful. |
| 이 USB의 메모리는 커. | The memory of this USB is large. |
| 이 방의 온도는 높아. | The temperature of this room is high. |
| 이 책의 제목은 <말하기 영문법 START>야. | The title of this book is <말하기 영문법 START>. |
| 이 레스토랑의 웨이터들은 친절해. | The servers of this restaurant are kind. |
| 이 헬멧의 가격은 높아. | The price of this helmet is high. |
| 이 차의 속도는 빨라. | The speed of this car is fast. |
| 이 상품의 품질은 아주 좋아. | The quality of this product is wonderful. |
| 이 만화의 캐릭터는 재미있어. | The character of this cartoon is funny. |
| 이 학교의 학생들은 열심히 공부해. | The students of this school study hard. |
| 내 회사의 동료들은 열심히 일해. | The coworkers of my company work hard. |
| 우리는 이 스카프의 색깔이 마음에 들어. | We love the color of this scarf. |
| 시원스쿨의 컨텐츠들은 훌륭해. | The contents of 시원스쿨 are great. |
| 이 드레스의 색깔은 완벽해. | The color of this dress is perfect. |
| 이 앨범의 노래들은 훌륭해. | The songs of this album are great. |
| 아이폰 6의 스크린 사이즈는 작아. | The screen size of the iPhone 6 is small. |
| 이 약의 맛은 써. | The taste of this medicine is bitter. |
| 이 책의 저자는 젊어. | The author of this book is young. |

## ✌ of 긍정문 영작하기

소방차의 소리는 커.

이 쇼의 광대들은 웃기기 위해서 노력해.

이 오페라의 음악은 아름다워.

이 USB의 메모리는 커.

이 방의 온도는 높아.

이 책의 제목은 <말하기 영문법 START>야.

이 레스토랑의 웨이터들은 친절해.

이 헬멧의 가격은 높아.

이 차의 속도는 빨라.

이 상품의 품질은 아주 좋아.

이 만화의 캐릭터는 재미있어.

이 학교의 학생들은 열심히 공부해.

내 회사의 동료들은 열심히 일해.

우리는 이 스카프의 색깔이 마음에 들어.

시원스쿨의 컨텐츠들은 훌륭해.

이 드레스의 색깔은 완벽해.

이 앨범의 노래들은 훌륭해.

아이폰 6의 스크린 사이즈는 작아.

이 약의 맛은 써.

이 책의 저자는 젊어.

## ✌ of 긍정문 해석하기

The sound of a 소방차 is loud.

The clowns of this show try to be funny.

The music of this opera is beautiful.

The memory of this USB is large.

The temperature of this room is high.

The title of this book is <말하기 영문법 START>.

The servers of this restaurant are kind.

The price of this helmet is high.

The speed of this car is fast.

The quality of this product is wonderful.

The character of this cartoon is funny.

The students of this school study hard.

The coworkers of my company work hard.

We love the color of this scarf.

The contents of 시원스쿨 are great.

The color of this dress is perfect.

The songs of this album are great.

The screen size of the iPhone 6 is small.

The taste of this medicine is bitter.

The author of this book is young.

# Practice 02 of 의문문

## of 의문문 연습하기 (우리말+영어)
아래의 우리말 문장들을 영어로 어떻게 말할 수 있는지 살펴보세요.

| 우리말 | 영어 |
|---|---|
| 소방차의 소리는 크니? | Is the sound of a 소방차 loud? |
| 이 쇼의 광대들은 웃기기 위해서 노력하니? | Do the clowns of this show try to be funny? |
| 이 오페라의 음악은 아름답니? | Is the music of this opera beautiful? |
| 이 USB의 메모리는 크니? | Is the memory of this USB large? |
| 이 방의 온도는 높니? | Is the temperature of this room high? |
| 이 책의 제목은 <말하기 영문법 START>니? | Is the title of this book <말하기 영문법 START>? |
| 이 레스토랑의 웨이터들은 친절하니? | Are the servers of this restaurant kind? |
| 이 헬멧의 가격은 높니? | Is the price of this helmet high? |
| 이 차의 속도는 빠르니? | Is the speed of this car fast? |
| 이 상품의 품질은 아주 좋니? | Is the quality of this product wonderful? |
| 이 만화의 캐릭터는 재미있니? | Is the character of this cartoon funny? |
| 이 학교의 학생들은 열심히 공부하니? | Do the students of this school study hard? |
| 내 회사의 동료들은 열심히 일하니? | Do the coworkers of my company work hard? |
| 우리는 이 스카프의 색깔이 마음에 드니? | Do we love the color of this scarf? |
| 시원스쿨의 컨텐츠들은 훌륭하니? | Are the contents of 시원스쿨 great? |
| 이 드레스의 색깔은 완벽하니? | Is the color of this dress perfect? |
| 이 앨범의 노래들은 훌륭하니? | Are the songs of this album great? |
| 아이폰 6의 스크린 사이즈는 작니? | Is the screen size of the iPhone 6 small? |
| 이 약의 맛은 쓰니? | Is the taste of this medicine bitter? |
| 이 책의 저자는 젊니? | Is the author of this book young? |

## ✌ of 의문문 영작하기

소방차의 소리는 크니?

이 쇼의 광대들은 웃기기 위해서 노력하니?

이 오페라의 음악은 아름답니?

이 USB의 메모리는 크니?

이 방의 온도는 높니?

이 책의 제목은 <말하기 영문법 START>니?

이 레스토랑의 웨이터들은 친절하니?

이 헬멧의 가격은 높니?

이 차의 속도는 빠르니?

이 상품의 품질은 아주 좋니?

이 만화의 캐릭터는 재미있니?

이 학교의 학생들은 열심히 공부하니?

내 회사의 동료들은 열심히 일하니?

우리는 이 스카프의 색깔이 마음에 드니?

시원스쿨의 컨텐츠들은 훌륭하니?

이 드레스의 색깔은 완벽하니?

이 앨범의 노래들은 훌륭하니?

아이폰 6의 스크린 사이즈는 작니?

이 약의 맛은 쓰니?

이 책의 저자는 젊니?

## ✌ of 의문문 해석하기

Is the sound of a 소방차 loud?

Do the clowns of this show try to be funny?

Is the music of this opera beautiful?

Is the memory of this USB large?

Is the temperature of this room high?

Is the title of this book <말하기 영문법 START>?

Are the servers of this restaurant kind?

Is the price of this helmet high?

Is the speed of this car fast?

Is the quality of this product wonderful?

Is the character of this cartoon funny?

Do the students of this school study hard?

Do the coworkers of my company work hard?

Do we love the color of this scarf?

Are the contents of 시원스쿨 great?

Is the color of this dress perfect?

Are the songs of this album great?

Is the screen size of the iPhone 6 small?

Is the taste of this medicine bitter?

Is the author of this book young?

# Practice 03 of 부정문

## ✋ of 부정문 연습하기 (우리말+영어)
아래의 우리말 문장들을 영어로 어떻게 말할 수 있는지 살펴보세요.

| | |
|---|---|
| 소방차의 소리는 크지 않아. | The sound of a 소방차 isn't loud. |
| 이 쇼의 광대들은 웃기기 위해서 노력하지 않아. | The clowns of this show don't try to be funny. |
| 이 오페라의 음악은 아름답지 않아. | The music of this opera isn't beautiful. |
| 이 USB의 메모리는 크지 않아. | The memory of this USB isn't large. |
| 이 방의 온도는 높지 않아. | The temperature of this room isn't high. |
| 이 책의 제목은 <말하기 영문법 START>가 아니야. | The title of this book isn't <말하기 영문법 START>. |
| 이 레스토랑의 웨이터들은 친절하지 않아. | The servers of this restaurant aren't kind. |
| 이 헬멧의 가격은 높지 않아. | The price of this helmet isn't high. |
| 이 차의 속도는 빠르지 않아. | The speed of this car isn't fast. |
| 이 상품의 품질은 아주 좋지 않아. | The quality of this product isn't wonderful. |
| 이 만화의 캐릭터는 재미있지 않아. | The character of this cartoon isn't funny. |
| 이 학교의 학생들은 열심히 공부하지 않아. | The students of this school don't study hard. |
| 내 회사의 동료들은 열심히 일하지 않아. | The coworkers of my company don't work hard. |
| 우리는 이 스카프의 색깔이 마음에 들지 않아. | We don't love the color of this scarf. |
| 시원스쿨의 컨텐츠들은 훌륭하지 않아. | The contents of 시원스쿨 aren't great. |
| 이 드레스의 색깔은 완벽하지 않아. | The color of this dress isn't perfect. |
| 이 앨범의 노래들은 훌륭하지 않아. | The songs of this album aren't great. |
| 아이폰 6의 스크린 사이즈는 작지 않아. | The screen size of the iPhone 6 isn't small. |
| 이 약의 맛은 쓰지 않아. | The taste of this medicine isn't bitter. |
| 이 책의 저자는 젊지 않아. | The author of this book isn't young. |

## ✌ of 부정문 영작하기

소방차의 소리는 크지 않아.

이 쇼의 광대들은 웃기기 위해서 노력하지 않아.

이 오페라의 음악은 아름답지 않아.

이 USB의 메모리는 크지 않아.

이 방의 온도는 높지 않아.

이 책의 제목은 <말하기 영문법 START>가 아니야.

이 레스토랑의 웨이터들은 친절하지 않아.

이 헬멧의 가격은 높지 않아.

이 차의 속도는 빠르지 않아.

이 상품의 품질은 아주 좋지 않아.

이 만화의 캐릭터는 재미있지 않아.

이 학교의 학생들은 열심히 공부하지 않아.

내 회사의 동료들은 열심히 일하지 않아.

우리는 이 스카프의 색깔이 마음에 들지 않아.

시원스쿨의 컨텐츠들은 훌륭하지 않아.

이 드레스의 색깔은 완벽하지 않아.

이 앨범의 노래들은 훌륭하지 않아.

아이폰 6의 스크린 사이즈는 작지 않아.

이 약의 맛은 쓰지 않아.

이 책의 저자는 젊지 않아.

##  of 부정문 해석하기

The sound of a 소방차 isn't loud.

The clowns of this show don't try to be funny.

The music of this opera isn't beautiful.

The memory of this USB isn't large.

The temperature of this room isn't high.

The title of this book isn't <말하기 영문법 START>.

The servers of this restaurant aren't kind.

The price of this helmet isn't high.

The speed of this car isn't fast.

The quality of this product isn't wonderful.

The character of this cartoon isn't funny.

The students of this school don't study hard.

The coworkers of my company don't work hard.

We don't love the color of this scarf.

The contents of 시원스쿨 aren't great.

The color of this dress isn't perfect.

The songs of this album aren't great.

The screen size of the iPhone 6 isn't small.

The taste of this medicine isn't bitter.

The author of this book isn't young.

# 왕초보 단골질문 25

왕초보 탈출 1탄 공부질문하기 게시판에서 많은 회원님들이 궁금해하시는 질문들을 선정하였습니다.

 **want, won't, weren't 발음**

weren't, want, won't가 너무 비슷하게 들리는데, 구분할 수 있도록 한글로라도 발음 차이를 알 수 있을까요??
발음이 어떻게 다른지 알려주세요.

➡ **want, won't, weren't 구분**

want, won't, weren't는 모두 w로 시작하고, t로 끝나는 단어이기 때문에 발음이 비슷합니다. 또한 세 단어는 모두 마지막의 t가 약하게 발음됩니다. 그래서 단어 중간의 모음의 차이로 구분해야 합니다.

➡ **want, won't, weren't 발음**

want는 세 단어 중 가장 입을 크게 벌려서 발음되며, [원트]라고 읽습니다. won't는 미래를 나타내는 will의 부정 형태 will not의 줄임말로, [워운트, 웡트]로 발음되며 'ㄴ' 받침이 'ㅇ' 소리가 나는 듯이 발음됩니다. 그래서 입 모양도 동그랗게 오므려서 발음합니다. weren't는 be동사의 복수형 are의 부정 형태인 are not의 과거형입니다. 중간에 'r'이 있기 때문에 다른 단어와 달리, 중간에 r발음인 'ㄹ'이 포함됩니다. (참고: r은 혀가 목구멍 쪽으로 향하여 입천장에 닿지 않고 발음됩니다.)

 **실생활 속 예문 살펴보기**

I want to drink coffee.
나는 커피를 마시고 싶어.

I won't go to Canada next year.
나는 내년에 캐나다에 가지 않을 거야.

You weren't tired.
너는 피곤하지 않았어.

We weren't angry.
우리는 화나지 않았었다.

**시원's comment!**

첫 번째 문장의 want는 '원하다'라는 뜻으로 입을 크게 벌려서 [원트]라고 읽습니다. 두 번째 문장의 won't는 will not의 줄임말로, 입 모양을 동그랗게 오므려 [워운트]라고 발음하며, '~하지 않을 것이다'라는 뜻입니다. 세 번째 문장과 네 번째 문장의 weren't는 are not의 과거형으로, want/won't와는 달리 weren't의 r발음인 'ㄹ'을 포함시켜 [워언트]로 발음해야 합니다.

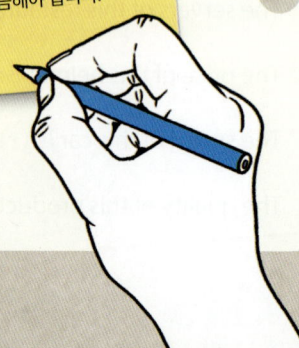

# UNIT 17

## 그 영화 어땠어?
### How was the movie?

» 'How was~ ~어땠어?'로 상대방과의 대화를 시작해보자

01　How was를 이용한 표현 "어땠니?"
02　How is를 이용한 표현 "어떠니?"

### 상대방의 의견을 묻는 표현 "How is / was~?"

날씨, 안부, 일상 전반에 일어나는 모든 일들에 대해 상대방의 의견 등을 묻고 대화를 이어갈 때 유용한 표현인 How is / was~?는 '~는 어때?(현재형)' 또는 '~는 어땠어?(과거형)'를 뜻합니다.
이제는 외국인이 말을 걸어오기를 기다리지 말고 적극적으로 먼저 다가가 '어제 데이트 어땠어?', '여행 어땠니?' 등등 질문하며 대화를 주도해보세요.

# UNIT 17 그 영화 어땠어?
## How was the movie?

### 1. How was를 이용한 표현 "어땠니?"

우리말의 '어땠어?'는 영어로 'how was?'이다. 영어로 '그 영화는 어땠어?'를 말하려면 먼저 '어땠어'를 말한 다음 '그 영화는?'이라고 말을 이어가면 된다.

| 날씨 어땠어? | How was the weather? |
| 회의 어땠어? | How was the meeting? |
| 데이트 어땠어? | How was the date? |
| 그 커피 어땠어? | How was the coffee? |
| 서비스의 질이 어땠니? | How was the quality of service? |
| 이 식당의 김밥은 어땠니? | How was the 김밥 of this restaurant? |
| 그 커피의 맛이 어땠니? | How was the taste of the coffee? |

**TiP**

'어땠어? 어떠니?'는 평소에 자주 사용하는 표현이니 'How is, How was'를 꼭 알아두자.

How was the movie?

## ❷ How is를 이용한 표현 "어떠니?"

How was 대신 How is를 넣어 How is the movie? 하면 '그 영화는 어떠니?'란 뜻이 된다.

| | |
|---|---|
| 날씨는 어떠니? | How is the weather? |
| 그 커피는 어떠니? | How is the coffee? |
| 갠 어떠니? | How is he? |

# 강의 속 핵심문장 10

시원스쿨 왕초보 탈출 1탄 17강 <NEW강의>에 해당하는 내용입니다.

## ✓ 'How was~ ~어땠어?'로 상대방과의 대화를 시작해보자!

How is/was + 누가(주체)?

어땠어? + 그 영화 + 어제
= How was + the movie + yesterday
= 어제 그 영화 어땠어?

## ✓ 강의 속 예문 살펴보기

| | |
|---|---|
| ➡ 중국 어땠어? | How was China? |
| ➡ 어제 어땠어? | How was yesterday? |
| ➡ 스케줄 어땠어? | How was the schedule? |
| ➡ 공기의 질이 어땠어? | How was the quality of air? |
| ➡ 물의 질이 어땠어? | How was the quality of water? |
| ➡ 이 빌딩의 인테리어 디자인은 어떠니? | How is the interior design of this building? |
| ➡ 그 사람 스타일은 어땠어? | How was his style? |
| ➡ 닭발의 맛은 어떠니? | How is the taste of 닭발? |
| ➡ 이 아파트의 경치가 어떤가요? | How is the view of this apartment? |
| ➡ 네 커피 어떠니? | How is your coffee? |

# 한눈에 보는 UNIT 17 단어

- ☐ **sign up** 신청하다
- ☐ **apartment** 아파트
- ☐ **stay** 머무르다, 방문
- ☐ **air** 공기
- ☐ **weather** 날씨
- ☐ **view** 경치
- ☐ **trip** 여행
- ☐ **first class** 첫 수업
- ☐ **interior design** 인테리어 디자인
- ☐ **schedule** 스케줄/일정
- ☐ **study abroad** 외국에서 공부하다
- ☐ **grandfather** 할아버지

"'~어땠어?'는 아주 간단해요. How was를 문장 앞에 사용해서 의문문을 만들면 돼요."

# Practice 01 How was 의문문

 **How was 의문문 연습하기 (우리말+영어)**
아래의 우리말 문장들을 영어로 어떻게 말할 수 있는지 살펴보세요.

| | |
|---|---|
| 수업은 어땠니? | How was the class? |
| 너의 파티는 어땠니? | How was your party? |
| 여행은 어땠니? | How was the trip? |
| 너의 상견례는 어땠니? | How was your 상견례? |
| 세미나는 어땠니? | How was the seminar? |
| 회의는 어땠니? | How was the meeting? |
| 수능은 어땠니? | How was the 수능? |
| 패션쇼는 어땠니? | How was the fashion show? |
| 파리에서의 생활은 어땠니? | How was the life in Paris? |
| 날씨는 어땠니? | How was the weather? |
| 너희 할아버지께서는 어떠셨니? | How was your grandfather? |
| 이 드레스 색깔은 어땠니? | How was the color of this dress? |
| 골프 치는 것은 어땠니? | How was playing golf? |
| 너의 첫 수업은 어땠니? | How was your first class? |
| 늦게까지 일하는 것은 어땠니? | How was working late? |
| 내 친구 만나는 것은 어땠니? | How was meeting my friend? |
| 수업 수강신청 하는 것은 어땠니? | How was signing up for classes? |
| 외국에서 공부하는 것은 어땠니? | How was studying abroad? |
| 쇼핑은 어땠니? | How was shopping? |
| 호텔에서 머무르는 것은 어땠니? | How was your stay at the hotel? |

## ✌ How was 의문문 영작하기

수업은 어땠니?					너희 할아버지께서는 어떠셨니?

너의 파티는 어땠니?					이 드레스 색깔은 어땠니?

여행은 어땠니?					골프 치는 것은 어땠니?

너의 상견례는 어땠니?					너의 첫 수업은 어땠니?

세미나는 어땠니?					늦게까지 일하는 것은 어땠니?

회의는 어땠니?					내 친구 만나는 것은 어땠니?

수능은 어땠니?					수업 수강신청 하는 것은 어땠니?

패션쇼는 어땠니?					외국에서 공부하는 것은 어땠니?

파리에서의 생활은 어땠니?					쇼핑은 어땠니?

날씨는 어땠니?					호텔에서 머무르는 것은 어땠니?

## ✌ How was 의문문 해석하기

How was the class?					How was your grandfather?

How was your party?					How was the color of this dress?

How was the trip?					How was playing golf?

How was your 상견례?					How was your first class?

How was the seminar?					How was working late?

How was the meeting?					How was meeting my friend?

How was the 수능?					How was signing up for classes?

How was the fashion show?					How was studying abroad?

How was the life in Paris?					How was shopping?

How was the weather?					How was your stay at the hotel?

# Practice 02 How is 의문문

## ☝ How is 의문문 연습하기 (우리말+영어)
아래의 우리말 문장들을 영어로 어떻게 말할 수 있는지 살펴보세요.

| | |
|---|---|
| 수업은 어떠니? | How is the class? |
| 너의 파티는 어떠니? | How is your party? |
| 여행은 어떠니? | How is the trip? |
| 너의 상견례는 어떠니? | How is your 상견례? |
| 세미나는 어떠니? | How is the seminar? |
| 회의는 어떠니? | How is the meeting? |
| 수능은 어떠니? | How is the 수능? |
| 패션쇼는 어떠니? | How is the fashion show? |
| 파리에서의 생활은 어떠니? | How is the life in Paris? |
| 날씨는 어떠니? | How is the weather? |
| 너희 할아버지께서는 어떠시니? | How is your grandfather? |
| 이 드레스 색깔은 어떠니? | How is the color of this dress? |
| 골프 치는 것은 어떠니? | How is playing golf? |
| 너의 첫 수업은 어떠니? | How is your first class? |
| 늦게까지 일하는 것은 어떠니? | How is working late? |
| 내 친구 만나는 것은 어떠니? | How is meeting my friend? |
| 수업 수강신청 하는 것은 어떠니? | How is signing up for classes? |
| 외국에서 공부하는 것은 어떠니? | How is studying abroad? |
| 쇼핑은 어떠니? | How is shopping? |
| 호텔에서 머무르는 것은 어떠니? | How is your stay at the hotel? |

## ✌ How is 의문문 영작하기

수업은 어떠니?

너의 파티는 어떠니?

여행은 어떠니?

너의 상견례는 어떠니?

세미나는 어떠니?

회의는 어떠니?

수능은 어떠니?

패션쇼는 어떠니?

파리에서의 생활은 어떠니?

날씨는 어떠니?

너희 할아버지께서는 어떠시니?

이 드레스 색깔은 어떠니?

골프 치는 것은 어떠니?

너의 첫 수업은 어떠니?

늦게까지 일하는 것은 어떠니?

내 친구 만나는 것은 어떠니?

수업 수강신청 하는 것은 어떠니?

외국에서 공부하는 것은 어떠니?

쇼핑은 어떠니?

호텔에서 머무르는 것은 어떠니?

## ✌ How is 의문문 해석하기

How is the class?

How is your party?

How is the trip?

How is your 상견례?

How is the seminar?

How is the meeting?

How is the 수능?

How is the fashion show?

How is the life in Paris?

How is the weather?

How is your grandfather?

How is the color of this dress?

How is playing golf?

How is your first class?

How is working late?

How is meeting my friend?

How is signing up for classes?

How is studying abroad?

How is shopping?

How is your stay at the hotel?

# 왕초보 단골질문 25

왕초보 탈출 1탄 공부질문하기 게시판에서 많은 회원님이 궁금해하시는 질문들을 선정하였습니다.

## How is~?와 How about~?

궁금해요

'한국 음식은 어때?' 라는 표현을 'How about Korean food?' 라고 하던데, 왜 how is라고 안하고 about 이라고 하나요??

---

➡ **How is~?와 How about~?**

How is~?는 주로 어떤 대상의 상태, 근황, 건강 등을 물을 때 사용합니다. 대상이 사람일 때는 주로 상대의 안부를 묻는 것이고, 대상이 사람이 아닐 때에는 그 대상이 어떠한지를 묻는 의미가 됩니다. How about~?은 How do you think about~?의 줄임말로 '넌 ~을 어떻게 생각하니?'라는 뜻으로 무엇인가를 제안, 권유할 때 사용합니다.

➡ **How about Korean food?**

질문하신 '한국음식은 어때?'는 상대방이 한국음식에 대해 어떻게 생각하는지를 묻거나, 한국음식 먹는 것을 제안하는 상황도 되기 때문에 How about을 쓴 것입니다. 이때 about 뒤에는 명사를 쓰고, 동사를 써야 할 때에는 동사를 명사로 만들어주기 위해 –ing를 붙여 동명사로 씁니다.

## 실생활 속 예문 살펴보기

**How are you?**
안녕하세요? / 어떻게 지내세요?

**How was the movie?**
그 영화 어땠어?

**How about seeing a movie?**
영화 보는 거 어때?

**How about that red dress?**
저 빨간 드레스 어때?

### 시원's comment!

첫 번째 문장은 대상이 you이기 때문에 are을 써서 상대의 안부를 물어보는 How are you?가 되었습니다. 두 번째 문장의 대상은 사람이 아닌 영화가 어떠한지를 묻는 질문입니다. 세 번째 문장은 How about 뒤에 명사가 와야 하기 때문에 동사 뒤에 -ing가 붙어 seeing을 사용했습니다. 네 번째 문장은 빨간 원피스가 어떠냐는 상대방의 의견을 물어보고 있습니다.

# UNIT 18

## 나는 커피 마시러 스타벅스에 가.
### I go to Starbucks to drink coffee.

» to는 영어문장을 풍성하게 한다!

- 01  to를 이용한 목적 표현 "커피 마시러"
- 02  to를 이용한 부정 목적 표현 "커피 안 마시려고"
- 03  '~할'이라는 의미의 to
- 04  something[어떤 것] + to
- 05  nothing[아무것도 없는 것] + to

### 부사의 역할을 하는 to

Unit 06에서 '왜(why)'라는 질문에 답하는 법을 연습했습니다. Unit 18에서는 명사가 아닌 부사 (~하기 위해)로도 표현되는 to에 대해 배워보겠습니다. 이번 Unit에서 to에 대해 배우면, why에 대한 답변을 조금 더 구체적으로 할 수 있습니다.

# UNIT 18
# 나는 커피 마시러 스타벅스에 가.
## I go to Starbucks to drink coffee.

### 1. to를 이용한 목적 표현 "커피 마시러"

앞에서 to는 '~하기를' 이라고 배웠다. 하지만 to는 '~하러'라는 뜻도 된다.
즉, 'to drink'는 '마시기를'도 되고 '마시러'도 된다. to drink가 문장의 어느 위치에
놓이느냐에 따라 to가 '~하기를'도 되고 '~하러'도 된다.

**to drink가 행동의 바로 뒤에 오면 '~하기를'이 된다.**
예) 나는 커피 마시기를 원해.    → I want to drink coffee.

**to drink가 문장의 맨 뒤에 오면 '~하러'가 된다.**
예) 나는 커피 마시러 스타벅스에 가.    → I go to Starbucks to drink coffee.

| | |
|---|---|
| 나는 커피 마시러 스타벅스에 간다. | I go to Starbucks to drink coffee. |
| 나는 일하러 중국에 간다. | I go to China to work. |
| 나는 영어 공부하러 미국에 갈 거야. | I am going to America to study English. |

 **TiP**

to는 문장 내의 위치에 따라 '~하는 것, ~하러, ~하기 위해서'라고 해석된다. 문장에서 다양한 의미로 사용되는 만큼 실생활에서 to 부정사는 자주 사용된다.

### 2. to를 이용한 부정 목적 표현 "커피 안 마시려고"

'마시려고'의 반대인 '안 마시려고'는 to drink 앞에 not만 붙이면 된다.

| | |
|---|---|
| 나는 늦게까지 일하지 않으려고 노력해. | I try not to work late. |
| 나는 담배 안 피려고 금연초를 샀다. | I got 금연초 not to smoke. |

 **TiP**

not이 오는 위치에 유의하자.
not은 to 앞에 온다.

I go to Starbucks to drink coffee.

<왕초보 탈출 1탄 확장 18강에 해당하는 내용입니다.>

###  '~할'이라는 의미의 to

to는 '~하기를'과 '~하러'라는 뜻 외에 마지막으로 '~할' 이라는 뜻도 있다. 그런데 이때는 to앞에 사물이나 사람이 온다.

| to see | 볼 | → | movie to see | 볼 영화 |
| to eat | 먹을 | → | food to eat | 먹을 음식 |
| to drink | 마실 | → | water to drink | 마실 물 |
| to buy | 살 | → | book to buy | 살 책 |

어순은 of를 배울 때와 똑같다.

### ④ something[어떤 것] + to

| to see | 볼 | → | something to see | 볼 것 |
| to eat | 먹을 | → | something to eat | 먹을 것 |
| to drink | 마실 | → | something to drink | 마실 것 |
| to buy | 살 | → | something to buy | 살 것 |

### ⑤ nothing[아무것도 없는 것] + to

| to see | 볼 | → | nothing to see | 볼게 없는 것 |
| to eat | 먹을 | → | nothing to eat | 먹을게 없는 것 |
| to drink | 마실 | → | nothing to drink | 마실게 없는 것 |
| to buy | 살 | → | nothing to buy | 살게 없는 것 |

# 강의 속 핵심문장 10

시원스쿨 왕초보 탈출 1탄 18강 <NEW강의>에 해당하는 내용입니다.

## ✓ to는 영어문장을 풍성하게 한다!

누가(주체) + 행동 + to~ = ~하러 ~한다

나는 + 강남역에 간다 + 내 친구를 만나러
= I + go to 강남역 + to meet my friend
= 나는 내 친구를 만나러 강남역에 간다.

## ✓ 강의 속 예문 살펴보기

| | |
|---|---|
| ➡ 나는 신당동에 떡볶이 먹으러 가. | I go to 신당동 to eat 떡볶이. |
| ➡ 나는 영어 공부하러 미국에 갈 거야. | I am going to America to study English. |
| ➡ 저 여기에 제 티셔츠 사러 왔어요. | I came here to get my T-shirt. |
| ➡ 나 어제 커피 마시러 명동에 갔어. | I went to 명동 yesterday to drink coffee. |
| ➡ 나 여기 샌드위치 먹으러 왔어요. | I came here to have a sandwich. |
| ➡ 나는 읽을 잡지가 있어. | I have a magazine to read. |
| ➡ 나는 전화 받으러 집에 갔어요. | I went home to take a phone call. |
| ➡ 나는 살 게 있어. | I got something to buy. |
| ➡ 너 뭐 할 거 있어? | You got anything to do? |
| ➡ 나 할 게 없어. | I got nothing to do. |

# 한눈에 보는 UNIT 18 단어

- ☐ **yesterday** 어제
- ☐ **chat** 수다를 떨다
- ☐ **important** 중요한
- ☐ **until** ~까지
- ☐ **sandwich** 샌드위치
- ☐ **book** 예약하다
- ☐ **attend** 참석하다
- ☐ **magazine** 잡지
- ☐ **healthy** 건강한
- ☐ **reason** 이유
- ☐ **phone call** 전화
- ☐ **secret** 비밀
- ☐ **skip** 거르다

> "'커피 마시기를'과 '커피 마시러'는 똑같이 to drink coffee에요. 하지만 문장의 어디에 위치하느냐에 따라 의미가 달라지는 거예요~"

# Practice 01  '∼하러' to 긍정문

 **'∼하러' to 긍정문 연습하기 (우리말+영어)**
아래의 우리말 문장들을 영어로 어떻게 말할 수 있는지 살펴보세요.

| | |
|---|---|
| 나는 수다를 떨려고 우리 엄마한테 전화했어. | I called my mom to chat. |
| 나는 그 콘서트에 가려고 표를 예매했어. | I booked a ticket to go to the concert. |
| 나는 매일 밤 건강해지려고 운동을 해. | I work out every night to be healthy. |
| 나는 제 시간에 가려고 최선을 다해. | I try my best to be on time. |
| 너는 파티에 가려고 드레스를 입어. | You put on a dress to go to the party. |
| 너는 그녀에게 말할 비밀이 있어. | You have a secret to tell her. |
| 너는 참석해야 하는 중요한 회의가 있어. | You have an important meeting to attend. |
| 우리는 수업을 빠질 이유가 있어. | We have a reason to skip class. |
| 우리는 너에게 보여줄 것이 있어. | We have something to show you. |
| 우리는 다음주까지 할 것이 있어. | We have something to do until next week. |
| 그는 수다를 떨려고 그의 엄마한테 전화했어. | He called his mom to chat. |
| 그는 그 콘서트에 가려고 표를 예매했어. | He booked a ticket to go to the concert. |
| 그는 매일 밤 건강해지려고 운동을 해. | He works out every night to be healthy. |
| 그는 제 시간에 가려고 최선을 다해. | He tries his best to be on time. |
| 그녀는 파티에 가려고 드레스를 입어. | She puts on a dress to go to the party. |
| 그녀는 그에게 말할 비밀이 있어. | She has a secret to tell him. |
| 그녀는 참석해야 하는 중요한 회의가 있어. | She has an important meeting to attend. |
| 시원이는 수업을 빠질 이유가 있어. | 시원 has a reason to skip class. |
| 시원이는 너에게 보여줄 것이 있어. | 시원 has something to show you. |
| 시원이는 다음주까지 할 것이 있어. | 시원 has something to do until next week. |

## ✌ '~하러' to 긍정문 영작하기

나는 수다를 떨려고 우리 엄마한테 전화했어.   그는 수다를 떨려고 그의 엄마한테 전화했어.

나는 그 콘서트에 가려고 표를 예매했어.   그는 그 콘서트에 가려고 표를 예매했어.

나는 매일 밤 건강해지려고 운동을 해.   그는 매일 밤 건강해지려고 운동을 해.

나는 제 시간에 가려고 최선을 다해.   그는 제 시간에 가려고 최선을 다해.

너는 파티에 가려고 드레스를 입어.   그녀는 파티에 가려고 드레스를 입어.

너는 그녀에게 말할 비밀이 있어.   그녀는 그에게 말할 비밀이 있어.

너는 참석해야 하는 중요한 회의가 있어.   그녀는 참석해야 하는 중요한 회의가 있어.

우리는 수업을 빠질 이유가 있어.   시원이는 수업을 빠질 이유가 있어.

우리는 너에게 보여줄 것이 있어.   시원이는 너에게 보여줄 것이 있어.

우리는 다음주까지 할 것이 있어.   시원이는 다음주까지 할 것이 있어.

## ✌ '~하러' to 긍정문 해석하기

I called my mom to chat.   He called his mom to chat.

I booked a ticket to go to the concert.   He booked a ticket to go to the concert.

I work out every night to be healthy.   He works out every night to be healthy.

I try my best to be on time.   He tries his best to be on time.

You put on a dress to go to the party.   She puts on a dress to go to the party.

You have a secret to tell her.   She has a secret to tell him.

You have an important meeting to attend.   She has an important meeting to attend.

We have a reason to skip class.   시원 has a reason to skip class.

We have something to show you.   시원 has something to show you.

We have something to do until next week.   시원 has something to do until next week.

# Practice 02 '~하러' to 의문문

 **'~하러' to 의문문 연습하기 (우리말+영어)**
아래의 우리말 문장들을 영어로 어떻게 말할 수 있는지 살펴보세요.

| | |
|---|---|
| 나는 수다를 떨려고 우리 엄마한테 전화했니? | Did I call my mom to chat? |
| 나는 그 콘서트에 가려고 표를 예매했니? | Did I book a ticket to go to the concert? |
| 나는 매일 밤 건강해지려고 운동을 하니? | Do I work out every night to be healthy? |
| 나는 제 시간에 가려고 최선을 다하니? | Do I try my best to be on time? |
| 너는 파티에 가려고 드레스를 입니? | Do you put on a dress to go to the party? |
| 너는 그녀에게 말할 비밀이 있니? | Do you have a secret to tell her? |
| 너는 참석해야 하는 중요한 회의가 있니? | Do you have an important meeting to attend? |
| 우리는 수업을 빠질 이유가 있니? | Do we have a reason to skip class? |
| 우리는 너에게 보여줄 것이 있니? | Do we have something to show you? |
| 우리는 다음주까지 할 것이 있니? | Do we have something to do until next week? |
| 그는 수다를 떨려고 그의 엄마한테 전화했니? | Did he call his mom to chat? |
| 그는 그 콘서트에 가려고 표를 예매했니? | Did he book a ticket to go to the concert? |
| 그는 매일 밤 건강해지려고 운동을 하니? | Does he work out every night to be healthy? |
| 그는 제 시간에 가려고 최선을 다하니? | Does he try his best to be on time? |
| 그녀는 파티에 가려고 드레스를 입니? | Does she put on a dress to go to the party? |
| 그녀는 그에게 말할 비밀이 있니? | Does she have a secret to tell him? |
| 그녀는 참석해야 하는 중요한 회의가 있니? | Does she have an important meeting to attend? |
| 시원이는 수업을 빠질 이유가 있니? | Does 시원 have a reason to skip class? |
| 시원이는 너에게 보여줄 것이 있니? | Does 시원 have something to show you? |
| 시원이는 다음주까지 할 것이 있니? | Does 시원 have something to do until next week? |

## ✌ '~하러' to 의문문 영작하기

나는 수다를 떨려고 우리 엄마한테 전화했니?

나는 그 콘서트에 가려고 표를 예매했니?

나는 매일 밤 건강해지려고 운동을 하니?

나는 제 시간에 가려고 최선을 다하니?

너는 파티에 가려고 드레스를 입니?

너는 그녀에게 말할 비밀이 있니?

너는 참석해야 하는 중요한 회의가 있니?

우리는 수업을 빠질 이유가 있니?

우리는 너에게 보여줄 것이 있니?

우리는 다음주까지 할 것이 있니?

그는 수다를 떨려고 그의 엄마한테 전화했니?

그는 그 콘서트에 가려고 표를 예매했니?

그는 매일 밤 건강해지려고 운동을 하니?

그는 제 시간에 가려고 최선을 다하니?

그녀는 파티에 가려고 드레스를 입니?

그녀는 그에게 말할 비밀이 있니?

그녀는 참석해야 하는 중요한 회의가 있니?

시원이는 수업을 빠질 이유가 있니?

시원이는 너에게 보여줄 것이 있니?

시원이는 다음주까지 할 것이 있니?

## ✌ '~하러' to 의문문 해석하기

Did I call my mom to chat?

Did I book a ticket to go to the concert?

Do I work out every night to be healthy?

Do I try my best to be on time?

Do you put on a dress to go to the party?

Do you have a secret to tell her?

Do you have an important meeting to attend?

Do we have a reason to skip class?

Do we have something to show you?

Do we have something to do until next week?

Did he call his mom to chat?

Did he book a ticket to go to the concert?

Does he work out every night to be healthy?

Does he try his best to be on time?

Does she put on a dress to go to the party?

Does she have a secret to tell him?

Does she have an important meeting to attend?

Does 시원 have a reason to skip class?

Does 시원 have something to show you?

Does 시원 have something to do until next week?

# Practice 03  '~하러' to 부정문

## 👆 '~하러' to 부정문 연습하기 (우리말+영어)
아래의 우리말 문장들을 영어로 어떻게 말할 수 있는지 살펴보세요.

| | |
|---|---|
| 나는 수다를 떨려고 우리 엄마한테 전화하지 않았어. | I didn't call my mom to chat. |
| 나는 그 콘서트에 가려고 표를 예매하지 않았어. | I didn't book a ticket to go to the concert. |
| 나는 매일 밤 건강해지려고 운동을 하지 않아. | I don't work out every night to be healthy. |
| 나는 제 시간에 가려고 최선을 다하지 않아. | I don't try my best to be on time. |
| 너는 파티에 가려고 드레스를 입지 않아. | You don't put on a dress to go to the party. |
| 너는 그녀에게 말할 비밀이 없어. | You don't have a secret to tell her. |
| 너는 참석해야 하는 중요한 회의가 없어. | You don't have an important meeting to attend. |
| 우리는 수업을 빠질 이유가 없어. | We don't have a reason to skip class. |
| 우리는 너에게 보여줄 것이 없어. | We don't have anything to show you. |
| 우리는 다음주까지 할 것이 없어. | We have nothing to do until next week. |
| 그는 수다를 떨려고 그의 엄마한테 전화하지 않았어. | He didn't call his mom to chat. |
| 그는 그 콘서트에 가려고 표를 예매하지 않았어. | He didn't book a ticket to go to the concert. |
| 그는 매일 밤 건강해지려고 운동을 하지 않아. | He doesn't work out every night to be healthy. |
| 그는 제 시간에 가려고 최선을 다하지 않아. | He doesn't try his best to be on time. |
| 그녀는 파티에 가려고 드레스를 입지 않아. | She doesn't put on a dress to go to the party. |
| 그녀는 그에게 말할 비밀이 없어. | She doesn't have a secret to tell him. |
| 그녀는 참석해야 하는 중요한 회의가 없어. | She doesn't have an important meeting to attend. |
| 시원이는 수업을 빠질 이유가 없어. | 시원 doesn't have a reason to skip class. |
| 시원이는 너에게 보여줄 것이 없어. | 시원 doesn't have anything to show you. |
| 시원이는 다음주까지 할 것이 없어. | 시원 has nothing to do until next week. |

## ✌ '~하러' to 부정문 영작하기

나는 수다를 떨려고 우리 엄마한테 전화하지 않았어.

나는 그 콘서트에 가려고 표를 예매하지 않았어.

나는 매일 밤 건강해지려고 운동을 하지 않아.

나는 제 시간에 가려고 최선을 다하지 않아.

너는 파티에 가려고 드레스를 입지 않아.

너는 그녀에게 말할 비밀이 없어.

너는 참석해야 하는 중요한 회의가 없어.

우리는 수업을 빠질 이유가 없어.

우리는 너에게 보여줄 것이 없어.

우리는 다음주까지 할 것이 없어.

그는 수다를 떨려고 그의 엄마한테 전화하지 않았어.

그는 그 콘서트에 가려고 표를 예매하지 않았어.

그는 매일 밤 건강해지려고 운동을 하지 않아.

그는 제 시간에 가려고 최선을 다하지 않아.

그녀는 파티에 가려고 드레스를 입지 않아.

그녀는 그에게 말할 비밀이 없어.

그녀는 참석해야 하는 중요한 회의가 없어.

시원이는 수업을 빠질 이유가 없어.

시원이는 너에게 보여줄 것이 없어.

시원이는 다음주까지 할 것이 없어.

##  '~하러' to 부정문 해석하기

I didn't call my mom to chat.

I didn't book a ticket to go to the concert.

I don't work out every night to be healthy.

I don't try my best to be on time.

You don't put on a dress to go to the party.

You don't have a secret to tell her.

You don't have an important meeting to attend.

We don't have a reason to skip class.

We don't have anything to show you.

We have nothing to do until next week.

He didn't call his mom to chat.

He didn't book a ticket to go to the concert.

He doesn't work out every night to be healthy.

He doesn't try his best to be on time.

She doesn't put on a dress to go to the party.

She doesn't have a secret to tell him.

She doesn't have an important meeting to attend.

시원 doesn't have a reason to skip class.

시원 doesn't have anything to show you.

시원 has nothing to do until next week.

# 왕초보 단골질문 25

왕초보 탈출 1탄 공부질문하기 게시판에서 많은 회원님들이 궁금해하시는 질문들을 선정하였습니다.

### 진행형으로 쓸 수 없는 동사

want, like, need와 같은 동사가 쓰인 문장을 미래시제를 나타내기 위해 현재진행형을 사용해서 liking, wanting, needing으로 표현했는데 답은 will을 사용해서 -ing가 없는 like, want, need로 되어 있더라고요. 왜 그런 건가요?

➡ **진행형으로 쓸 수 없는 동사**

대부분의 동사는 진행형으로 나타낼 수 있습니다. 하지만 현재 일어나고 있다고 해도 진행형으로 바꿀 수 없는 동사들이 있습니다. 이러한 동사는 주로 상태를 나타내는 동사들로 'like (좋아하다), want (원하다), need (필요하다)'와 정신 상태를 나타내는 'believe (믿다), know (알다)', 소유를 나타내는 'have (가지다), own (소유하다)' 등이 있습니다.

➡ **She is having lunch now. (그녀는 지금 점심을 먹고 있다.)**

have가 '가지고 있다'라는 뜻일 때는 진행형을 사용할 수 없습니다. 하지만 "She is having lunch now. (그녀는 지금 점심을 먹고 있다.)" 와 같은 문장에서 have가 '먹다' 혹은 '시간을 보내다'라는 뜻으로 쓰일 때는 진행형 사용이 가능합니다.

### 실생활 속 예문 살펴보기

**I want to buy a car.**
나는 차를 사고 싶다.

**I know him.**
나는 그를 알고 있다.

**I like her.**
나는 그녀를 좋아한다.

**We were having a good time at the party.**
우리는 파티에서 좋은 시간을 보내고 있었다.

**시원's comment!**

첫 번째 문장의 want(원하다), 두 번째 문장의 know(알다), 세 번째 문장의 like(좋아하다)는 진행형으로 사용할 수 없는 동사들입니다. 하지만 네 번째 문장에서 have가 진행형으로 쓸 수 없는 동사임에도 불구하고 having으로 쓰인 이유는 have가 '가지고 있다'라는 뜻이 아닌 '시간을 보내다'라는 뜻으로 쓰일 때는 진행형이 가능하기 때문입니다.

# UNIT 19

## 나는 커피를 많이 마셔.
### I drink a lot of coffee.

» '적게/열심히/많이'와 같은 부사로 문장의미 구체화 하기

01 a lot을 이용한 문장 "나는 많이 마신다."
02 뜻을 풍부하게 해주는 여러 표현들
03 more of를 이용한 표현 "더 많은"
04 육하원칙 [who(m), what, when, where, how, why]에 to 붙이기

### 말에 양념 역할을 해주는 부사!

부사는 영어를 보다 풍부하고 자세하게 표현할 수 있게 하는 요소 중 하나로서, '어떻게' 또는 '얼마나'와 관련된 단어들을 말하며 주로 문장 맨 뒤에 위치합니다. 부사를 많이 알고 있으면 있을 수록 좀 더 자세히 나의 의도를 전달할 수가 있어요.

# UNIT 19
# 나는 커피를 많이 마셔.
## I drink a lot of coffee.

### ❶ a lot을 이용한 문장 "나는 많이 마신다."

'나는 커피를 마신다'는 I drink coffee 이다. 이때 a lot을 뒤에 붙여 I drink coffee a lot 하면 '나는 커피를 많이 마신다'가 된다.

| 나는 커피를 마신다. | → | I drink coffee. |
| 나는 커피를 많이 마신다. | → | I drink coffee a lot. |
| | | I drink a lot of coffee. |

 **TiP**

'많이'를 뜻하는 a lot 을 문장의 마지막에 써서 의미를 정확히 나타낼 수 있다. 또한 'a lot of 명사' 형태도 자주 사용되는 표현이다.

I have a lot of money.
나는 많은 돈이 있다.

### ❷ 뜻을 풍부하게 해주는 여러 표현들

| 많이 | a lot | 조금 | a little |
| 더 | more | 덜 | less |
| 열심히 | hard | 더 열심히 | harder |
| 잘 | well | 더 잘 | better |

| 나는 많이 마신다. | I drink a lot. |
| 나는 조금 마신다. | I drink a little. |
| 우린 더 먹는다. | We eat more. |
| 우린 덜 먹는다. | We eat less. |
| 그는 열심히 일한다. | He works hard. |
| 그는 더 열심히 일한다. | He works harder. |
| 그녀는 운전을 잘한다. | She drives well. |
| 그녀는 운전을 더 잘한다. | She drives better. |

 **TiP**

이 표현들을 사용하면 하고 싶은 말을 더 구체적으로 할 수 있다.

I drink
a lot of coffee.

### ３ more of를 이용한 표현 "더 많은"

나는 더 많은 책이 필요하다.
I need more of books.

우린 더 많은 과자를 원해요.
We want more of snacks.

그들은 더 많은 영화를 보고 싶어 해요.
They would like to watch more of movies.

<왕초보 탈출 1탄 확장 19강에 해당하는 내용입니다.>

### ４ 육하원칙 [who(m), what, when, where, how, why]에 to 붙이기

| 션을 만나길 | → | to meet Sean |
| 누굴 만날지[를] | → | who to meet |

| who(m) to meet | 누굴 만날지[를] |
| what to do | 뭘 할지[를] |
| when to leave | 언제 출발할지[를] |
| where to go | 어디로 갈지[를] |
| how to use | 어떻게 사용할지[를] |

I know who to meet. 　　　　난 누굴 만날지 알고 있어.
I don't know what to do. 　　난 뭘 할지 모르겠어.
Do you know when to leave? 　넌 언제 출발할지 알고 있니?
She doesn't know where to go. 그녀는 어디로 갈지 모른다.
They know how to use this. 　그들은 이것을 어떻게 사용할지 알고 있다.

 TiP

to meet who가 아니라 who to meet으로 된다는 것에 주의하자.

즉, 육하원칙에 해당하는 단어들은 항상 to앞에 온다.

[=어순이 우리말과 같아진다.]

# 강의 속 핵심문장 10

시원스쿨 왕초보 탈출 1탄 19강 <NEW강의>에 해당하는 내용입니다.

## ✓ '적게/열심히/많이'와 같은 부사로 문장의미 구체화하기

누가(주체) + 어쩐다(행동) + 무엇을 + 어떻게

나는 + 공부한다 + 영어를 + 열심히
= I + study + English + hard
= 나는 영어를 열심히 공부한다.

## ✓ 강의 속 예문 살펴보기

| | |
|---|---|
| ➡ 나는 요즘 많이 운전한다. | I drive a lot these days. |
| ➡ 나는 잘 먹을 수 있다. | I can eat well. |
| ➡ 나는 열심히 읽어. | I read hard. |
| ➡ 나는 지하철을 많이 타. | I take the subway a lot. |
| ➡ 너 더 마실 수 있어? | Can you drink more? |
| ➡ 나는 무엇을 봐야 하는지 모르겠어. | I don't know what to see. |
| ➡ 너 언제 만날지 알아? | Do you know when to meet? |
| ➡ 나는 누구랑 갈지 몰라. | I don't know with whom to go. |
| ➡ 맛있는 저녁을 어디서 먹을지 모르겠어요. | I don't know where to eat a good dinner. |
| ➡ 나는 먹을 것이 정말 많이 있어. | I got a lot of things to eat. |

# 한눈에 보는 UNIT 19 단어

- ☐ drive 운전하다
- ☐ speak 말하다
- ☐ hungry 배고픈
- ☐ dinner 저녁
- ☐ hard 열심히
- ☐ shoes 신발
- ☐ angry 화난
- ☐ subway 지하철
- ☐ miss 그리워하다
- ☐ work 일하다
- ☐ burger 햄버거
- ☐ sleep 잠을 자다
- ☐ with whom 누구와

> 이전에는 문장에서 '어쩐다'를 단순하게 만들었다면 이번에는 '어떻게 어쩐다'를 만들 수 있게 다양한 표현들을 배워 볼 거예요.

시원쌤이 말한다!

UNIT 19 나는 커피를 많이 마셔 · 235

# Practice 01 a lot · a little 문장

 **a lot · a little 문장 연습하기 (우리말+영어)**
아래의 우리말 문장들을 영어로 어떻게 말할 수 있는지 살펴보세요.

| | |
|---|---|
| 나는 많은 햄버거를 먹어. | I eat a lot of burgers. |
| 나는 많이 말할 거야. | I will speak a lot. |
| 나는 술을 많이 마실 수 있어. | I can drink a lot. |
| 나는 많이 일했어. | I worked a lot. |
| 너는 많은 신발을 살 수 있어. | You can buy a lot of shoes. |
| 너는 운동을 조금 했어. | You worked out a little. |
| 너는 네 친구를 조금 그리워해. | You miss your friend a little. |
| 우리는 조금 잘 수 있어. | We can sleep a little. |
| 우리는 조금 배고팠어. | We were a little hungry. |
| 우리는 조금 화날 거야. | We will be a little angry. |
| 그는 많은 햄버거를 먹어. | He eats a lot of burgers. |
| 그는 많이 말할 거야. | He will speak a lot. |
| 그는 술을 많이 마실 수 있어. | He can drink a lot. |
| 그는 많이 일했어. | He worked a lot. |
| 그녀는 많은 신발을 살 수 있어. | She can buy a lot of shoes. |
| 그녀는 운동을 조금 했어. | She worked out a little. |
| 그녀는 그녀의 친구를 조금 그리워해. | She misses her friend a little. |
| 시원이는 조금 잘 수 있어. | 시원 can sleep a little. |
| 시원이는 조금 배고팠어. | 시원 was a little hungry. |
| 시원이는 조금 화날 거야. | 시원 will be a little angry. |

## ✌ a lot · a little 문장 영작하기

나는 많은 햄버거를 먹어.          그는 많은 햄버거를 먹어.
나는 많이 말할 거야.              그는 많이 말할 거야.
나는 술을 많이 마실 수 있어.      그는 술을 많이 마실 수 있어.
나는 많이 일했어.                 그는 많이 일했어.
너는 많은 신발을 살 수 있어.      그녀는 많은 신발을 살 수 있어.
너는 운동을 조금 했어.            그녀는 운동을 조금 했어.
너는 네 친구를 조금 그리워해.     그녀는 그녀의 친구를 조금 그리워해.
우리는 조금 잘 수 있어.           시원이는 조금 잘 수 있어.
우리는 조금 배고팠어.             시원이는 조금 배고팠어.
우리는 조금 화날 거야.            시원이는 조금 화날 거야.

## ✌ a lot · a little 문장 해석하기

I eat a lot of burgers.              He eats a lot of burgers.
I will speak a lot.                  He will speak a lot.
I can drink a lot.                   He can drink a lot.
I worked a lot.                      He worked a lot.
You can buy a lot of shoes.          She can buy a lot of shoes.
You worked out a little.             She worked out a little.
You miss your friend a little.       She misses her friend a little.
We can sleep a little.               시원 can sleep a little.
We were a little hungry.             시원 was a little hungry.
We will be a little angry.           시원 will be a little angry.

# Practice 02 more · less 문장

## ☝ more · less 문장 연습하기 (우리말+영어)
아래의 우리말 문장들을 영어로 어떻게 말할 수 있는지 살펴보세요.

| | |
|---|---|
| 나는 더 가지고 있어. | I have more. |
| 나는 너를 위해 더 요리할 거야. | I will cook more for you. |
| 나는 태권도를 더 배우는 중이야. | I am learning 태권도 more. |
| 나는 오늘 더 가르칠 수 있어. | I can teach more today. |
| 너는 더 노력해보고 싶어해. | You want to try more. |
| 너는 담배를 덜 피울 거야. | You will smoke less. |
| 너는 덜 공부하고 싶어해. | You want to study less. |
| 우리는 날씨가 덜 덥기 원해. | We want the weather to be less hot. |
| 우리는 덜 걸을 수 있어. | We can walk less. |
| 우리는 덜 바빴어. | We were less busy. |
| 그는 더 가지고 있어. | He has more. |
| 그는 너를 위해 더 요리할 거야. | He will cook more for you. |
| 그는 태권도를 더 배우는 중이야. | He is learning 태권도 more. |
| 그는 오늘 더 가르칠 수 있어. | He can teach more today. |
| 그녀는 더 노력해보고 싶어해. | She wants to try more. |
| 그녀는 담배를 덜 피울 거야. | She will smoke less. |
| 그녀는 덜 공부하고 싶어해. | She wants to study less. |
| 시원이는 날씨가 덜 덥기 원해. | 시원 wants the weather to be less hot. |
| 시원이는 덜 걸을 수 있어. | 시원 can walk less. |
| 시원이는 덜 바빴어. | 시원 was less busy. |

## ✌ more · less 문장 영작하기

나는 더 가지고 있어.                그는 더 가지고 있어.

나는 너를 위해 더 요리할 거야.       그는 너를 위해 더 요리할 거야.

나는 태권도를 더 배우는 중이야.      그는 태권도를 더 배우는 중이야.

나는 오늘 더 가르칠 수 있어.         그는 오늘 더 가르칠 수 있어.

너는 더 노력해보고 싶어해.           그녀는 더 노력해보고 싶어해.

너는 담배를 덜 피울 거야.            그녀는 담배를 덜 피울 거야.

너는 덜 공부하고 싶어해.             그녀는 덜 공부하고 싶어해.

우리는 날씨가 덜 덥기 원해.          시원이는 날씨가 덜 덥기 원해.

우리는 덜 걸을 수 있어.              시원이는 덜 걸을 수 있어.

우리는 덜 바빴어.                    시원이는 덜 바빴어.

## ✌ more · less 문장 해석하기

I have more.                         He has more.

I will cook more for you.            He will cook more for you.

I am learning 태권도 more.           He is learning 태권도 more.

I can teach more today.              He can teach more today.

You want to try more.                She wants to try more.

You will smoke less.                 She will smoke less.

You want to study less.              She wants to study less.

We want the weather to be less hot.  시원 wants the weather to be less hot.

We can walk less.                    시원 can walk less.

We were less busy.                   시원 was less busy.

# Practice 03 well · better 문장

 **well · better 문장 연습하기 (우리말+영어)**
아래의 우리말 문장들을 영어로 어떻게 말할 수 있는지 살펴보세요.

| | |
|---|---|
| 나는 축구를 잘 배웠어. | I learned soccer well. |
| 나는 공부를 잘하고 싶어. | I want to study well. |
| 나는 골프를 잘 칠 수 있어. | I can play golf well. |
| 나는 영어를 잘 가르치는 중이야. | I am teaching English well. |
| 너는 아기를 잘 돌봐. | You take care of the baby well. |
| 너는 기분이 더 나아졌어. | You felt better. |
| 너는 이제 더 노래를 잘할 수 있어. | You can sing better now. |
| 우리는 그녀를 더 잘 알아. | We know her better. |
| 우리는 춤을 더 잘 추고 싶었어. | We wanted to dance better. |
| 우리는 음악을 더 잘 연주해. | We play music better. |
| 그는 축구를 잘 배웠어. | He learned soccer well. |
| 그는 공부를 잘하고 싶어. | He wants to study well. |
| 그는 골프를 잘 칠 수 있어. | He can play golf well. |
| 그는 그의 휴가를 잘 계획하고 있는 중이야. | He is planning his vacation well. |
| 그녀는 아기를 잘 돌봐. | She takes care of the baby well. |
| 그녀는 기분이 더 나아졌어. | She felt better. |
| 그녀는 이제 더 노래를 잘할 수 있어. | She can sing better now. |
| 시원이는 그녀를 더 잘 알아. | 시원 knows her better. |
| 시원이는 춤을 더 잘 추고 싶었어. | 시원 wanted to dance better. |
| 시원이는 음악을 더 잘 연주해. | 시원 plays music better. |

## ✌ well · better 문장 영작하기

나는 축구를 잘 배웠어.　　　　　　그는 축구를 잘 배웠어.

나는 공부를 잘하고 싶어.　　　　　그는 공부를 잘하고 싶어.

나는 골프를 잘 칠 수 있어.　　　　그는 골프를 잘 칠 수 있어.

나는 영어를 잘 가르치는 중이야.　그는 그의 휴가를 잘 계획하고 있는 중이야.

너는 아기를 잘 돌봐.　　　　　　　그녀는 아기를 잘 돌봐.

너는 기분이 더 나아졌어.　　　　　그녀는 기분이 더 나아졌어.

너는 이제 더 노래를 잘할 수 있어.　그녀는 이제 더 노래를 잘할 수 있어.

우리는 그녀를 더 잘 알아.　　　　시원이는 그녀를 더 잘 알아.

우리는 춤을 더 잘 추고 싶었어.　　시원이는 춤을 더 잘 추고 싶었어.

우리는 음악을 더 잘 연주해.　　　시원이는 음악을 더 잘 연주해.

## ✌ well · better 문장 해석하기

I learned soccer well.　　　　　　He learned soccer well.

I want to study well.　　　　　　He wants to study well.

I can play golf well.　　　　　　He can play golf well.

I am teaching English well.　　　He is planning his vacation well.

You take care of the baby well.　She takes care of the baby well.

You felt better.　　　　　　　　　She felt better.

You can sing better now.　　　　She can sing better now.

We know her better.　　　　　　시원 knows her better.

We wanted to dance better.　　시원 wanted to dance better.

We play music better.　　　　　시원 plays music better.

# Practice 04 의문사 + to부정사 긍정문

## 👆 의문사 + to부정사 긍정문 연습하기 (우리말+영어)
아래의 우리말 문장들을 영어로 어떻게 말할 수 있는지 살펴보세요.

| 우리말 | 영어 |
|---|---|
| 나는 무엇을 가지고 가야 하는지 알고 있어. | I know what to bring. |
| 나는 무엇을 먹을지 알고 있어. | I know what to eat. |
| 나는 누굴 봐야 할지 알고 있어. | I know who to see. |
| 나는 누굴 믿어야 할지 알고 있어. | I know who to trust. |
| 너는 거기 어떻게 갈지 알고 있어. | You know how to get there. |
| 너는 이걸 어떻게 사용할지 알고 있어. | You know how to use this. |
| 너는 언제 병원에 갈지 알고 있어. | You know when to go to the hospital. |
| 우리는 이걸 언제 끝내야 할지 알고 있어. | We know when to finish this. |
| 우리는 무엇에 집중해야 하는지 알고 있어. | We know what to focus on. |
| 우리는 어떻게 예뻐지는지 알고 있어. | We know how to become pretty. |
| 그는 무엇을 가지고 가야 하는지 알고 있어. | He knows what to bring. |
| 그는 무엇을 먹을지 알고 있어. | He knows what to eat. |
| 그는 누굴 봐야 할지 알고 있어. | He knows who to see. |
| 그는 누굴 믿어야 할지 알고 있어. | He knows who to trust. |
| 그녀는 거기 어떻게 갈지 알고 있어. | She knows how to get there. |
| 그녀는 이걸 어떻게 사용할지 알고 있어. | She knows how to use this. |
| 그녀는 언제 병원에 갈지 알고 있어. | She knows when to go to the hospital. |
| 시원이는 이걸 언제 끝내야 할지 알고 있어. | 시원 knows when to finish this. |
| 시원이는 무엇에 집중해야 하는지 알고 있어. | 시원 knows what to focus on. |
| 시원이는 어떻게 예뻐지는지 알고 있어. | 시원 knows how to become pretty. |

## ✌ 의문사 + to부정사 긍정문 영작하기

나는 무엇을 가지고 가야 하는지 알고 있어.　　그는 무엇을 가지고 가야 하는지 알고 있어.

나는 무엇을 먹을지 알고 있어.　　그는 무엇을 먹을지 알고 있어.

나는 누굴 봐야 할지 알고 있어.　　그는 누굴 봐야 할지 알고 있어.

나는 누굴 믿어야 할지 알고 있어.　　그는 누굴 믿어야 할지 알고 있어.

너는 거기 어떻게 갈지 알고 있어.　　그녀는 거기 어떻게 갈지 알고 있어.

너는 이걸 어떻게 사용할지 알고 있어.　　그녀는 이걸 어떻게 사용할지 알고 있어.

너는 언제 병원에 갈지 알고 있어.　　그녀는 언제 병원에 갈지 알고 있어.

우리는 이걸 언제 끝내야 할지 알고 있어.　　시원이는 이걸 언제 끝내야 할지 알고 있어.

우리는 무엇에 집중해야 하는지 알고 있어.　　시원이는 무엇에 집중해야 하는지 알고 있어.

우리는 어떻게 예뻐지는지 알고 있어.　　시원이는 어떻게 예뻐지는지 알고 있어.

## ✌ 의문사 + to부정사 긍정문 해석하기

I know what to bring.　　He knows what to bring.

I know what to eat.　　He knows what to eat.

I know who to see.　　He knows who to see.

I know who to trust.　　He knows who to trust.

You know how to get there.　　She knows how to get there.

You know how to use this.　　She knows how to use this.

You know when to go to the hospital.　　She knows when to go to the hospital.

We know when to finish this.　　시원 knows when to finish this.

We know what to focus on.　　시원 knows what to focus on.

We know how to become pretty.　　시원 knows how to become pretty.

# Practice 05  의문사 + to부정사 의문문

 ### 의문사 + to부정사 의문문 연습하기 (우리말+영어)
아래의 우리말 문장들을 영어로 어떻게 말할 수 있는지 살펴보세요.

| 우리말 | 영어 |
|---|---|
| 나는 무엇을 가지고 가야 하는지 알고 있니? | Do I know what to bring? |
| 나는 무엇을 먹을지 알고 있니? | Do I know what to eat? |
| 나는 누굴 봐야 할지 알고 있니? | Do I know who to see? |
| 나는 누굴 믿어야 할지 알고 있니? | Do I know who to trust? |
| 너는 거기 어떻게 갈지 알고 있니? | Do you know how to get there? |
| 너는 이걸 어떻게 사용할지 알고 있니? | Do you know how to use this? |
| 너는 언제 병원에 갈지 알고 있니? | Do you know when to go to the hospital? |
| 우리는 이걸 언제 끝내야 할지 알고 있니? | Do we know when to finish this? |
| 우리는 무엇에 집중해야 하는지 알고 있니? | Do we know what to focus on? |
| 우리는 어떻게 예뻐지는지 알고 있니? | Do we know how to become pretty? |
| 그는 무엇을 가지고 가야 하는지 알고 있니? | Does he know what to bring? |
| 그는 무엇을 먹을지 알고 있니? | Does he know what to eat? |
| 그는 누굴 봐야 할지 알고 있니? | Does he know who to see? |
| 그는 누굴 믿어야 할지 알고 있니? | Does he know who to trust? |
| 그녀는 거기 어떻게 갈지 알고 있니? | Does she know how to get there? |
| 그녀는 이걸 어떻게 사용할지 알고 있니? | Does she know how to use this? |
| 그녀는 언제 병원에 갈지 알고 있니? | Does she know when to go to the hospital? |
| 시원이는 이걸 언제 끝내야 할지 알고 있니? | Does 시원 know when to finish this? |
| 시원이는 무엇에 집중해야 하는지 알고 있니? | Does 시원 know what to focus on? |
| 시원이는 어떻게 예뻐지는지 알고 있니? | Does 시원 know how to become pretty? |

## ✌ 의문사 + to부정사 의문문 영작하기

나는 무엇을 가지고 가야 하는지 알고 있니?    그는 무엇을 가지고 가야 하는지 알고 있니?

나는 무엇을 먹을지 알고 있니?    그는 무엇을 먹을지 알고 있니?

나는 누굴 봐야 할지 알고 있니?    그는 누굴 봐야 할지 알고 있니?

나는 누굴 믿어야 할지 알고 있니?    그는 누굴 믿어야 할지 알고 있니?

너는 거기 어떻게 갈지 알고 있니?    그녀는 거기 어떻게 갈지 알고 있니?

너는 이걸 어떻게 사용할지 알고 있니?    그녀는 이걸 어떻게 사용할지 알고 있니?

너는 언제 병원에 갈지 알고 있니?    그녀는 언제 병원에 갈지 알고 있니?

우리는 이걸 언제 끝내야 할지 알고 있니?    시원이는 이걸 언제 끝내야 할지 알고 있니?

우리는 무엇에 집중해야 하는지 알고 있니?    시원이는 무엇에 집중해야 하는지 알고 있니?

우리는 어떻게 예뻐지는지 알고 있니?    시원이는 어떻게 예뻐지는지 알고 있니?

## ✌ 의문사 + to부정사 의문문 해석하기

Do I know what to bring?    Does he know what to bring?

Do I know what to eat?    Does he know what to eat?

Do I know who to see?    Does he know who to see?

Do I know who to trust?    Does he know who to trust?

Do you know how to get there?    Does she know how to get there?

Do you know how to use this?    Does she know how to use this?

Do you know when to go to the hospital?    Does she know when to go to the hospital?

Do we know when to finish this?    Does 시원 know when to finish this?

Do we know what to focus on?    Does 시원 know what to focus on?

Do we know how to become pretty?    Does 시원 know how to become pretty?

# Practice 06 의문사 + to부정사 부정문

 ## 의문사 + to부정사 부정문 연습하기 (우리말+영어)

아래의 우리말 문장들을 영어로 어떻게 말할 수 있는지 살펴보세요.

| 우리말 | 영어 |
|---|---|
| 나는 무엇을 가지고 가야 하는지 몰라. | I don't know what to bring. |
| 나는 무엇을 먹을지 몰라. | I don't know what to eat. |
| 나는 누굴 봐야 할지 몰라. | I don't know who to see. |
| 나는 누굴 믿어야 할지 몰라. | I don't know who to trust. |
| 너는 거기 어떻게 갈지 몰라. | You don't know how to get there. |
| 너는 이걸 어떻게 사용할지 몰라. | You don't know how to use this. |
| 너는 언제 병원에 갈지 몰라. | You don't know when to go to the hospital. |
| 우리는 이걸 언제 끝내야 할지 몰라. | We don't know when to finish this. |
| 우리는 무엇에 집중해야 하는지 몰라. | We don't know what to focus on. |
| 우리는 어떻게 예뻐지는지 몰라. | We don't know how to become pretty. |
| 그는 무엇을 가지고 가야 하는지 몰라. | He doesn't know what to bring. |
| 그는 무엇을 먹을지 몰라. | He doesn't know what to eat. |
| 그는 누굴 봐야 할지 몰라. | He doesn't know who to see. |
| 그는 누굴 믿어야 할지 몰라. | He doesn't know who to trust. |
| 그녀는 거기 어떻게 갈지 몰라. | She doesn't know how to get there. |
| 그녀는 이걸 어떻게 사용할지 몰라. | She doesn't know how to use this. |
| 그녀는 언제 병원에 갈지 몰라. | She doesn't know when to go to the hospital. |
| 시원이는 이걸 언제 끝내야 할지 몰라. | 시원 doesn't know when to finish this. |
| 시원이는 무엇에 집중해야 하는지 몰라. | 시원 doesn't know what to focus on. |
| 시원이는 어떻게 예뻐지는지 몰라. | 시원 doesn't know how to become pretty. |

## ✌ 의문사 + to부정사 부정문 영작하기

나는 무엇을 가지고 가야 하는지 몰라.  그는 무엇을 가지고 가야 하는지 몰라.

나는 무엇을 먹을지 몰라.  그는 무엇을 먹을지 몰라.

나는 누굴 봐야 할지 몰라.  그는 누굴 봐야 할지 몰라.

나는 누굴 믿어야 할지 몰라.  그는 누굴 믿어야 할지 몰라.

너는 거기 어떻게 갈지 몰라.  그녀는 거기 어떻게 갈지 몰라.

너는 이걸 어떻게 사용할지 몰라.  그녀는 이걸 어떻게 사용할지 몰라.

너는 언제 병원에 갈지 몰라.  그녀는 언제 병원에 갈지 몰라.

우리는 이걸 언제 끝내야 할지 몰라.  시원이는 이걸 언제 끝내야 할지 몰라.

우리는 무엇에 집중해야 하는지 몰라.  시원이는 무엇에 집중해야 하는지 몰라.

우리는 어떻게 예뻐지는지 몰라.  시원이는 어떻게 예뻐지는지 몰라.

## ✌ 의문사 + to부정사 부정문 해석하기

I don't know what to bring.  He doesn't know what to bring.

I don't know what to eat.  He doesn't know what to eat.

I don't know who to see.  He doesn't know who to see.

I don't know who to trust.  He doesn't know who to trust.

You don't know how to get there.  She doesn't know how to get there.

You don't know how to use this.  She doesn't know how to use this.

You don't know when to go to the hospital.  She doesn't know when to go to the hospital.

We don't know when to finish this.  시원 doesn't know when to finish this.

We don't know what to focus on.  시원 doesn't know what to focus on.

We don't know how to become pretty.  시원 doesn't know how to become pretty.

# 왕초보 단골질문 25

왕초보 탈출 1탄 공부질문하기 게시판에서 많은 회원님들이 궁금해하시는 질문들을 선정하였습니다.

## Can you~?, Could you~?

질문할 때, Can you와 Could you가 무슨 차이인가요?
can의 과거가 could라고 하셨는데, 그러면 Can you help me with this?와 Could you help me with this?는 시제에 차이가 있는 건가요?

### ➡ Can you~? & Could you~?

Can you~?는 '~할 수 있니?'라는 뜻입니다. could는 can의 과거형이 맞지만 Could you~?는 '~할 수 있었니?'라는 뜻이 아닙니다. could로 시작되는 의문문은 과거의 일에 관한 질문이 아니라 Can you~?보다 공손하게 묻는 표현입니다. 그래서 Could you help me with this?는 '저 이것 좀 도와주시겠어요?'라는 의미입니다.

### ➡ can = be able to

그렇다면 과거에 무엇을 할 수 있었는지를 물어보는 질문은 어떻게 표현할 수 있을까요? can과 같은 뜻의 표현인 be able to를 사용하여 나타낼 수 있습니다. be동사의 과거형을 써서 Were you able to help me with this?는 '너는 이것을 도와줄 수 있었니?'가 됩니다.

## 실생활 속 예문 살펴보기

**Can you finish your report by today?**
오늘까지 보고서 끝낼 수 있겠어?

**Can you call me when the lecture is finished?**
강의가 끝났을 때 나한테 전화해줄 수 있어?

**Could you tell me your phone number?**
전화번호를 말씀해주시겠어요?

**Were you able to take the bus?**
너 그 버스 탈 수 있었어?

### 시원's comment!

첫 번째와 두 번째 문장은 Can you~?를 사용하여 오늘까지 보고서를 끝낼 수 있는 지와 강의가 끝날 때 나에게 전화를 해줄 수 있는지를 묻고 있습니다. 세 번째 문장은 Can you~? 대신 Could you~?를 사용하여 전화번호를 물어보는 공손한 표현입니다. 마지막 문장은 can과 같은 뜻을 가지고 있는 be able to를 사용하여 과거에 그 버스를 탈 수 있었는지를 묻고 있습니다.

# UNIT 20

## 공부하는 건 쉬워.
### Studying is easy.

» '~하다'를 '~하는 것'으로 바꾸는 방법!
"동사에 -ing 붙이기"

01 "동사 + ~ing"를 이용한 표현
02 "To + 동사"를 이용한 표현
03 가주어 it을 이용한 표현 "It ~ to 동사"

### 문장의 주어 자리에 위치한 to와 동사~ing

Unit 08에서 '커피를 마신다(drink coffee)' 앞에 to를 붙여서 '커피 마시기를(to drink coffee)'이라는 표현을 만들어 보았습니다. 이때의 to는 문장에서 '누가'에 해당하는 주체 자리에도 위치할 수 있는데요. 이번 Unit에서 이에 대해 학습해보겠습니다.

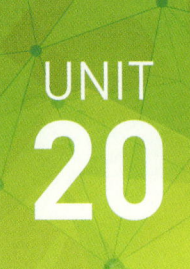

# UNIT 20
# 공부하는 건 쉬워.
## Studying is easy.

### ❶ "동사 + ~ing"를 이용한 표현

'영어는 쉽다'는 English is easy이다. 그러면 '공부하는 건 쉽다'는 어떻게 말할까? '공부한다'를 '공부하는 건'으로 만들려면 행동 뒤에 ing를 붙여주면 된다. 즉, 'Studying is easy.'로 말할 수 있다.

| | |
|---|---|
| studying | 공부하는 건 / 공부하는 것은 |
| drinking | 마시는 건 / 마시는 것은 |
| working | 일하는 건 / 일하는 것은 |
| taking a bus | 버스 타는 건 / 버스 타는 것은 |

| | |
|---|---|
| 공부하는 건 재미있어. | Studying is fun. |
| 열심히 공부하는 것이 중요해요. | Studying hard is important. |
| 아침에 커피 마시는 것은 좋아. | Drinking coffee in the morning is good. |
| 여기서 일하는 것이 더 좋아. | Working here is better. |
| 버스를 타는 것이 빨라. | Taking a bus is fast. |

TiP

studying을 be studying 으로 쓰면 안 된다.
be studying은 현재진행형 시제이다.

### ❷ "To + 동사"를 이용한 표현

우리는 행동에 ing를 붙여서 '~하는 것'으로 만드는 연습을 했다.
이와 같은 표현으로 ing 대신 동사 앞에 to를 붙여 나타낼 수 있다.

| | |
|---|---|
| **Working** here is good. | 여기서 **일하는 것은** 좋다. |
| = **To work** here is good. | 여기서 **일하는 것은** 좋다. |

> Studying is easy.

<왕초보 탈출 1탄 확장 20강에 해당하는 내용입니다.>

###  가주어 it을 이용한 표현 "It~to 동사"

'공부하다'를 '공부하는 것'으로 만들려면 'studying'과 'to study' 두 가지가 있다. 그런데 to를 사용할 경우 to study English는 문장의 맨 뒤로 옮겨지는 것이 일반적이다. 그리고 주어가 빠진 빈자리에 대신 It을 써준다.

To study English is easy.
→ is easy to study English
→ It is easy to study English.

> It is easy to make food.　　음식을 만드는 건 쉬워.
> It was hard to play the guitar.　　기타를 치는 것은 어려웠다.

 TIP

주어가 빠진 빈자리에 넣어주는 it은 특별한 의미는 없다.

# 강의 속 핵심문장 10

시원스쿨 왕초보 탈출 1탄 20강 <NEW강의>에 해당하는 내용입니다.

 '~하다'를 '~하는 것'으로 바꾸는 방법! "동사에 -ing 붙이기"

일하는 것은 + 가능하다
= Working + is possible
= 일하는 것은 가능하다.

 강의 속 예문 살펴보기

| 공부하는 것은 쉽다. | Studying is easy. |
| 춤추는 것은 쉽다. | Dancing is easy. |
| 더 먹는 것은 중요하다. | Eating more is important. |
| 커피를 아침에 마시는 것은 좋다. | Drinking coffee in the morning is good. |
| 가방을 사는 것은 비싸지 않다. | Getting a bag isn't expensive. |
| 한국에서 운전하는 것은 위험하다. | Driving in Korea is dangerous. |
| 환불 받는 것은 쉽지 않다. | Getting money back is not easy. |
| 도쿄로 가는 것은 1시간 정도 걸려. | Flying to 도쿄 takes about 1 hour. |
| 시험을 통과하기는 어려울 수 있어. | It can be tough to pass the test. |
| 암을 극복해 내는 것은 어려울 수 있어. | It can be hard to get over the cancer. |

# 한눈에 보는 UNIT 20 단어

- [ ] **important** 중요한
- [ ] **fly** (비행기를 타고) 가다
- [ ] **convenient** 편리한
- [ ] **day off** 연차
- [ ] **expensive** 비싼

- [ ] **tough** 어려운
- [ ] **useful** 유용한
- [ ] **scary** 무서운
- [ ] **dangerous** 위험한
- [ ] **fluently** 유창하게

- [ ] **exciting** 신나는
- [ ] **essential** 필수적인
- [ ] **stick with** ~를 계속하다
- [ ] **boring** 지루한
- [ ] **awesome** 굉장히 좋은

> "'study 공부한다'를 '공부하는 건(것)'이라고 말하고 싶다면 동사 뒤에 ing 붙여 studying이라고 말하면 돼요~"

시원쌤이 말한다!

## Practice 01 ~ing · to부정사 주어 / It~to 동사 긍정문

 ~ing · to부정사 주어 / It~to 동사 긍정문 **연습하기** (우리말+영어)
아래의 우리말 문장들을 영어로 어떻게 말할 수 있는지 살펴보세요.

| | |
|---|---|
| 영어를 유창하게 말하는 것은 중요해. | Speaking English fluently is important. |
| 책을 읽는 것은 지겨워. | Reading a book is boring. |
| 운동을 많이 하는 것은 좋아. | Exercising a lot is good. |
| 돈 버는 것은 어려워. | Making money is difficult. |
| 지하철을 타는 것은 편리해. | Taking the subway is convenient. |
| 외국에서 공부하는 것은 비싸. | To study abroad is expensive. |
| 배우가 되는 것은 내 꿈이야. | Being an actor is my dream. |
| 일기를 쓰는 것은 좋아. | Keeping a diary is good. |
| 언어를 배우는 것은 유용해. | To learn a language is useful. |
| 여행하는 것은 신나. | To travel is exciting. |
| 영어로 이야기하는 것은 어려워. | It is hard to speak English. |
| 너를 보는 것은 재미있어. | It is fun to watch you. |
| 말하는 것은 쉬워. | It is easy to talk. |
| 연차를 가지는 것은 굉장히 좋아. | It is awesome to have a day off. |
| 미국에 가는 것은 가능해. | It is possible to go to America. |
| 대중 앞에서 공연하는 것은 좋아. | It is great to perform in public. |
| 공포영화를 보는 것은 무서워. | It is scary to watch a horror movie. |
| 저녁에 걸어 다니는 것은 위험해. | It is dangerous to walk around at night. |
| 계획대로 하는 것은 중요해. | It is important to stick with the plan. |
| 매너가 있는 것은 필수적이야. | It is essential to have manners. |

##  ~ing · to부정사 주어 / It~to 동사 긍정문 영작하기

영어를 유창하게 말하는 것은 중요해.

영어로 이야기하는 것은 어려워.

책을 읽는 것은 지겨워.

너를 보는 것은 재미있어.

운동을 많이 하는 것은 좋아.

말하는 것은 쉬워.

돈 버는 것은 어려워.

연차를 가지는 것은 굉장히 좋아.

지하철을 타는 것은 편리해.

미국에 가는 것은 가능해.

외국에서 공부하는 것은 비싸.

대중 앞에서 공연하는 것은 좋아.

배우가 되는 것은 내 꿈이야.

공포영화를 보는 것은 무서워.

일기를 쓰는 것은 좋아.

저녁에 걸어 다니는 것은 위험해.

언어를 배우는 것은 유용해.

계획대로 하는 것은 중요해.

여행하는 것은 신나.

매너가 있는 것은 필수적이야.

##  ~ing · to부정사 주어 / It~to 동사 긍정문 해석하기

Speaking English fluently is important.

It is hard to speak English.

Reading a book is boring.

It is fun to watch you.

Exercising a lot is good.

It is easy to talk.

Making money is difficult.

It is awesome to have a day off.

Taking the subway is convenient.

It is possible to go to America.

To study abroad is expensive.

It is great to perform in public.

Being an actor is my dream.

It is scary to watch a horror movie.

Keeping a diary is good.

It is dangerous to walk around at night.

To learn a language is useful.

It is important to stick with the plan.

To travel is exciting.

It is essential to have manners.

## Practice 02 ~ing · to부정사 주어 / It~to 동사 의문문

 **~ing · to부정사 주어/ It~to 동사 의문문 연습하기 (우리말+영어)**
아래의 우리말 문장들을 영어로 어떻게 말할 수 있는지 살펴보세요.

| | |
|---|---|
| 영어를 유창하게 말하는 것은 중요하니? | Is speaking English fluently important? |
| 책을 읽는 것은 지겹니? | Is reading a book boring? |
| 운동을 많이 하는 것은 좋니? | Is exercising a lot good? |
| 돈 버는 것은 어렵니? | Is making money difficult? |
| 지하철을 타는 것은 편리하니? | Is taking the subway convenient? |
| 외국에서 공부하는 것은 비싸니? | Is studying abroad expensive? |
| 배우가 되는 것은 내 꿈이니? | Is being an actor my dream? |
| 일기를 쓰는 것은 좋니? | Is keeping a diary good? |
| 언어를 배우는 것은 유용하니? | Is learning a language useful? |
| 여행하는 것은 신나니? | Is traveling exciting? |
| 영어로 이야기하는 것은 어렵니? | Is it hard to speak English? |
| 너를 보는 것은 재미있니? | Is it fun to watch you? |
| 말하는 것은 쉽니? | Is it easy to talk? |
| 연차를 가지는 것은 굉장히 좋니? | Is it awesome to have a day off? |
| 미국에 가는 것은 가능하니? | Is it possible to go to America? |
| 대중 앞에서 공연하는 것은 좋니? | Is it great to perform in public? |
| 공포영화를 보는 것은 무섭니? | Is it scary to watch a horror movie? |
| 저녁에 걸어 다니는 것은 위험하니? | Is it dangerous to walk around at night? |
| 계획대로 하는 것은 중요하니? | Is it important to stick with the plan? |
| 매너가 있는 것은 필수적이니? | Is it essential to have manners? |

##  ~ing · to부정사 주어 / It~to 동사 의문문 영작하기

영어를 유창하게 말하는 것은 중요하니?

책을 읽는 것은 지겹니?

운동을 많이 하는 것은 좋니?

돈 버는 것은 어렵니?

지하철을 타는 것은 편리하니?

외국에서 공부하는 것은 비싸니?

배우가 되는 것은 내 꿈이니?

일기를 쓰는 것은 좋니?

언어를 배우는 것은 유용하니?

여행하는 것은 신나니?

영어로 이야기하는 것은 어렵니?

너를 보는 것은 재미있니?

말하는 것은 쉽니?

연차를 가지는 것은 굉장히 좋니?

미국에 가는 것은 가능하니?

대중 앞에서 공연하는 것은 좋니?

공포영화를 보는 것은 무섭니?

저녁에 걸어 다니는 것은 위험하니?

계획대로 하는 것은 중요하니?

매너가 있는 것은 필수적이니?

##  ~ing · to부정사 주어 / It~to 동사 의문문 해석하기

Is speaking English fluently important?

Is reading a book boring?

Is exercising a lot good?

Is making money difficult?

Is taking the subway convenient?

Is studying abroad expensive?

Is being an actor my dream?

Is keeping a diary good?

Is learning a language useful?

Is traveling exciting?

Is it hard to speak English?

Is it fun to watch you?

Is it easy to talk?

Is it awesome to have a day off?

Is it possible to go to America?

Is it great to perform in public?

Is it scary to watch a horror movie?

Is it dangerous to walk around at night?

Is it important to stick with the plan?

Is it essential to have manners?

# Practice 03 ~ing · to부정사 주어 / It~to 동사 부정문

 **~ing · to부정사 주어 / It~to 동사 부정문 연습하기 (우리말+영어)**

아래의 우리말 문장들을 영어로 어떻게 말할 수 있는지 살펴보세요.

| | |
|---|---|
| 영어를 유창하게 말하는 것은 중요하지 않아. | Speaking English fluently is not important. |
| 책을 읽는 것은 지겹지 않아. | Reading a book is not boring. |
| 운동을 많이 하는 것은 좋지 않아. | Exercising a lot is not good. |
| 돈 버는 것은 어렵지 않아. | Making money is not difficult. |
| 지하철을 타는 것은 편리하지 않아. | Taking the subway is not convenient. |
| 외국에서 공부하는 것은 비싸지 않아. | To study abroad is not expensive. |
| 배우가 되는 것은 내 꿈이 아니야. | Being an actor is not my dream. |
| 일기를 쓰는 것은 좋지 않아. | Keeping a diary is not good. |
| 언어를 배우는 것은 유용하지 않아. | To learn a language is not useful. |
| 여행하는 것은 신나지 않아. | To travel is not exciting. |
| 영어로 이야기하는 것은 어렵지 않아. | It is not hard to speak English. |
| 너를 보는 것은 재미있지 않아. | It is not fun to watch you. |
| 말하는 것은 쉽지 않아. | It is not easy to talk. |
| 연차를 가지는 것은 굉장히 좋지 않아. | It is not awesome to have a day off. |
| 미국에 가는 것은 가능하지 않아. | It is not possible to go to America. |
| 대중 앞에서 공연하는 것은 좋지 않아. | It is not great to perform in public. |
| 공포영화를 보는 것은 무섭지 않아. | It is not scary to watch a horror movie. |
| 저녁에 걸어 다니는 것은 위험하지 않아. | It is not dangerous to walk around at night. |
| 계획대로 하는 것은 중요하지 않아. | It is not important to stick with the plan. |
| 매너가 있는 것은 필수적이지 않아. | It is not essential to have manners. |

## ✌ ~ing · to부정사 주어/ It~to 동사 부정문 영작하기

영어를 유창하게 말하는 것은 중요하지 않아.

책을 읽는 것은 지겹지 않아.

운동을 많이 하는 것은 좋지 않아.

돈 버는 것은 어렵지 않아.

지하철을 타는 것은 편리하지 않아.

외국에서 공부하는 것은 비싸지 않아.

배우가 되는 것은 내 꿈이 아니야.

일기를 쓰는 것은 좋지 않아.

언어를 배우는 것은 유용하지 않아.

여행하는 것은 신나지 않아.

영어로 이야기하는 것은 어렵지 않아.

너를 보는 것은 재미있지 않아.

말하는 것은 쉽지 않아.

연차를 가지는 것은 굉장히 좋지 않아.

미국에 가는 것은 가능하지 않아.

대중 앞에서 공연하는 것은 좋지 않아.

공포영화를 보는 것은 무섭지 않아.

저녁에 걸어 다니는 것은 위험하지 않아.

계획대로 하는 것은 중요하지 않아.

매너가 있는 것은 필수적이지 않아.

## ✌ ~ing · to부정사 주어/ It~to 동사 부정문 해석하기

Speaking English fluently is not important.

Reading a book is not boring.

Exercising a lot is not good.

Making money is not difficult.

Taking the subway is not convenient.

To study abroad is not expensive.

Being an actor is not my dream.

Keeping a diary is not good.

To learn a language is not useful.

To travel is not exciting.

It is not hard to speak English.

It is not fun to watch you.

It is not easy to talk.

It is not awesome to have a day off.

It is not possible to go to America.

It is not great to perform in public.

It is not scary to watch a horror movie.

It is not dangerous to walk around at night.

It is not important to stick with the plan.

It is not essential to have manners.

# 왕초보 단골질문 25

왕초보 탈출 1탄 공부질문하기 게시판에서 많은 회원님들이 궁금해하시는 질문들을 선정하였습니다.

 **be supposed to**

 be supposed to가 '~해야만 한다'라는 뜻으로 사용된다고 배웠는데, 그러면 have to와 뜻이 같은 건가요?
아니면 둘을 써야 하는 상황이 다른 건가요?

➡ **have to & be supposed to**
have to와 be supposed to는 '~해야 한다'라는 의미를 갖기 때문에 같은 표현이라고 생각하실 수 있지만 약간의 차이가 있습니다. have to는 어떠한 일이나 의무를 해야 한다라는 의미를 갖지만, be supposed to는 '~하기로 되어있다'라는 예정의 의미와 함께 '~해야 한다'라는 '의무'의 뜻도 있어서, 예정되어 있기 때문에 해야 한다는 의미가 강합니다.

➡ **be supposed to**
be supposed to를 사용할 때 '~해야 한다'라는 '의무'는 자신의 의지와는 상관없이 하기로 되어 있는 것을 말합니다. 이러한 be supposed to 표현 다음에는 동사원형이 온다는 것에 유의하세요.

 **실생활 속 예문 살펴보기**

**She is supposed to be here.**
그녀는 여기에 오기로 되어 있어. (와야 한다)

**I am supposed to meet him at 6 p.m.**
나는 6시에 그를 만나기로 되어 있어요. (만나야 한다)

**What am I supposed to do?**
내가 뭘 해야 하는 거야?

**He was supposed to finish the work by yesterday.**
그는 어제까지 그 일을 끝내기로 되어 있었다.

> **시원's comment!**
> 첫 번째 문장은 be supposed to를 사용하여 그녀가 이곳에 오기로 예정되어 있다, 즉 그녀가 이곳으로 와야 한다는 의무의 뜻을 나타내고 있습니다. 두 번째 문장도 나는 그를 6시에 만나기로 예정이 되어 있기 때문에 6시에 그를 만나야 한다는 것을 나타냅니다. 세 번째 문장은 의문문으로 what과 be supposed to를 사용하여 내가 무엇을 해야 하는지를 묻고 있습니다. 네 번째 문장은 과거형으로 was supposed to를 사용하여 그가 어제까지 일을 끝내기로 되어 있었음을 나타냅니다.

# UNIT 21

## 나는 마실 거야.
### I am going to drink.

» can의 또 다른 표현 be able to, will의 또 다른 표현 be going to

01  be able to를 이용한 현재형, 과거형 표현
02  will과 be able to를 이용한 미래형 표현
03  be going to를 이용한 표현 "나는 마실 것이다."

### '~할 수 있을거야'는 will can?

'~할 거야'라는 will과 '~할 수 있어'라는 뜻의 can을 합친 '~할 수 있을 거야'는 어떻게 표현할까요? will can과 can will 둘 다 아닙니다. 이번 Unit 21에서 조동사 2개를 함께 쓰는 방법을 공부해보세요.

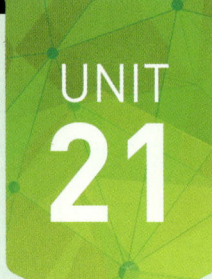

# UNIT 21 나는 마실 거야.
## I am going to drink.

### 1. be able to를 이용한 현재형, 과거형 표현

지금까지 '~할 수 있다' 또는 '해도 된다'는 can으로 배웠다. 그런데 can은 be able to로 바꿔 쓸 수 있다.

| | | |
|---|---|---|
| can drink | → | be able to drink |
| I can drink coffee. | → | I am able to drink coffee. |
| You can drink coffee. | → | You are able to drink coffee. |
| He can drink coffee. | → | He is able to drink coffee. |

**TIP**
be able to의 be는 앞에 오는 주체에 따라 am/are/is로 바뀌고, 과거시제를 나타낼 때는 was/were/was로 바뀐다.

이때 can drink를 과거형 could drink로 바꾸면,

| | | |
|---|---|---|
| I could drink coffee. | → | I was able to drink coffee. |
| You could drink coffee. | → | You were able to drink coffee. |
| He could drink coffee. | → | He was able to drink coffee. |

### 2. will과 be able to를 이용한 미래형 표현

'마실 수 있다'는 'can drink'이고 '마실 수 있었다'는 'could drink'이었다면, '마실 수 있을 것이다'는 무엇일까? will과 can은 연달아 쓸 수 없기 때문에 'will can drink'라고 하면 안 된다. 그래서 '마실 수 있을 것이다'는 'will be able to drink' 라고 해야 한다.

| | | |
|---|---|---|
| 마실 수 있을 것이다 | → | will be able to drink |
| 나는 커피를 마실 수 있을 것이다. | → | I will be able to drink coffee. |
| 너는 커피를 마실 수 있을 것이다. | → | You will be able to drink coffee. |
| 걔는 커피를 마실 수 있을 것이다. | → | He will be able to drink coffee. |

**TIP**
be able to는 'will be able to'처럼 주로 조동사가 연달아 나올 수 없을 때 쓴다.

> I am going to drink.

## ❸ be going to를 이용한 표현 "나는 마실 것이다."

can처럼 will도 be going to로 바꿔 쓸 수 있다. 그래서 will drink가 be going to drink로 바뀔 수 있다. be going to는 be gonna로 줄여 쓸 수 있고 그 의미는 변하지 않는다.

| | | |
|---|---|---|
| I will drink. | → | I am going to drink. |
| You will buy. | → | You are going to buy. |
| He will come. | → | He is going to come. |
| 시원 will study. | → | 시원 is going to study. (= 시원 is gonna study.) |

 TiP

여기서 be going to 는 '가는 중이다'란 뜻이 절대 아니다!

# 강의 속 핵심문장 10

## ✓ can의 또 다른 표현 be able to, will의 또 다른 표현 be going to

나는 + ~할 수 있다 + 보다
= I + am able to + see
= 나는 볼 수 있다.

## ✓ 강의 속 예문 살펴보기

| | |
|---|---|
| ➡ 나는 내일 갈 수 있을 거야. | I will be able to go tomorrow. |
| ➡ 나는 영어를 잘 말할 수 있을 거야. | I will be able to speak English well. |
| ➡ 나는 자유 시간을 가질 수 있을 거야. | I will be able to have some free time. |
| ➡ 그는 혼자 거기에 있을 수 있을 거야. | He will be able to be there alone. |
| ➡ 나는 여기 있을 수 있을 거야. | I will be able to be here. |
| ➡ 나는 영어를 공부할 거야. | I am going to study English. |
| ➡ 나는 내 차를 운전할 거야. | I am going to drive my car. |
| ➡ 나는 갈 거야. | I am gonna go. |
| ➡ 나는 이걸 읽을 거야. | I am gonna read this. |
| ➡ 나는 내 친구를 볼 거야. | I am gonna see my friend. |

# 한눈에 보는 UNIT 21 단어

- ☐ **free time** 자유 시간
- ☐ **Spain** 스페인
- ☐ **leave** 떠나다
- ☐ **busy** 바쁜
- ☐ **actor** 배우
- ☐ **newspaper** 뉴스
- ☐ **refund** 환불
- ☐ **basketball** 농구
- ☐ **work together** 같이 일하다
- ☐ **speak** 말하다
- ☐ **invite** 초대하다
- ☐ **soccer player** 축구선수
- ☐ **Chinese** 중국어
- ☐ **accept** 받아 들이다

> " 영어에서는 can을 be able to로,
> will을 be going to로 바꿔 쓸 수 있어요. "

시원쌤이 말한다!

UNIT 21 나는 마실 거야 · **265**

# Practice 01 be able to · be going to 긍정문

## be able to · be going to 긍정문 연습하기 (우리말+영어)
아래의 우리말 문장들을 영어로 어떻게 말할 수 있는지 살펴보세요.

| | |
|---|---|
| 나는 골프를 칠 수 있어. | I am able to play golf. |
| 나는 배우가 될 수 있어. | I am able to be an actor. |
| 나는 같이 일할 수 있어. | I am able to work together. |
| 나는 내 일을 끝낼 수 있었어. | I was able to finish my work. |
| 너는 기타를 칠 수 있어. | You are able to play the guitar. |
| 너는 수업을 신청할 수 있어. | You are able to sign up for the class. |
| 너는 축구선수가 될 수 있었어. | You were able to be a soccer player. |
| 그들은 스페인에 갈 수 있어. | They are able to go to Spain. |
| 그들은 영자신문을 읽을 수 있어. | They are able to read an English newspaper. |
| 그들은 중국어를 말할 수 있었어. | They were able to speak Chinese. |
| 그는 친구들을 만날 수 있을 거야. | He will be able to meet friends. |
| 그는 점심으로 스파게티를 먹을 수 있을 거야. | He will be able to have spaghetti for lunch. |
| 그는 쇼핑하러 갈 수 있을 거야. | He will be able to go shopping. |
| 그는 곧 떠날 수 있을 거야. | He will be able to leave soon. |
| 그녀는 환불을 받을 수 있을 거야. | She will be able to get a refund. |
| 그녀는 친구들을 초대할 거야. | She is going to invite friends. |
| 그녀는 그 일자리를 받아들일 거야. | She is going to accept the job. |
| 시원이는 TV를 볼 거야. | 시원 is going to watch TV. |
| 시원이는 바쁠 거야. | 시원 is gonna be busy. |
| 시원이는 토요일에 농구를 할 거야. | 시원 is gonna play basketball on Saturday. |

## ✌ be able to · be going to 긍정문 영작하기

나는 골프를 칠 수 있어.  
나는 배우가 될 수 있어.  
나는 같이 일할 수 있어.  
나는 내 일을 끝낼 수 있었어.  
너는 기타를 칠 수 있어.  
너는 수업을 신청할 수 있어.  
너는 축구선수가 될 수 있었어.  
그들은 스페인에 갈 수 있어.  
그들은 영자신문을 읽을 수 있어.  
그들은 중국어를 말할 수 있었어.  

그는 친구들을 만날 수 있을 거야.  
그는 점심으로 스파게티를 먹을 수 있을 거야.  
그는 쇼핑하러 갈 수 있을 거야.  
그는 곧 떠날 수 있을 거야.  
그녀는 환불을 받을 수 있을 거야.  
그녀는 친구들을 초대할 거야.  
그녀는 그 일자리를 받아들일 거야.  
시원이는 TV를 볼 거야.  
시원이는 바쁠 거야.  
시원이는 토요일에 농구를 할 거야.  

## ✌ be able to · be going to 긍정문 해석하기

I am able to play golf.  
I am able to be an actor.  
I am able to work together.  
I was able to finish my work.  
You are able to play the guitar.  
You are able to sign up for the class.  
You were able to be a soccer player.  
They are able to go to Spain.  
They are able to read an English newspaper.  
They were able to speak Chinese.  

He will be able to meet friends.  
He will be able to have spaghetti for lunch.  
He will be able to go shopping.  
He will be able to leave soon.  
She will be able to get a refund.  
She is going to invite friends.  
She is going to accept the job.  
시원 is going to watch TV.  
시원 is gonna be busy.  
시원 is gonna play basketball on Saturday.

# Practice 02  be able to · be going to 의문문

 **be able to · be going to 의문문 연습하기 (우리말+영어)**
아래의 우리말 문장들을 영어로 어떻게 말할 수 있는지 살펴보세요.

| | |
|---|---|
| 나는 골프를 칠 수 있니? | Am I able to play golf? |
| 나는 배우가 될 수 있니? | Am I able to be an actor? |
| 나는 같이 일할 수 있니? | Am I able to work together? |
| 나는 내 일을 끝낼 수 있었니? | Was I able to finish my work? |
| 너는 기타를 칠 수 있니? | Are you able to play the guitar? |
| 너는 수업을 신청할 수 있니? | Are you able to sign up for the class? |
| 너는 축구선수가 될 수 있었니? | Were you able to be a soccer player? |
| 그들은 스페인에 갈 수 있니? | Are they able to go to Spain? |
| 그들은 영자신문을 읽을 수 있니? | Are they able to read an English newspaper? |
| 그들은 중국어를 말할 수 있었니? | Were they able to speak Chinese? |
| 그는 친구들을 만날 수 있을 거니? | Will he be able to meet friends? |
| 그는 점심으로 스파게티를 먹을 수 있을 거니? | Will he be able to have spaghetti for lunch? |
| 그는 쇼핑하러 갈 수 있을 거니? | Will he be able to go shopping? |
| 그는 곧 떠날 수 있을 거니? | Will he be able to leave soon? |
| 그녀는 환불을 받을 수 있을 거니? | Will she be able to get a refund? |
| 그녀는 친구들을 초대할 거니? | Is she going to invite friends? |
| 그녀는 그 일자리를 받아들일 거니? | Is she going to accept the job? |
| 시원이는 TV를 볼 거니? | Is 시원 going to watch TV? |
| 시원이는 바쁠 거니? | Is 시원 gonna be busy? |
| 시원이는 토요일에 농구를 할 거니? | Is 시원 gonna play basketball on Saturday? |

##  be able to · be going to 의문문 영작하기

나는 골프를 칠 수 있니?  
나는 배우가 될 수 있니?  
나는 같이 일할 수 있니?  
나는 내 일을 끝낼 수 있었니?  
너는 기타를 칠 수 있니?  
너는 수업을 신청할 수 있니?  
너는 축구선수가 될 수 있었니?  
그들은 스페인에 갈 수 있니?  
그들은 영자신문을 읽을 수 있니?  
그들은 중국어를 말할 수 있었니?  

그는 친구들을 만날 수 있을 거니?  
그는 점심으로 스파게티를 먹을 수 있을 거니?  
그는 쇼핑하러 갈 수 있을 거니?  
그는 곧 떠날 수 있을 거니?  
그녀는 환불을 받을 수 있을 거니?  
그녀는 친구들을 초대할 거니?  
그녀는 그 일자리를 받아들일 거니?  
시원이는 TV를 볼 거니?  
시원이는 바쁠 거니?  
시원이는 토요일에 농구를 할 거니?  

##  be able to · be going to 의문문 해석하기

Am I able to play golf?  
Am I able to be an actor?  
Am I able to work together?  
Was I able to finish my work?  
Are you able to play the guitar?  
Are you able to sign up for the class?  
Were you able to be a soccer player?  
Are they able to go to Spain?  
Are they able to read an English newspaper?  
Were they able to speak Chinese?  

Will he be able to meet friends?  
Will he be able to have spaghetti for lunch?  
Will he be able to go shopping?  
Will he be able to leave soon?  
Will she be able to get a refund?  
Is she going to invite friends?  
Is she going to accept the job?  
Is 시원 going to watch TV?  
Is 시원 gonna be busy?  
Is 시원 gonna play basketball on Saturday?

# Practice 03  be able to · be going to 부정문

##  be able to · be going to 부정문 연습하기 (우리말+영어)
아래의 우리말 문장들을 영어로 어떻게 말할 수 있는지 살펴보세요.

| 우리말 | 영어 |
|---|---|
| 나는 골프를 칠 수 없어. | I am not able to play golf. |
| 나는 배우가 될 수 없어. | I am not able to be an actor. |
| 나는 같이 일할 수 없어. | I am not able to work together. |
| 나는 내 일을 끝낼 수 없었어. | I was not able to finish my work. |
| 너는 기타를 칠 수 없어. | You are not able to play the guitar. |
| 너는 수업을 신청할 수 없어. | You are not able to sign up for the class. |
| 너는 축구선수가 될 수 없었어. | You were not able to be a soccer player. |
| 그들은 스페인에 갈 수 없어. | They are not able to go to Spain. |
| 그들은 영자신문을 읽을 수 없어. | They are not able to read an English newspaper. |
| 그들은 중국어를 말할 수 없었어. | They were not able to speak Chinese. |
| 그는 친구들을 만날 수 없을 거야. | He will not be able to meet friends. |
| 그는 점심으로 스파게티를 먹을 수 없을 거야. | He will not be able to have spaghetti for lunch. |
| 그는 쇼핑하러 갈 수 없을 거야. | He will not be able to go shopping. |
| 그는 곧 떠날 수 없을 거야. | He will not be able to leave soon. |
| 그녀는 환불을 받을 수 없을 거야. | She will not be able to get a refund. |
| 그녀는 친구들을 초대하지 않을 거야. | She is not going to invite friends. |
| 그녀는 그 일자리를 받아들이지 않을 거야. | She is not going to accept the job. |
| 시원이는 TV를 보지 않을 거야. | 시원 is not going to watch TV. |
| 시원이는 바쁘지 않을 거야. | 시원 is not gonna be busy. |
| 시원이는 토요일에 농구를 하지 않을 거야. | 시원 is not gonna play basketball on Saturday. |

##  be able to · be going to 부정문 영작하기

나는 골프를 칠 수 없어.

나는 배우가 될 수 없어.

나는 같이 일할 수 없어.

나는 내 일을 끝낼 수 없었어.

너는 기타를 칠 수 없어.

너는 수업을 신청할 수 없어.

너는 축구선수가 될 수 없었어.

그들은 스페인에 갈 수 없어.

그들은 영자신문을 읽을 수 없어.

그들은 중국어를 말할 수 없었어.

그는 친구들을 만날 수 없을 거야.

그는 점심으로 스파게티를 먹을 수 없을 거야.

그는 쇼핑하러 갈 수 없을 거야.

그는 곧 떠날 수 없을 거야.

그녀는 환불을 받을 수 없을 거야.

그녀는 친구들을 초대하지 않을 거야.

그녀는 그 일자리를 받아들이지 않을 거야.

시원이는 TV를 보지 않을 거야.

시원이는 바쁘지 않을 거야.

시원이는 토요일에 농구를 하지 않을 거야.

## be able to · be going to 부정문 해석하기

I am not able to play golf.

I am not able to be an actor.

I am not able to work together.

I was not able to finish my work.

You are not able to play the guitar.

You are not able to sign up for the class.

You were not able to be a soccer player.

They are not able to go to Spain.

They are not able to read an English newspaper.

They were not able to speak Chinese.

He will not be able to meet friends.

He will not be able to have spaghetti for lunch.

He will not be able to go shopping.

He will not be able to leave soon.

She will not be able to get a refund.

She is not going to invite friends.

She is not going to accept the job.

시원 is not going to watch TV.

시원 is not gonna be busy.

시원 is not gonna play basketball on Saturday.

# 왕초보 단골질문 25

왕초보 탈출 1탄 공부질문하기 게시판에서 많은 회원님들이 궁금해하시는 질문들을 선정하였습니다.

 **빈도부사의 위치**

 영어의 기본 문장은 '누가+어쩐다+~을/를'이라고 배웠습니다.
그런데 '나는 항상 우유를 마신다'를 표현하려면 '항상'이라는 의미의 always가 들어가야 하는데, 어디에 넣어야 하나요? 규칙이 있는건가요?

### ➡ 빈도부사의 위치
부사는 문장 안에서 그 위치가 비교적 자유로운 편입니다. 따라서 문장의 앞 혹은 뒤, 동사의 뒤 부분 등 어디에 들어가도 괜찮지만 always와 같이 빈도를 나타내는 부사는 문장에서 쓰인 동사에 따라 위치가 조금씩 달라집니다. 만약 일반동사(be동사, 조동사를 제외한 모든 동사)가 쓰였을 경우 빈도부사는 일반동사 앞에 위치하며, be동사와 조동사일 때에는 그 뒤에 위치합니다.

### ➡ 자주 사용되는 빈도부사
이와 같은 빈도부사들에는 always (항상), often (자주), usually (보통), sometimes (가끔), seldom (좀처럼 ~않는), never (전혀 ~않는) 등이 있습니다.

 **실생활 속 예문 살펴보기**

**I usually have lunch at noon.**
나는 보통 정오에 점심을 먹어요.

**She is sometimes late.**
그녀는 가끔 지각해요.

**He will always love her.**
그는 항상 그녀를 사랑할 거예요.

**I'm never going to tell him.**
나는 그에게 절대 말해주지 않을 거예요.

> **시원's comment!**
> 첫 번째 문장에서 usually는 '보통'이라는 뜻으로 have가 일반동사이기 때문에 have 앞에 위치하였습니다. 두 번째 문장에서 sometimes는 '가끔'이라는 뜻으로 be동사인 is 뒤에 위치하였습니다. 세 번째 문장의 always는 조동사인 will 뒤, 일반동사인 love 앞에 위치합니다. 네 번째 문장은 never를 사용하여 그에게 절대 말하지 않을 것이라고 얘기하고 있고, be동사 am 뒤에 위치합니다.

# UNIT 22

## 나는 커피 마셔야해.
### I must drink coffee.

» '~해야만 한다'를 뜻하는 다양한 표현
**have to / should / must**

01 must를 이용한 표현 "나는 커피를 마셔야 한다."
02 must · should · have to · gotta의 부정 표현
03 should · have to 의문문

### '~ 해야 한다'를 말해보자!

우리가 살아가면서 꼭 해야 할 일이 있고, 꼭 할 필요가 없는 일도 있으며, 절대 해서는 안 되는 일도 있습니다. 일의 경중을 따지고 순서를 나눌 때 반드시 필요한 표현인데요.
이번 Unit 22는 '~해야 한다', '~해서는 안돼' 그리고 '꼭 ~해야 하는 건 아니야'라는 표현을 배워보겠습니다. 용법이 조금씩 다르므로 입으로 연습을 많이 해서 익혀두세요.

# UNIT 22
# 나는 커피 마셔야 해.
## I must drink coffee.

### ① must를 이용한 표현 "나는 커피를 마셔야 한다."

'커피를 마신다'는 행동을 '커피를 마셔야 한다'로 변경하려면 drink coffee 앞에 must를 붙여 must drink coffee로 만들어주면 된다. '마셔야 한다'를 만들어주는 표현은 must 외에도 should, have to가 있다.

got to의 비격식적 표현인 gotta도 마찬가지로 '~해야 한다'라는 뜻으로 일상회화에서 많이 사용한다.

> **must** drink coffee
> **should** drink coffee
> **have to** drink coffee
> **gotta** drink coffee

 TIP

must, should, have to, gotta는 모두 '~해야 한다'라는 뜻이지만 뉘앙스에 약간의 차이가 있다.

위의 단어들 중 must가 무엇인가를 꼭 해야 한다는 가장 강한 뉘앙스를 가지고 있다.

### ② must, should, have to, gotta의 부정 표현

부정 표현을 만들 때는 must와 should의 경우는 can처럼 뒤에 not만 붙이고, have to의 경우는 don't를 앞에 붙여서 don't have to로 만든다. 이때 don't have to의 뜻은 '해야만 하는 건 아니다', '안 해도 된다'가 된다.

> **must** drink coffee
> → **must not** drink coffee      커피를 마시면 안 된다
>
> **should** drink coffee
> → **should not** drink coffee    커피를 마시면 안 된다
>
> **have to** drink coffee
> → **don't have to** drink coffee  커피를 마셔야만 하는 건 아니다 [=안 마셔도 된다]

 TIP

1. 'don't have to drink coffee'를 '안 마셔야 된다'로 잘못 해석하지 않도록 조심하자.

2. gotta는 부정으로 표현할 수 없다.

> I must drink coffee.

## ③ should, have to 의문문

'너는 커피를 마셔야 한다.'인 'You should drink coffee.'를 '너는 커피를 마셔야 하니?'라고 물어볼 때에는 'Are you ~?, Is she ~?'처럼 should를 문장의 맨 앞에 써서 Should you drink coffee? 하면 된다. 단, have to는 '~해야 한다'로 should와 의미는 같지만 should와는 달리 do를 사용해서 의문문을 만든다.

must는 'Must you ~?'와 같은 의문문 형태로 실생활에서 잘 쓰이지 않고, gotta는 의문문의 형태는 없이 평서문에서만 사용됨을 알아두자.

You should drink coffee
→ Should you drink coffee?  너는 커피를 마셔야 하니?

You have to drink coffee
→ Do you have to drink coffee?  너는 커피를 마셔야 하니?

# 강의 속 핵심문장 10

시원스쿨 왕초보 탈출 1탄 22강 <NEW강의>에 해당하는 내용입니다.

##  '~해야만 한다'를 뜻하는 다양한 표현 have to/should/must

누가(주체) + 해야 한다 + 어쩐다(행동)

**나는 + 해야 한다 + 운전하다**
**= I + must + drive**
**= 나는 운전을 해야 한다.**

## 강의 속 예문 살펴보기

| 너 여기에 있어야 해. | You must be here. |
| 아이스크림은 냉장고에 있어야 해. | Ice cream must be in 냉장고. |
| 아이들은 놀이터에 있어야 해. | Children must be in 놀이터. |
| 너 꼭 읽어야 하는 건 아니야. | You don't have to read. |
| 너 꼭 이거 사야 하는 건 아니야. | You don't have to get this. |
| 너 꼭 일해야 하는 건 아니야. | You don't have to work. |
| 넌 꼭 여기 있어야 하는 건 아니야. | You don't have to be here. |
| 부엌은 깨끗해야 돼. | Kitchen should be clean. |
| 사람들은 건강해야 돼. | People should be healthy. |
| 남자는 지저분하면 안 돼. | Men shouldn't be dirty. |

# 한눈에 보는 UNIT 22 단어

- ☐ **kitchen** 주방
- ☐ **dirty** 더러운
- ☐ **bank** 은행
- ☐ **problem** 문제
- ☐ **healthy** 건강한
- ☐ **vitamin** 비타민
- ☐ **early** 일찍
- ☐ **airport** 공항
- ☐ **quiet** 조용한
- ☐ **apologize** 사과하다
- ☐ **reservation** 예약
- ☐ **solve** 풀다, 해결하다
- ☐ **market research** 시장조사
- ☐ **wait** 기다리다

> ❝ '~해야 돼'는 must, have to, should, gotta로 표현할 수 있어요.
> '누가' 와 '어쩐다' 사이에 넣어주면 됩니다~ ❞

# Practice 01 must · should · have to · gotta 긍정문

## must · should · have to · gotta 긍정문 연습하기 (우리말+영어)

아래의 우리말 문장들을 영어로 어떻게 말할 수 있는지 살펴보세요.

| 우리말 | 영어 |
|---|---|
| 나는 지금 집에 가야 해. | I must go home now. |
| 나는 비타민을 먹어야 해. | I must take vitamins. |
| 나는 그녀에게 사과해야 해. | I must apologize to her. |
| 나는 조용히 해야 해. | I must be quiet. |
| 너는 시장조사를 해야 해. | You must do market research. |
| 너는 그들을 도와줘야 해. | You should help them. |
| 너는 그녀에게 전화해야 해. | You should call her. |
| 그들은 쉬어야 해. | They should take a rest. |
| 그들은 이것을 사야 해. | They should buy this. |
| 그들은 은행에 가야 해. | They should go to the bank. |
| 그는 그녀를 만나야 해. | He has to meet her. |
| 그는 내 방을 청소해야 해. | He has to clean my room. |
| 그는 학교를 일찍 가야 해. | He has to go to school early. |
| 그는 티켓을 예매해야 해. | He has to book a ticket. |
| 그녀는 그를 기다려야 해. | She has to wait for him. |
| 그녀는 돌아가야 해. | She gotta get back. |
| 그녀는 이 문제를 풀어야 해. | She gotta solve this problem. |
| 시원이는 숙제를 끝내야 해. | 시원 gotta finish his homework. |
| 시원이는 공항에 가야 해. | 시원 gotta go to the airport. |
| 시원이는 시간을 지켜야 해. | 시원 gotta be on time. |

## ✌ must · should · have to · gotta 긍정문 영작하기

나는 지금 집에 가야 해.

나는 비타민을 먹어야 해.

나는 그녀에게 사과해야 해.

나는 조용히 해야 해.

너는 시장조사를 해야 해.

너는 그들을 도와줘야 해.

너는 그녀에게 전화해야 해.

그들은 쉬어야 해.

그들은 이것을 사야 해.

그들은 은행에 가야 해.

그는 그녀를 만나야 해.

그는 내 방을 청소해야 해.

그는 학교를 일찍 가야 해.

그는 티켓을 예매해야 해.

그녀는 그를 기다려야 해.

그녀는 돌아가야 해.

그녀는 이 문제를 풀어야 해.

시원이는 숙제를 끝내야 해.

시원이는 공항에 가야 해.

시원이는 시간을 지켜야 해.

## ✌ must · should · have to · gotta 긍정문 해석하기

I must go home now.

I must take vitamins.

I must apologize to her.

I must be quiet.

You must do market research.

You should help them.

You should call her.

They should take a rest.

They should buy this.

They should go to the bank.

He has to meet her.

He has to clean my room.

He has to go to school early.

He has to book a ticket.

She has to wait for him.

She gotta get back.

She gotta solve this problem.

시원 gotta finish his homework.

시원 gotta go to the airport.

시원 gotta be on time.

UNIT 22 나는 커피 마셔야 해 · 279

# Practice 02 must · should · have to 의문문

## must · should · have to 의문문 연습하기 (우리말+영어)

아래의 우리말 문장들을 영어로 어떻게 말할 수 있는지 살펴보세요.

| 우리말 | 영어 |
|---|---|
| 나는 지금 집에 가야 하니? | Should I go home now? |
| 나는 비타민을 먹어야 하니? | Should I take vitamins? |
| 나는 그녀에게 사과해야 하니? | Should I apologize to her? |
| 나는 조용히 해야 하니? | Should I be quiet? |
| 너는 시장조사를 해야 하니? | Should you do market research? |
| 너는 그들을 도와줘야 하니? | Do you have to help them? |
| 너는 그녀에게 전화해야 하니? | Do you have to call her? |
| 그들은 쉬어야 하니? | Do they have to take a rest? |
| 그들은 이것을 사야 하니? | Do they have to buy this? |
| 그들은 은행에 가야 하니? | Do they have to go to the bank? |
| 그는 그녀를 만나야 하니? | Should he meet her? |
| 그는 내 방을 청소해야 하니? | Should he clean my room? |
| 그는 학교를 일찍 가야 하니? | Should he go to school early? |
| 그는 티켓을 예매해야 하니? | Should he book a ticket? |
| 그녀는 그를 기다려야 하니? | Should she wait for him? |
| 그녀는 돌아가야 하니? | Does she have to get back? |
| 그녀는 이 문제를 풀어야 하니? | Does she have to solve this problem? |
| 시원이는 숙제를 끝내야 하니? | Does 시원 have to finish his homework? |
| 시원이는 공항에 가야 하니? | Does 시원 have to go to the airport? |
| 시원이는 시간을 지켜야 하니? | Does 시원 have to be on time? |

##  must · should · have to 의문문 영작하기

나는 지금 집에 가야 하니?

나는 비타민을 먹어야 하니?

나는 그녀에게 사과해야 하니?

나는 조용히 해야 하니?

너는 시장조사를 해야 하니?

너는 그들을 도와줘야 하니?

너는 그녀에게 전화해야 하니?

그들은 쉬어야 하니?

그들은 이것을 사야 하니?

그들은 은행에 가야 하니?

그는 그녀를 만나야 하니?

그는 내 방을 청소해야 하니?

그는 학교를 일찍 가야 하니?

그는 티켓을 예매해야 하니?

그녀는 그를 기다려야 하니?

그녀는 돌아가야 하니?

그녀는 이 문제를 풀어야 하니?

시원이는 숙제를 끝내야 하니?

시원이는 공항에 가야 하니?

시원이는 시간을 지켜야 하니?

## must · should · have to 의문문 해석하기

Should I go home now?

Should I take vitamins?

Should I apologize to her?

Should I be quiet?

Should you do market research?

Do you have to help them?

Do you have to call her?

Do they have to take a rest?

Do they have to buy this?

Do they have to go to the bank?

Should he meet her?

Should he clean my room?

Should he go to school early?

Should he book a ticket?

Should she wait for him?

Does she have to get back?

Does she have to solve this problem?

Does 시원 have to finish his homework?

Does 시원 have to go to the airport?

Does 시원 have to be on time?

# Practice 03 must · should · have to 부정문

## ☝ must · should · have to 부정문 연습하기 (우리말+영어)
아래의 우리말 문장들을 영어로 어떻게 말할 수 있는지 살펴보세요.

| 우리말 | 영어 |
|---|---|
| 나는 지금 집에 가면 안 돼. | I must not go home now. |
| 나는 비타민을 먹으면 안 돼. | I must not take vitamins. |
| 나는 그녀에게 사과하면 안 돼. | I must not apologize to her. |
| 나는 조용히 하면 안 돼. | I must not be quiet. |
| 너는 시장조사를 하면 안 돼. | You must not do market research. |
| 너는 그들을 도와주면 안 돼. | You should not help them. |
| 너는 그녀에게 전화하면 안 돼. | You should not call her. |
| 그들은 쉬면 안 돼. | They should not take a rest. |
| 그들은 이것을 사면 안 돼. | They should not buy this. |
| 그들은 은행에 가면 안 돼. | They should not go to the bank. |
| 그는 그녀를 만나지 않아도 돼. | He doesn't have to meet her. |
| 그는 내 방을 청소하지 않아도 돼. | He doesn't have to clean my room. |
| 그는 학교를 일찍 가지 않아도 돼. | He doesn't have to go to school early. |
| 그는 티켓을 예매하지 않아도 돼. | He doesn't have to book a ticket. |
| 그녀는 그를 기다리지 않아도 돼. | She doesn't have to wait for him. |
| 그녀는 돌아가지 않아도 돼. | She doesn't have to get back. |
| 그녀는 이 문제를 풀지 않아도 돼. | She doesn't have to solve this problem. |
| 시원이는 숙제를 끝내지 않아도 돼. | 시원 doesn't have to finish his homework. |
| 시원이는 공항에 가지 않아도 돼. | 시원 doesn't have to go to the airport. |
| 시원이는 시간을 지키지 않아도 돼. | 시원 doesn't have to be on time. |

##  must · should · have to 부정문 영작하기

나는 지금 집에 가면 안 돼.

나는 비타민을 먹으면 안 돼.

나는 그녀에게 사과하면 안 돼.

나는 조용히 하면 안 돼.

너는 시장조사를 하면 안 돼.

너는 그들을 도와주면 안 돼.

너는 그녀에게 전화하면 안 돼.

그들은 쉬면 안 돼.

그들은 이것을 사면 안 돼.

그들은 은행에 가면 안 돼.

그는 그녀를 만나지 않아도 돼.

그는 내 방을 청소하지 않아도 돼.

그는 학교를 일찍 가지 않아도 돼.

그는 티켓을 예매하지 않아도 돼.

그녀는 그를 기다리지 않아도 돼.

그녀는 돌아가지 않아도 돼.

그녀는 이 문제를 풀지 않아도 돼.

시원이는 숙제를 끝내지 않아도 돼.

시원이는 공항에 가지 않아도 돼.

시원이는 시간을 지키지 않아도 돼.

##  must · should · have to 부정문 해석하기

I must not go home now.

I must not take vitamins.

I must not apologize to her.

I must not be quiet.

You must not do market research.

You should not help them.

You should not call her.

They should not take a rest.

They should not buy this.

They should not go to the bank.

He doesn't have to meet her.

He doesn't have to clean my room.

He doesn't have to go to school early.

He doesn't have to book a ticket.

She doesn't have to wait for him.

She doesn't have to get back.

She doesn't have to solve this problem.

시원 doesn't have to finish his homework.

시원 doesn't have to go to the airport.

시원 doesn't have to be on time.

# 왕초보 단골질문 25

왕초보 탈출 1탄 공부질문하기 게시판에서 많은 회원님들이 궁금해하시는 질문들을 선정하였습니다.

## should, have to, must, gotta의 차이
## should, have to, must의 부정

궁금해요

'Do I have to pick him up? (내가 그를 픽업해야 하나요?)'에서 have to 대신에 Should I pick him up?으로 써도 가능한지요? 그리고 또 must와 gotta도 같은 뜻이던데 차이가 있나요? 그러면 각각의 부정형태인 shouldn't, don't have to, must not도 의미에 차이가 있나요?

### ➡ should, have to, must, gotta의 차이

모두 '~해야 한다'라는 뜻을 가졌지만 강제성에 차이가 있습니다. should는 일반적으로 '해야 할 일'과 관련해서 사용되며 충고의 의미로 많이 사용됩니다. have to는 규칙, 법과 같은 의무를 표현할 때 쓰이고, 반드시 해야 하는 당연한 사실을 말할 때 사용합니다. must는 반드시 해야 하는 개인적 의무를 말할 때 쓰이는 조동사로 가장 강한 강제성을 갖고 있습니다. got to의 줄임말인 gotta는 비격식적 표현이므로 실생활 대화에서만 사용합니다.

### ➡ should, have to, must 부정

should와 must의 경우 '~해서는 안 된다'라는 같은 의미이지만 must는 절대로 안 된다는 강한 부정의 뜻을 갖고 있습니다. 부정 형태에서 주의해야 할 점은 don't have to입니다. have to를 부정하면 '~해서는 안 된다'라는 뜻이 아닌 '꼭 ~할 필요가 없다'라는 의미로 바뀌기 때문입니다.

 **실생활 속 예문 살펴보기**

**You should see a doctor.**
너는 의사에게 진찰을 받아야 해.

**You have to go to school.**
너는 학교에 가야 한다.

**You shouldn't be late.**
너 늦으면 안돼.

**You must not swim in the river.**
넌 절대로 강에서 수영하면 안돼.

### 시원's comment!

첫 번째 문장은 should를 사용하여 일반적으로 '해야 할 일', 즉 의사에게 진찰을 받아야 한다는 충고를 나타내고 있습니다. 두 번째 문장은 have to로 학교에 가야 한다는 규칙을 말하고 있습니다. 세 번째 문장은 should not(= shouldn't)을 사용하여 늦지 말라는 뜻을 의미합니다. 네 번째는 must not을 사용하여 절대로 강에서 수영을 하면 안 된다는 강한 부정을 나타내고 있습니다.

# UNIT 23

## 나는 커피 마시게 돼.
### I get to drink coffee.

» 실생활에서 유용한 표현,
tend to / get to / try to 배우기

01  get to · try to · tend to
02  get to · try to · tend to의 부정 표현

### 실생활에서 유용하게 쓰이는 동사
### get, try, tend

이번 시간에는 실생활에서 유용하게 쓰이는 동사 3가지를 익혀보세요.
영어는 동사 중심의 언어이고 동사가 매우 발달해 있으므로 동사만 잘 활용해도
회화의 상당 부분을 커버할 수 있습니다.

# UNIT 23 나는 커피 마시게 돼.
## I get to drink coffee.

 **get to · try to · tend to**

have to를 drink 앞에 붙여 have to drink하면 '마셔야 한다'가 되었다. 비슷하게 get to를 drink 앞에 붙여 get to drink하면 '마시게 한다'는 말이 된다. 그리고 try to를 붙여 try to drink 하면 '마시려고[노력]한다'는 말이 되고, tend to를 붙여 tend to drink하면 '마시는 경향이 있다'는 말이 된다.

| | |
|---|---|
| get to drink | 마시게 된다 |
| try to drink | 마시려고 한다 |
| tend to drink | 마시는 경향이 있다 |
| get to be polite | 공손하게 된다 |
| try to be polite | 공손해지려고 한다 |
| tend to be polite | 공손한 경향이 있다 |

 TiP

tend to는 '텐드 투'가 아닌 '텐 투'라고 발음하는 게 자연스럽다.

I get to drink coffee.

##  get to · try to · tend to의 부정 표현

have to의 부정을 don't have to 라고 했던 것과 같이 get to, try to, tend to도 don't get to, don't try to, don't tend to로 부정한다.

| | |
|---|---|
| don't get to drink | 안 마시게 된다 / 마시지 않게 된다 |
| don't try to drink | 안 마시려고 한다 / 마시지 않으려고 한다 |
| don't tend to drink | 안 마시는 경향이 있다 / 마시지 않는 경향이 있다 |

 TiP

don't try to drink는 try not to drink로 바꿔 말할 수 있다.

# 강의 속 핵심문장 10

시원스쿨 왕초보 탈출 1탄 23강 <NEW강의>에 해당하는 내용입니다.

 **실생활에서 유용한 표현, tend to/get to/try to 배우기**

누가(주체) + '~하려고 노력한다' + 어쩐다(행동)

나는 + ~하려고 노력한다 + 공손하다
= I + try to + be polite
= 나는 공손해지려고 노력한다.

 **강의 속 예문 살펴보기**

| | |
|---|---|
| ➡ 나는 긴장하게 돼요. | I get to be nervous. |
| ➡ 나는 공부를 많이 하려고 해요. | I try to study a lot. |
| ➡ 나는 덜 먹으려고 노력해요. | I try to eat less. |
| ➡ 그는 늦게 오는 경향이 있어요. | He tends to come late. |
| ➡ 나는 일요일에 일하는 편이에요. | I tend to work on Sundays. |
| ➡ 나는 활발한 편이에요. | I tend to be outgoing. |
| ➡ 나는 긍정적이게 돼요. | I get to be positive. |
| ➡ 남동생은 부정적인 편이에요. | My brother tends to be negative. |
| ➡ 나는 공부를 안 하려고 해요. | I try not to study. |
| ➡ 나는 생각하려고 노력하지 않아요. | I don't try to think. |

# 한눈에 보는 UNIT 23 단어

- ☐ **nervous** 긴장한
- ☐ **negative** 부정적인
- ☐ **stuff** 물건
- ☐ **relieve** 덜어내다
- ☐ **Sunday** 일요일
- ☐ **think** 생각하다
- ☐ **vacation** 휴가
- ☐ **stress** 스트레스
- ☐ **outgoing** 활발한
- ☐ **weekend** 주말
- ☐ **July** 7월
- ☐ **minute** (시간) 분
- ☐ **positive** 긍정적인
- ☐ **scholarship** 장학금
- ☐ **promise** 약속

" 이전 Unit에서 배웠던 have to와 비슷한 형태인 tend to, get to, try to에 대해서 배워 볼게요. "

# Practice 01 get to · try to · tend to 긍정문

 **get to · try to · tend to 긍정문 연습하기 (우리말+영어)**

아래의 우리말 문장들을 영어로 어떻게 말할 수 있는지 살펴보세요.

| | |
|---|---|
| 나는 주말에 늦게 일어나게 돼. | I get to get up late on weekends. |
| 나는 장학금을 받으려고 해. | I try to get a scholarship. |
| 나는 내 물건을 잃어버리는 편이야. | I tend to lose my stuff. |
| 나는 7월에 휴가를 가게 돼. | I get to go on vacation in July. |
| 너는 약속을 지키려고 해. | You try to keep a promise. |
| 너는 물을 많이 마시는 편이야. | You tend to drink a lot of water. |
| 너는 다시 홍콩에 가게 돼. | You get to go to Hong Kong again. |
| 그들은 스트레스를 풀려고 해. | They try to relieve stress. |
| 그들은 새로운 것을 배우려는 경향이 있어. | They tend to learn something new. |
| 그들은 10분 동안 말하게 돼. | They get to talk for 10 minutes. |
| 그는 주말에 늦게 일어나게 돼. | He gets to get up late on weekends. |
| 그는 장학금을 받으려고 해. | He tries to get a scholarship. |
| 그는 그의 물건을 잃어버리는 편이야. | He tends to lose his stuff. |
| 그는 7월에 휴가를 가게 돼. | He gets to go on vacation in July. |
| 그녀는 약속을 지키려고 해. | She tries to keep a promise. |
| 그녀는 물을 많이 마시는 편이야. | She tends to drink a lot of water. |
| 그녀는 다시 홍콩에 가게 돼. | She gets to go to Hong Kong again. |
| 시원이는 스트레스를 풀려고 해. | 시원 tries to relieve stress. |
| 시원이는 새로운 것을 배우려는 경향이 있어. | 시원 tends to learn something new. |
| 시원이는 10분 동안 말하게 돼. | 시원 gets to talk for 10 minutes. |

## ✌ get to · try to · tend to 긍정문 영작하기

나는 주말에 늦게 일어나게 돼.　　　　그는 주말에 늦게 일어나게 돼.

나는 장학금을 받으려고 해.　　　　　그는 장학금을 받으려고 해.

나는 내 물건을 잃어버리는 편이야.　　그는 그의 물건을 잃어버리는 편이야.

나는 7월에 휴가를 가게 돼.　　　　　그는 7월에 휴가를 가게 돼.

너는 약속을 지키려고 해.　　　　　　그녀는 약속을 지키려고 해.

너는 물을 많이 마시는 편이야.　　　　그녀는 물을 많이 마시는 편이야.

너는 다시 홍콩에 가게 돼.　　　　　　그녀는 다시 홍콩에 가게 돼.

그들은 스트레스를 풀려고 해.　　　　시원이는 스트레스를 풀려고 해.

그들은 새로운 것을 배우려는 경향이 있어.　시원이는 새로운 것을 배우려는 경향이 있어.

그들은 10분 동안 말하게 돼.　　　　시원이는 10분 동안 말하게 돼.

## ✌ get to · try to · tend to 긍정문 해석하기

I get to get up late on weekends.　　He gets to get up late on weekends.

I try to get a scholarship.　　　　　He tries to get a scholarship.

I tend to lose my stuff.　　　　　　He tends to lose his stuff.

I get to go on vacation in July.　　　He gets to go on vacation in July.

You try to keep a promise.　　　　　She tries to keep a promise.

You tend to drink a lot of water.　　She tends to drink a lot of water.

You get to go to Hong Kong again.　　She gets to go to Hong Kong again.

They try to relieve stress.　　　　　시원 tries to relieve stress.

They tend to learn something new.　　시원 tends to learn something new.

They get to talk for 10 minutes.　　　시원 gets to talk for 10 minutes.

## Practice 02 — get to · try to · tend to 의문문

### 👉 get to · try to · tend to 의문문 연습하기 (우리말+영어)

아래의 우리말 문장들을 영어로 어떻게 말할 수 있는지 살펴보세요.

| 우리말 | 영어 |
|---|---|
| 나는 주말에 늦게 일어나게 되니? | Do I get to get up late on weekends? |
| 나는 장학금을 받으려고 하니? | Do I try to get a scholarship? |
| 나는 내 물건을 잃어버리는 편이니? | Do I tend to lose my stuff? |
| 나는 7월에 휴가를 가게 되니? | Do I get to go on vacation in July? |
| 너는 약속을 지키려고 하니? | Do you try to keep a promise? |
| 너는 물을 많이 마시는 편이니? | Do you tend to drink a lot of water? |
| 너는 다시 홍콩에 가게 되니? | Do you get to go to Hong Kong again? |
| 그들은 스트레스를 풀려고 하니? | Do they try to relieve stress? |
| 그들은 새로운 것을 배우려는 경향이 있니? | Do they tend to learn something new? |
| 그들은 10분 동안 말하게 되니? | Do they get to talk for 10 minutes? |
| 그는 주말에 늦게 일어나게 되니? | Does he get to get up late on weekends? |
| 그는 장학금을 받으려고 하니? | Does he try to get a scholarship? |
| 그는 그의 물건을 잃어버리는 편이니? | Does he tend to lose his stuff? |
| 그는 7월에 휴가를 가게 되니? | Does he get to go on vacation in July? |
| 그녀는 약속을 지키려고 하니? | Does she try to keep a promise? |
| 그녀는 물을 많이 마시는 편이니? | Does she tend to drink a lot of water? |
| 그녀는 다시 홍콩에 가게 되니? | Does she get to go to Hong Kong again? |
| 시원이는 스트레스를 풀려고 하니? | Does 시원 try to relieve stress? |
| 시원이는 새로운 것을 배우려는 경향이 있니? | Does 시원 tend to learn something new? |
| 시원이는 10분 동안 말하게 되니? | Does 시원 get to talk for 10 minutes? |

## ✌ get to · try to · tend to 의문문 영작하기

나는 주말에 늦게 일어나게 되니?  그는 주말에 늦게 일어나게 되니?

나는 장학금을 받으려고 하니?  그는 장학금을 받으려고 하니?

나는 내 물건을 잃어버리는 편이니?  그는 그의 물건을 잃어버리는 편이니?

나는 7월에 휴가를 가게 되니?  그는 7월에 휴가를 가게 되니?

너는 약속을 지키려고 하니?  그녀는 약속을 지키려고 하니?

너는 물을 많이 마시는 편이니?  그녀는 물을 많이 마시는 편이니?

너는 다시 홍콩에 가게 되니?  그녀는 다시 홍콩에 가게 되니?

그들은 스트레스를 풀려고 하니?  시원이는 스트레스를 풀려고 하니?

그들은 새로운 것을 배우려는 경향이 있니?  시원이는 새로운 것을 배우려는 경향이 있니?

그들은 10분 동안 말하게 되니?  시원이는 10분 동안 말하게 되니?

## ✌ get to · try to · tend to 의문문 해석하기

Do I get to get up late on weekends?  Does he get to get up late on weekends?

Do I try to get a scholarship?  Does he try to get a scholarship?

Do I tend to lose my stuff?  Does he tend to lose his stuff?

Do I get to go on vacation in July?  Does he get to go on vacation in July?

Do you try to keep a promise?  Does she try to keep a promise?

Do you tend to drink a lot of water?  Does she tend to drink a lot of water?

Do you get to go to Hong Kong again?  Does she get to go to Hong Kong again?

Do they try to relieve stress?  Does 시원 try to relieve stress?

Do they tend to learn something new?  Does 시원 tend to learn something new?

Do they get to talk for 10 minutes?  Does 시원 get to talk for 10 minutes?

## Practice 03 get to · try to · tend to 부정문

### 👆 get to · try to · tend to 부정문 연습하기 (우리말+영어)
아래의 우리말 문장들을 영어로 어떻게 말할 수 있는지 살펴보세요.

| 우리말 | 영어 |
|---|---|
| 나는 주말에 늦게 일어나지 않게 돼. | I don't get to get up late on weekends. |
| 나는 장학금을 받으려고 하지 않아. | I don't try to get a scholarship. |
| 나는 내 물건을 잃어버리는 편이 아니야. | I don't tend to lose my stuff. |
| 나는 7월에 휴가를 가지 않게 돼. | I don't get to go on vacation in July. |
| 너는 약속을 지키려고 하지 않아. | You don't try to keep a promise. |
| 너는 물을 많이 마시는 편이 아니야. | You don't tend to drink a lot of water. |
| 너는 다시 홍콩에 가지 않게 돼. | You don't get to go to Hong Kong again. |
| 그들은 스트레스를 풀려고 하지 않아. | They don't try to relieve stress. |
| 그들은 새로운 것을 배우려는 경향이 없어. | They don't tend to learn something new. |
| 그들은 10분 동안 말하지 않게 돼. | They don't get to talk for 10 minutes. |
| 그는 주말에 늦게 일어나지 않게 돼. | He doesn't get to get up late on weekends. |
| 그는 장학금을 받으려고 하지 않아. | He doesn't try to get a scholarship. |
| 그는 그의 물건을 잃어버리는 편이 아니야. | He doesn't tend to lose his stuff. |
| 그는 7월에 휴가를 가지 않게 돼. | He doesn't get to go on vacation in July. |
| 그녀는 약속을 지키려고 하지 않아. | She doesn't try to keep a promise. |
| 그녀는 물을 많이 마시는 편이 아니야. | She doesn't tend to drink a lot of water. |
| 그녀는 다시 홍콩에 가지 않게 돼. | She doesn't get to go to Hong Kong again. |
| 시원이는 스트레스를 풀려고 하지 않아. | 시원 doesn't try to relieve stress. |
| 시원이는 새로운 것을 배우려는 경향이 없어. | 시원 doesn't tend to learn something new. |
| 시원이는 10분 동안 말하지 않게 돼. | 시원 doesn't get to talk for 10 minutes. |

## ✌ get to · try to · tend to 부정문 영작하기

나는 주말에 늦게 일어나지 않게 돼.
나는 장학금을 받으려고 하지 않아.
나는 내 물건을 잃어버리는 편이 아니야.
나는 7월에 휴가를 가지 않게 돼.
너는 약속을 지키려고 하지 않아.
너는 물을 많이 마시는 편이 아니야.
너는 다시 홍콩에 가지 않게 돼.
그들은 스트레스를 풀려고 하지 않아.
그들은 새로운 것을 배우려는 경향이 없어.
그들은 10분 동안 말하지 않게 돼.

그는 주말에 늦게 일어나지 않게 돼.
그는 장학금을 받으려고 하지 않아.
그는 그의 물건을 잃어버리는 편이 아니야.
그는 7월에 휴가를 가지 않게 돼.
그녀는 약속을 지키려고 하지 않아.
그녀는 물을 많이 마시는 편이 아니야.
그녀는 다시 홍콩에 가지 않게 돼.
시원이는 스트레스를 풀려고 하지 않아.
시원이는 새로운 것을 배우려는 경향이 없어.
시원이는 10분 동안 말하지 않게 돼.

## ✌ get to · try to · tend to 부정문 해석하기

I don't get to get up late on weekends.
I don't try to get a scholarship.
I don't tend to lose my stuff.
I don't get to go on vacation in July.
You don't try to keep a promise.
You don't tend to drink a lot of water.
You don't get to go to Hong Kong again.
They don't try to relieve stress.
They don't tend to learn something new.
They don't get to talk for 10 minutes.

He doesn't get to get up late on weekends.
He doesn't try to get a scholarship.
He doesn't tend to lose his stuff.
He doesn't get to go on vacation in July.
She doesn't try to keep a promise.
She doesn't tend to drink a lot of water.
She doesn't get to go to Hong Kong again.
시원 doesn't try to relieve stress.
시원 doesn't tend to learn something new.
시원 doesn't get to talk for 10 minutes.

# 왕초보 단골질문 25

왕초보 탈출 1탄 공부질문하기 게시판에서 많은 회원님들이 궁금해하시는 질문들을 선정하였습니다.

## could의 긍정/부정/의문문

'나는 살 수 있었다 / 나는 팔 수 있었다'를 표현하고 싶을 때는 어떻게 해야 하나요? could는 can의 과거이지만 "I could sell my old car."라고 하면 안 되는 걸로 알고 있습니다. 과거에 '~할 수 있었다'를 표현하고자 할 때 어떻게 해야 하는지 알려주세요~

➡ **could have pp는 '~할 수 있었다'**

could는 can의 과거형이 맞지만 긍정문에서는 보통 과거에 일어나지 않은 일에 대해서 그 반대의 상황을 가정하여 표현할 때를 뜻합니다. 그래서 '~할 수 있었다' 혹은 '~일 수 있었다' 라는 의미로 쓸 때에는 '주어 + could + have + 과거완료형 동사'를 사용해줍니다.

➡ **could의 부정문과 의문문**

부정문일 때에는 couldn't를 사용하면 과거에 '~할 수 없었다'를 의미하고, Could you~?와 같은 의문문은 무엇인가를 요청, 부탁할 때 사용합니다. 이때 could는 can 보다 공손한 표현입니다.

## 실생활 속 예문 살펴보기

**I could have sold my old car.**
내 오래된 차를 팔 수 있었다.

**She could have done the homework.**
그녀는 숙제를 할 수 있었다.

**He couldn't buy a new cellphone.**
그는 새로운 휴대폰을 살 수 없었다.

**Could you get me some water?**
물 좀 가져다 주시겠어요?

### 시원's comment!

첫 번째 문장은 'could + have + 과거완료형 동사'의 형태로 오래된 차를 팔 수 있었으나 팔지 못한 사실을 이야기하고 있습니다. 두 번째 문장도 마찬가지로 그녀가 숙제를 할 수 있었지만 하지 못했다는 것을 나타냅니다. 세 번째 문장의 couldn't는 could의 부정으로 과거에 휴대폰을 살 수 없었다는 사실을 말해주고 있습니다. 네 번째 문장은 Could you~? 의문문으로 공손한 부탁을 나타내는 표현입니다.

# UNIT 24

## 나는 커피 마셔서 괜찮아.
### I drank coffee, so I am OK.

» so를 이용해서 문장 길게 만드는 연습하기

01  so를 이용한 표현 "나는 커피를 마셔서 괜찮아."
02  but을 이용한 표현 "나는 커피를 마셨지만 괜찮아."
03  so that을 이용한 표현 "내가 커피를 마실 수 있도록"

### 문장을 연결해주는 so

우리는 Unit 03에서 and로 두 문장을 연결해서 문장을 길게 만드는 연습을 해보았습니다. 이번에 배울 so와 but도 마찬가지로 문장과 문장 사이에 쓰여 두 개의 문장들을 연결해주는 역할을 합니다. 그럼 and와 but의 차이는 무엇이며, 언제, 어떻게 사용되는지 다시 한 번 정리해보세요.

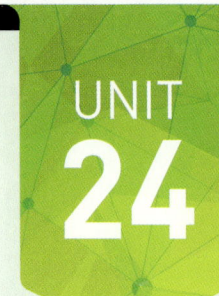

# UNIT 24 나는 커피 마셔서 괜찮아.
## I drank coffee, so I am OK.

### ① so를 이용한 표현 "나는 커피를 마셔서 괜찮아."

보통 영어로 '~때문에'를 because로 알고 있는데 영어로 '~때문에'는 because와 so 두 가지가 있다. so는 '그래서, 때문에, 그러므로'의 뜻이 있다. so를 사용할 땐 앞 문장은 원인을, so의 다음 문장은 그 결과를 표현해 준다. 또한 so와 and는 그 문장 형태가 비슷하지만 차이가 있다면 and 다음엔 주체가 없어도 되지만 so 다음엔 주체가 생략되면 안 되고 꼭 따라와야 한다는 점이다.

I drank coffee so
난 커피를 마셔서 [=마셨기 **때문에**, 마셨으므로]

I drank coffee, so I am OK.
난 커피를 마셔서 [난] 괜찮아.

> I took a bus, so I was late.
> 난 버스를 타서 늦었어.
>
> I like movies, so I watch movies every day.
> 난 영화를 좋아해서 매일 영화 봐.
>
> I went to 시원스쿨, so I could learn English.
> 난 시원스쿨에 갔기 때문에 영어를 배울 수 있었어.

**TIP**

우리말은 so와 but의 다음 주체는 생략하지만 영어는 생략하면 안 된다.

I drank coffee, so I am OK.

## 2 but을 이용한 표현 "나는 커피를 마셨지만 괜찮아."

'난 커피를 마셨다'를 '난 커피를 마셨지만'이란 행동으로 바꾸려면 so 대신 but을 넣어 주면 된다. but은 '그러나, 그런데, 하지만'의 의미를 갖고 있다. 또한, so와 마찬가지로 우리말에선 but 다음의 주체를 생략하지만 영어에선 생략하지 않는다.

I drank coffee, but     난 커피를 마셨지만 [=마셨는데, 마셨으나]
I drank coffee, but I am OK.     난 커피를 마셨지만 [난] 괜찮아.

> I want to study, but I want to sleep.
> 나는 공부하고 싶지만 [나는] 자고 싶어.
>
> I want to make money, but I don't want to work.
> 나는 돈을 벌고 싶지만 [나는] 일을 하고 싶진 않아.
>
> I want to lose weight, but I don't exercise.
> 나는 살을 빼고 싶은데 [나는] 운동을 안 해.

## 3 so that을 이용한 표현 "내가 커피를 마실 수 있도록"

'so that'은 '~할 수 있도록'의 뜻으로, so that을 I can drink coffee 앞에 붙여 so that I can drink coffee 하면 '내가 커피를 마실 수 있도록'이 된다.

so that you can come     네가 올 수 있도록
so that you can study     네가 공부 할 수 있도록

> Can you give me some money so that I can drink coffee?
> 너는 내가 커피를 마실 수 있도록 나한테 돈 좀 줄 수 있니?
>
> I didn't have lunch so that I could eat a lot at the buffet.
> 뷔페에서 많이 먹을 수 있도록 나는 점심을 안 먹었어.
>
> Let me see him so that I can ask him something.
> 내가 걔한테 뭐 좀 물어 볼 수 있도록 걔를 만나게 해줘.

let me ~: [내가] ~하겠다

# 강의 속 핵심문장 10

시원스쿨 왕초보 탈출 1탄 24강 <NEW강의>에 해당하는 내용입니다.

 **So를 이용해서 문장을 길게 만드는 연습하기**

누가(주체) + 어쩐다(행동) + so + 누가(주체) + 어쩐다(행동)

나는 + 시원스쿨에 갔어 + 그래서 + 나는 + 행복했어
= I + went to 시원스쿨 + so + I + was happy
= 나는 시원스쿨에 가서 행복했어.

 **강의 속 예문 살펴보기**

| | |
|---|---|
| ➡ 나는 버스를 타서 늦었어. | I took a bus, so I was late. |
| ➡ 나는 커피를 마셔서 괜찮아. | I drank coffee, so I am OK. |
| ➡ 나는 늦는걸 싫어해서 버스를 타는 편이에요. | I don't like to be late, so I tend to take a bus. |
| ➡ 나는 공부를 좋아해서 미국에 갈 거야. | I like to study, so I am going to America. |
| ➡ 나는 결혼하고 싶어서 소개팅 받을 거예요. | I want to get married, so I will get a 소개팅. |
| ➡ 나는 살을 빼고 싶어서 핫요가에 가요. | I want to lose weight, so I go to 핫요가. |
| ➡ 나는 돈 벌고 싶은데 일은 안 해. | I want to make money, but I don't work. |
| ➡ 나는 일하고 싶은데 자고 싶어. | I want to work, but I want to sleep. |
| ➡ 나는 영화를 보고 싶어서 일을 해. | I want to see a movie, so I work. |
| ➡ 나는 여의도에 가지만 친구는 안 만난다. | I go to 여의도, but I don't meet my friend. |

# 한눈에 보는 UNIT 24 단어

- ☐ **marry** 결혼하다
- ☐ **hurt** 다치다
- ☐ **travel** 여행하다
- ☐ **weight** 무게, 체중
- ☐ **hospital** 병원
- ☐ **save money** 저축하다
- ☐ **rest** 쉬다
- ☐ **angry** 화난
- ☐ **cherry blossom** 벚꽃
- ☐ **outside** 밖, 실외

" so의 특징은 '주어+동사 so 주어+동사' 순서로 되어야 한다는 거예요. "

시원쌤이 말한다!

UNIT 24 나는 커피 마셔서 괜찮아

# Practice 01 so 문장

## ☞ so 긍정 / 부정문 연습하기 (우리말+영어)

아래의 우리말 문장들을 영어로 어떻게 말할 수 있는지 살펴보세요.

| | |
|---|---|
| 나는 바쁘지 않아서 너를 만날 수 있어. | I am not busy, so I can meet you. |
| 나는 쉬지 않아서 지금 피곤해. | I didn't take a rest, so I'm tired now. |
| 나는 벚꽃을 좋아해서 여의도에 갈 거야. | I like cherry blossoms, so I will go to 여의도. |
| 나는 다쳐서 병원에 갔어. | I got hurt, so I went to the hospital. |
| 너는 배고프지 않아서 많이 안 먹을 거야. | You are not hungry, so you will not eat a lot. |
| 너는 좋은 몸매이기를 원해서 운동을 해. | You want to be in good shape, so you exercise. |
| 너는 화가 나서 나중에 나한테 전화할 거야. | You are angry, so you will call me later. |
| 그들은 춥지 않아서 밖에 있을 거야. | They are not cold, so they will be outside. |
| 그들은 여행 가고 싶어서 저축해. | They want to travel, so they save money. |
| 그들은 피곤하지 않아서 안 잘 거야. | They are not tired, so they are not going to sleep. |
| 그는 바쁘지 않아서 너를 만날 수 있어. | He is not busy, so he can meet you. |
| 그는 쉬지 않아서 지금 피곤해. | He didn't take a rest, so he is tired now. |
| 그는 벚꽃을 좋아해서 여의도에 갈 거야. | He likes cherry blossoms, so he will go to 여의도. |
| 그는 다쳐서 병원에 갔어. | He got hurt, so he went to the hospital. |
| 그녀는 배고프지 않아서 많이 안 먹을 거야. | She is not hungry, so she will not eat a lot. |
| 그녀는 좋은 몸매이기를 원해서 운동을 해. | She wants to be in good shape, so she exercises. |
| 그녀는 화가 나서 나중에 나한테 전화할 거야. | She is angry, so she will call me later. |
| 시원이는 춥지 않아서 밖에 있을 거야. | 시원 is not cold, so he will be outside. |
| 시원이는 여행 가고 싶어서 저축해. | 시원 wants to travel, so he saves money. |
| 시원이는 피곤하지 않아서 안 잘 거야. | 시원 is not tired, so he is not going to sleep. |

## ✌ so 긍정 / 부정문 영작하기

| | |
|---|---|
| 나는 바쁘지 않아서 너를 만날 수 있어. | 그는 바쁘지 않아서 너를 만날 수 있어. |
| 나는 쉬지 않아서 지금 피곤해. | 그는 쉬지 않아서 지금 피곤해. |
| 나는 벚꽃을 좋아해서 여의도에 갈 거야. | 그는 벚꽃을 좋아해서 여의도에 갈 거야. |
| 나는 다쳐서 병원에 갔어. | 그는 다쳐서 병원에 갔어. |
| 너는 배고프지 않아서 많이 안 먹을 거야. | 그녀는 배고프지 않아서 많이 안 먹을 거야. |
| 너는 좋은 몸매이기를 원해서 운동을 해. | 그녀는 좋은 몸매이기를 원해서 운동을 해. |
| 너는 화가 나서 나중에 나한테 전화할 거야. | 그녀는 화가 나서 나중에 나한테 전화할 거야. |
| 그들은 춥지 않아서 밖에 있을 거야. | 시원이는 춥지 않아서 밖에 있을 거야. |
| 그들은 여행 가고 싶어서 저축해. | 시원이는 여행 가고 싶어서 저축해. |
| 그들은 피곤하지 않아서 안 잘 거야. | 시원이는 피곤하지 않아서 안 잘 거야. |

##  so 긍정 / 부정문 해석하기

| | |
|---|---|
| I am not busy, so I can meet you. | He is not busy, so he can meet you. |
| I didn't take a rest, so I'm tired now. | He didn't take a rest, so he is tired now. |
| I like cherry blossoms, so I will go to 여의도. | He likes cherry blossoms, so he will go to 여의도. |
| I got hurt, so I went to the hospital. | He got hurt, so he went to the hospital. |
| You are not hungry, so you will not eat a lot. | She is not hungry, so she will not eat a lot. |
| You want to be in good shape, so you exercise. | She wants to be in good shape, so she exercises. |
| You are angry, so you will call me later. | She is angry, so she will call me later. |
| They are not cold, so they will be outside. | 시원 is not cold, so he will be outside. |
| They want to travel, so they save money. | 시원 wants to travel, so he saves money. |
| They are not tired, so they are not going to sleep. | 시원 is not tired, so he is not going to sleep. |

# Practice 02 but 문장

 ## but 긍정 / 부정문 연습하기 (우리말+영어)
아래의 우리말 문장들을 영어로 어떻게 말할 수 있는지 살펴보세요.

| | |
|---|---|
| 나는 강아지를 좋아하지 않지만 고양이는 좋아해. | I don't like dogs, but I like cats. |
| 나는 그에게 충고했지만 그는 실수를 했어. | I gave him advice, but he made a mistake. |
| 나는 도서관에 가야 하지만 TV를 볼 거야. | I have to go to library, but I will watch TV. |
| 나는 살을 빼기로 결정했지만 운동은 안 해. | I decided to lose weight, but I don't exercise. |
| 너는 바쁘지 않지만 다음주는 바빠질 거야. | You are not busy, but you will be busy next week. |
| 너는 소설은 안 읽지만 신문은 읽어. | You don't read novels, but you read newspapers. |
| 너는 공부를 하지 않았지만 시험을 봤어. | You didn't study, but you took the test. |
| 그들은 피곤하지 않지만 집에 가고 싶어해. | They are not tired, but they want to go home. |
| 그들은 시끄럽지만 그것에 대해 몰라. | They are loud, but they don't know about it. |
| 그들은 돈이 많지만 자랑하지는 않아. | They have a lot of money, but they don't boast. |
| 그는 강아지를 좋아하지 않지만 고양이는 좋아해. | He doesn't like dogs, but he likes cats. |
| 그는 나에게 충고했지만 나는 실수를 했어. | He gave me advice, but I made a mistake. |
| 그는 도서관에 가야 하지만 TV를 볼 거야. | He has to go to library, but he will watch TV. |
| 그는 살을 빼기로 결정했지만 운동은 안 해. | He decided to lose weight, but he doesn't exercise. |
| 그녀는 바쁘지 않지만 다음주는 바빠질 거야. | She is not busy, but she will be busy next week. |
| 그녀는 소설은 안 읽지만 신문은 읽어. | She doesn't read novels, but she reads newspapers. |
| 그녀는 공부를 하지 않았지만 시험을 봤어. | She didn't study, but she took the test. |
| 시원이는 피곤하지 않지만 집에 가고 싶어해. | 시원 is not tired, but he wants to go home. |
| 시원이는 시끄럽지만 그것에 대해 몰라. | 시원 is loud, but he doesn't know about it. |
| 시원이는 돈이 많지만 자랑하지는 않아. | 시원 has a lot of money, but he doesn't boast. |

## ✌ but 긍정 / 부정문 영작하기

나는 강아지를 좋아하지 않지만 고양이는 좋아해.   그는 강아지를 좋아하지 않지만 고양이는 좋아해.

나는 그에게 충고했지만 그는 실수를 했어.   그는 나에게 충고했지만 나는 실수를 했어.

나는 도서관에 가야 하지만 TV를 볼 거야.   그는 도서관에 가야 하지만 TV를 볼 거야.

나는 살을 빼기로 결정했지만 운동은 안 해.   그는 살을 빼기로 결정했지만 운동은 안 해.

너는 바쁘지 않지만 다음주는 바빠질 거야.   그녀는 바쁘지 않지만 다음주는 바빠질 거야.

너는 소설은 안 읽지만 신문은 읽어.   그녀는 소설은 안 읽지만 신문은 읽어.

너는 공부를 하지 않았지만 시험을 봤어.   그녀는 공부를 하지 않았지만 시험을 봤어.

그들은 피곤하지 않지만 집에 가고 싶어해.   시원이는 피곤하지 않지만 집에 가고 싶어해.

그들은 시끄럽지만 그것에 대해 몰라.   시원이는 시끄럽지만 그것에 대해 몰라.

그들은 돈이 많지만 자랑하지는 않아.   시원이는 돈이 많지만 자랑하지는 않아.

## ✌ but 긍정 / 부정문 해석하기

I don't like dogs, but I like cats.   He doesn't like dogs, but he likes cats.

I gave him advice, but he made a mistake.   He gave me advice, but I made a mistake.

I have to go to library, but I will watch TV.   He has to go to library, but he will watch TV.

I decided to lose weight, but I don't exercise.   He decided to lose weight, but he doesn't exercise.

You are not busy, but you will be busy next week.   She is not busy, but she will be busy next week.

You don't read novels, but you read newspapers.   She doesn't read novels, but she reads newspapers.

You didn't study, but you took the test.   She didn't study, but she took the test.

They are not tired, but they want to go home.   시원 is not tired, but he wants to go home.

They are loud, but they don't know about it.   시원 is loud, but he doesn't know about it.

They have a lot of money, but they don't boast.   시원 has a lot of money, but he doesn't boast.

# Practice 03 so that 문장

##  so that 긍정 / 부정문 연습하기 (우리말+영어)

아래의 우리말 문장들을 영어로 어떻게 말할 수 있는지 살펴보세요.

| 우리말 | 영어 |
|---|---|
| 네가 들어올 수 없도록 나는 문을 닫았어. | I closed the door so that you can't come in. |
| 나는 정직할 수 있도록 속이지 않았어. | I didn't cheat so that I can be honest. |
| 나는 저녁에 많이 먹을 수 있도록 점심을 안 먹었어. | I didn't have lunch so that I could eat a lot at night. |
| 내 아이들이 먹을 수 있도록 나는 부침개를 만들었어. | I made 부침개 so that my children could eat. |
| 너는 그녀가 이해할 수 있도록 천천히 말했어. | You talked slowly so that she could understand. |
| 너는 친구들을 초대할 수 있도록 너의 집을 청소했어. | You cleaned your house so that you could invite friends over. |
| 너는 나와 얘기할 수 있도록 여기에 왔어. | You came here so that you could talk to me. |
| 그들은 혼잡 시간대를 피할 수 있도록 걸었어. | They walked so that they could avoid the rush hour. |
| 그들은 제시간에 출발할 수 있도록 일찍 일어났어. | They woke up early so that they could leave on time. |
| 그들은 일을 끝낼 수 있도록 야근을 했어. | They worked overtime so that they could finish the work. |
| 그는 네가 들어올 수 없도록 문을 닫았어. | He closed the door so that you can't come in. |
| 그는 정직할 수 있도록 속이지 않았어. | He didn't cheat so that he can be honest. |
| 그는 저녁에 많이 먹을 수 있도록 점심을 안 먹었어. | He didn't have lunch so that he could eat a lot at night. |
| 그의 아이들이 먹을 수 있도록 그는 부침개를 만들었어. | He made 부침개 so that his children could eat. |
| 그녀는 그가 이해할 수 있도록 천천히 말했어. | She talked slowly so that he could understand. |
| 그녀는 친구들을 초대할 수 있도록 집을 청소했어. | She cleaned her house so that she could invite friends over. |
| 그녀는 나와 얘기할 수 있도록 여기에 왔어. | She came here so that she could talk to me. |
| 시원이는 혼잡 시간대를 피할 수 있도록 걸었어. | 시원 walked so that he could avoid the rush hour. |
| 시원이는 제시간에 출발할 수 있도록 일찍 일어났어. | 시원 woke up early so that he could leave on time. |
| 시원이는 일을 끝낼 수 있도록 야근을 했어. | 시원 worked overtime so that he could finish the work. |

##  so that 긍정 / 부정문 영작하기

네가 들어올 수 없도록 나는 문을 닫았어.　　그는 네가 들어올 수 없도록 문을 닫았어.

나는 정직할 수 있도록 속이지 않았어.　　　그는 정직할 수 있도록 속이지 않았어.

나는 저녁에 많이 먹을 수 있도록 점심을 안 먹었어.　그는 저녁에 많이 먹을 수 있도록 점심을 안 먹었어.

내 아이들이 먹을 수 있도록 나는 부침개를 만들었어.　그의 아이들이 먹을 수 있도록 그는 부침개를 만들었어.

너는 그녀가 이해할 수 있도록 천천히 말했어.　그녀는 그가 이해할 수 있도록 천천히 말했어.

너는 친구들을 초대할 수 있도록 너의 집을 청소했어.　그녀는 친구들을 초대할 수 있도록 집을 청소했어.

너는 나와 얘기할 수 있도록 여기에 왔어.　그녀는 나와 얘기할 수 있도록 여기에 왔어.

그들은 혼잡 시간대를 피할 수 있도록 걸었어.　시원이는 혼잡 시간대를 피할 수 있도록 걸었어.

그들은 제시간에 출발할 수 있도록 일찍 일어났어.　시원이는 제시간에 출발할 수 있도록 일찍 일어났어.

그들은 일을 끝낼 수 있도록 야근을 했어.　시원이는 일을 끝낼 수 있도록 야근을 했어.

##  so that 긍정 / 부정문 해석하기

I closed the door so that you can't come in.　　He closed the door so that you can't come in.

I didn't cheat so that I can be honest.　　He didn't cheat so that he can be honest.

I didn't have lunch so that I could eat a lot at night.　He didn't have lunch so that he could eat a lot at night.

I made 부침개 so that my children could eat.　He made 부침개 so that his children could eat.

You talked slowly so that she could understand.　She talked slowly so that he could understand.

You cleaned your house so that you could invite friends over.　She cleaned her house so that she could invite friends over.

You came here so that you could talk to me.　She came here so that she could talk to me.

They walked so that they could avoid the rush hour.　시원 walked so that he could avoid the rush hour.

They woke up early so that they could leave on time.　시원 woke up early so that he could leave on time.

They worked overtime so that they could finish the work.　시원 worked overtime so that he could finish the work.

# 왕초보 단골질문 25

왕초보 탈출 1탄 공부질문하기 게시판에서 많은 회원님들이 궁금해하시는 질문들을 선정하였습니다.

### even if, even though

왕초보 탈출 1탄을 듣는 중인데, even though 와 even if 의 차이를 잘 모르겠어요. 둘다 '~라도, ~함에도 불구하고, ~일지라도' 등으로 쓰이는 것 같은데, 언제 사용하는 건가요?

➡ **even though**
'even though'와 'even if'는 '~임에도 불구하고, ~일지라도'라는 같은 뜻을 갖고 있습니다. 다만 사용하는 뉘앙스에 약간의 차이가 있는데요. even though는 '어떠한 일이 일어나고 있음에도 불구하고 ~하다'라는 뜻입니다. 즉, even though는 사실에 근거를 두고 있는 것입니다.

➡ **even if**
우리는 '~한다'를 '~한다면'으로 바꿔주려면 문장 앞에 if를 쓴다는 것을 배웠습니다. 여기서 if에 가정, 조건의 의미가 있었던 것처럼 even if도 마찬가지로 사실이 아닌 가정이나 상상에 근거를 두고 있습니다. 즉, 아직 일어나지 않은 일이지만 '어떤 일이 생기게 될지라도 ~하다'라는 의미가 됩니다.

 ### 실생활 속 예문 살펴보기

**Even though it is raining, we are going to Busan.**
비가 오고 있지만, 그럼에도 불구하고 우리는 부산에 갈 거야.

**Even if it is raining, we are going to Busan.**
비가 올지라도 우리는 부산에 갈 거야.

**Even though you are sick, you should go to school.**
네가 아프지만, 그럼에도 불구하고 너는 학교에 가야 해.

**Even if you are sick, you should go to school.**
네가 아플지라도 너는 학교에 가야 해.

> **시원's comment!**
> 첫 번째 문장의 even though는 비가 오고 있음에도 불구하고 부산에 갈 것이라는 뜻입니다. 두 번째 문장은 even if를 사용하여 앞으로 비가 올지라도 부산에 갈 것이라는 뜻을 나타내고 있습니다. 세 번째 문장은 even though를 사용하여 네가 아프긴 하지만 그래도 학교에 가야 한다는 사실을 나타냅니다. 네 번째 문장의 even if는 만약 네가 아플지라도 학교에 가야 한다는 뜻입니다.

# UNIT 25

## 네가 커피 마신다 할지라도
### even if you drink coffee

» '~해도, 할지라도'를 뜻하는 표현은? "even if"

01  even if를 이용한 표현 "네가 커피를 마신다 할지라도"
02  even if와 if를 이용한 표현 "네가 원하지 않을지라도 건강을 생각한다면~"

### if처럼 조건이나 가정을 나타내는 even if

실제로 일어나지 않은 일에 대해 설명하는 even if를 사용하여 말하는 연습을 해보세요.
even if는 특히 누군가에게 권면하거나 충고할 때 유용한 표현이므로 잘 알아두세요.

# UNIT 25 네가 커피 마신다 할지라도
## even if you drink coffee

###  even if를 이용한 표현
### "네가 커피를 마신다 할지라도"

you drink coffee 앞에 if를 붙여 If you drink coffee하면 '네가 커피를 마신다면'이란 말이 되었다. 이때 if 대신 even if를 문장 앞에 붙여 Even if you drink coffee로 만들면 '네가 커피를 마셔도, 네가 커피를 마실지라도'라는 말이 된다.

Even if you drink coffee,
네가 커피를 마셔도, [=마실지라도]

Even if you want to drink coffee,
네가 커피를 마시고 싶다 해도, [=할지라도]

Even if you have to drink coffee,
네가 커피를 마셔야만 해도, [=할지라도]

> Even if you drink coffee, you can't lose weight.
> 네가 커피를 마셔도 살을 뺄 순 없어.
>
> Even if you want to drink coffee, you can't drink my coffee.
> 네가 커피를 마시고 싶어도 내 커피를 마시면 안 돼.
>
> Even if you have to drink coffee, you can't drink it here.
> 네가 커피를 마셔야만 할지라도 여기서 마시면 안 돼.

 TIP

even if는 '~한다'를 '~해도, ~할지라도'로 만들어 준다. 또한, '~해도, ~할지라도' 뒤에는 '누가 어쩐다'를 말해 주어야 한다.

even if you drink coffee

## ② even if와 if를 이용한 표현
## "네가 원하지 않을지라도 건강을 생각한다면~"

Even if you don't want to, you have to exercise.
네가 원하지 않을지라도 운동해야 해.

Even if you don't want to, if you think about your health, you have to exercise.
네가 원하지 않을지라도 건강을 생각한다면 운동해야 해.

이와 같이 even if와 if를 함께 사용한 문장도 가능하다. 여기서 if you think about your health (네가 건강을 생각한다면)은 문장의 의미를 조금 더 구체적으로 나타내주는 것이다.

# 강의 속 핵심문장 10

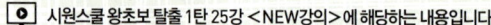

## ✓ '~해도, 할지라도'를 뜻하는 표현은? " even if "

누가(주체) + 어쩐다(행동) + so + 누가(주체) + 어쩐다(행동)

~할지라도 + 네가 + 노력하다 + 말하다 + 영어를 + 잘
= even if + you + try to + speak + English + well
= 네가 영어를 잘하려고 해도

## ✓ 강의 속 예문 살펴보기

| | |
|---|---|
| ➡ 네가 여자친구를 사귀려고 해도 | even if you try to make a girlfriend |
| ➡ 네가 돈과 시간이 있어도 | even if you have money and time |
| ➡ 네가 돈이 있어도 | even if you have money |
| ➡ 네가 시간이 없어도 | even if you don't have time |
| ➡ 네가 바빠도 | even if you are busy |
| ➡ 네가 지금 배가 고파도 | even if you are hungry now |
| ➡ 네가 늦었어도 | even if you are late |
| ➡ 네가 아름다워도 | even if you are beautiful |
| ➡ 네가 돈이 많더라도 | even if you have a lot of money |
| ➡ 네가 늦어도, 와! | Even if you are late, come! |

# 한눈에 보는 UNIT 25 단어

- ☐ **girlfriend** 여자친구
- ☐ **exercise** 운동하다
- ☐ **practice** 연습하다
- ☐ **money** 돈
- ☐ **handsome** 잘생긴
- ☐ **smoke** (담배를) 피우다
- ☐ **hungry** 배고픈
- ☐ **humble** 겸손한
- ☐ **health** 건강
- ☐ **beautiful** 아름다운
- ☐ **soccer** 축구
- ☐ **laptop** 노트북

> if가 '~하면' 이었다면 '~해도, ~할지라도'는
> if 앞에 even을 붙인 even if가 돼요.

UNIT 25 네가 커피 마신다 할지라도

# Practice 01 even if 문장

 **even if 문장 연습하기 (우리말+영어)**

아래의 우리말 문장들을 영어로 어떻게 말할 수 있는지 살펴보세요.

| 우리말 | 영어 |
|---|---|
| 내가 뚱뚱하지 않을지라도 운동을 해야 해. | Even if I am not fat, I have to exercise. |
| 내가 피곤할지라도 일은 끝내야 해. | Even if I am tired, I should finish my work. |
| 내가 이해하지 못할지라도 시험을 봐야 해. | Even if I don't understand, I have to take the test. |
| 네가 잘생겼다 할지라도 겸손해야 해. | Even if you are handsome, you have to be humble. |
| 네가 축구를 잘할지라도 연습을 하지 않는다면 최고가 될 수 없어. | Even if you are good at soccer, if you don't practice, you can't be the best. |
| 네가 담배를 피우고 싶을지라도 건강을 생각한다면 담배를 피워서는 안 돼. | Even if you want to smoke, if you think about your health, you should not do it. |
| 그들은 새로운 노트북이 필요하더라도, 돈이 없으면 새것을 살 수 없어. | Even if they need a new laptop, if they don't have money, they can't get a new one. |
| 그녀는 뚱뚱하지 않을지라도 운동을 해야 해. | Even if she is not fat, she has to exercise. |
| 그녀는 피곤할지라도 일은 끝내야 해. | Even if she is tired, she should finish her work. |
| 그녀는 이해하지 못할지라도 시험을 봐야 해. | Even if she doesn't understand, she has to take the test. |
| 그는 잘생겼다 할지라도 겸손해야 해. | Even if he is handsome, he has to be humble. |
| 그는 축구를 잘할지라도 연습을 하지 않는다면 최고가 될 수 없어. | Even if he is good at soccer, if he doesn't practice, he can't be the best. |
| 그는 담배를 피우고 싶을지라도 건강을 생각한다면 담배를 피워서는 안 돼. | Even if he wants to smoke, if he thinks about his health, he should not do it. |
| 시원이는 새로운 노트북이 필요하더라도, 돈이 없으면 새것을 살 수 없어. | Even if 시원 needs a new laptop, if 시원 doesn't have money, 시원 can't get a new one. |

## ✌ even if 문장 영작하기

내가 뚱뚱하지 않을지라도 운동을 해야 해.

내가 피곤할지라도 일은 끝내야 해.

내가 이해하지 못할지라도 시험을 봐야 해.

네가 잘생겼다 할지라도 겸손해야 해.

네가 축구를 잘할지라도 연습을 하지 않는다면 최고가 될 수 없어.

네가 담배를 피우고 싶을지라도 건강을 생각한다면 담배를 피워서는 안 돼.

그들은 새로운 노트북이 필요하더라도, 돈이 없으면 새것을 살 수 없어.

그녀는 뚱뚱하지 않을지라도 운동을 해야 해.

그녀는 피곤할지라도 일은 끝내야 해.

그녀는 이해하지 못할지라도 시험을 봐야 해.

그는 잘생겼다 할지라도 겸손해야 해.

그는 축구를 잘할지라도 연습을 하지 않는다면 최고가 될 수 없어.

그는 담배를 피우고 싶을지라도 건강을 생각한다면 담배를 피워서는 안 돼.

시원이는 새로운 노트북이 필요하더라도, 돈이 없으면 새것을 살 수 없어.

## ✌ even if 문장 해석하기

Even if I am not fat, I have to exercise.

Even if I am tired, I should finish my work.

Even if I don't understand, I have to take the test.

Even if you are handsome, you have to be humble.

Even if you are good at soccer, if you don't practice, you can't be the best.

Even if you want to smoke, if you think about your health, you should not do it.

Even if they need a new laptop, if they don't have money, they can't get a new one.

Even if she is not fat, she has to exercise.

Even if she is tired, she should finish her work.

Even if she doesn't understand, she has to take the test.

Even if he is handsome, he has to be humble.

Even if he is good at soccer, if he doesn't practice, he can't be the best.

Even if he wants to smoke, if he thinks about his health, he should not do it.

Even if 시원 needs a new laptop, if 시원 doesn't have money, 시원 can't get a new one.

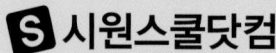